FACH WERK
BIOLOGIE

Niedersachsen

7/8

Cornelsen

FACHWERK BIOLOGIE

Autorinnen und Autoren:

Dr. Udo Hampl, Kathrin Janik, Birgit Lange, Andreas Marquarth, Katrin Oberschelp, Anke Pohlmann, Dr. Peter Pondorf, Dorothea Ratke, Matthias Ritter, Alexandra Schulte, Ingmar Stelzig, Ulrike Tegtmeyer, Steffen Wachs, Josef Johannes Zitzmann

Berater: Georg M. Fruck

Redaktion: Heike Antvogel, Dr. Adria Wehser

Bildrecherche: Kathrin Kretschmer, Zeynep Arghan, Katrin Bahro, Dr. Adria Wehser

Illustration und Grafik: www.biologiegrafik.de; Jörg Mair, Karin Mall, Tom Menzel, Heike Möller, Walther-Maria Scheid

Designberatung: Ellen Meister

Typografisches Konzept und Layout: Farnschläder & Mahlstedt, Hamburg

Umschlaggestaltung: Zweimanns Grafik

www.cornelsen.de

Die Webseiten Dritter, deren Internetadressen in diesem Lehrwerk angegeben sind, wurden vor Drucklegung sorgfältig geprüft. Der Verlag übernimmt keine Gewähr für die Aktualität und den Inhalt dieser Seiten oder solcher, die mit ihnen verlinkt sind.

Soweit in diesem Lehrwerk Personen fotografisch abgebildet sind und ihnen von der Redaktion fiktive Namen, Berufe, Dialoge und Ähnliches zugeordnet oder diese Personen in bestimmte Kontexte gesetzt werden, dienen diese Zuordnungen und Darstellungen ausschließlich der Veranschaulichung und dem besseren Verständnis des Inhalts.

Dieses Werk berücksichtigt die Regeln der reformierten Rechtschreibung und Zeichensetzung. Ausnahmen bilden Originaltexte, bei denen lizenzrechtliche Gründe einer Änderung entgegenstehen.

1. Auflage, 5. Druck 2021

Alle Drucke dieser Auflage sind inhaltlich unverändert und können im Unterricht nebeneinander verwendet werden.

Druck und Bindung: Livonia Print, Riga

ISBN 978-3-06-014855-4 (Schülerbuch)
ISBN 978-3-06-014898-1 (E-Book)

PEFC zertifiziert
Dieses Produkt stammt aus nachhaltig bewirtschafteten Wäldern und kontrollierten Quellen.

PEFC
PEFC/12-31-006

www.pefc.de

Inhalt

Ökosystem Wald 56

Ökosystem Binnengewässer 104

Der Körper des Menschen   156

Partnerschaft und Verantwortung   196

Zellen und Einzeller

Zellen von Pflanze und Tier

Wenn man Bestandteile von Lebewesen mit einem Mikroskop vergrößert, kann man erkennen, dass alle Lebewesen aus kleinsten Bausteinen, den Zellen, bestehen. Diese Zellen können sehr unterschiedlich aufgebaut sein. Selbst Zellen von Pflanzen und Tieren unterscheiden sich stark in ihrem Aufbau.

Aufbau von Pflanzenzellen

Jede Pflanzenzelle besitzt eine *Zellwand*. Sie gibt ihr Stabilität. Dicht an der Zellwand befindet sich die *Zellmembran*. Gemeinsam bilden sie die äußere Begrenzung der Zelle. Durch winzige Löcher in der Zellwand, die *Tüpfel,* können benachbarte Zellen Stoffe austauschen. Alle Zellen sind mit flüssigem *Zellplasma* gefüllt. Im Zellplasma liegt der *Zellkern*. Er enthält die Erbinformation und steuert auch die Vorgänge in der Zelle. Im Zellplasma der Zellen aller grünen Pflanzenteile gibt es *Chloroplasten*. Sie enthalten den grünen Farbstoff *Chlorophyll*, der die Sonnenenergie aufnehmen kann. Mit Hilfe dieser Energie werden in den Zellen Nährstoffe hergestellt. Bei vielen Pflanzenzellen haben sich im Innern *Vakuolen* gebildet. Diese erzeugen den Zellinnendruck und sind Orte der Speicherung.

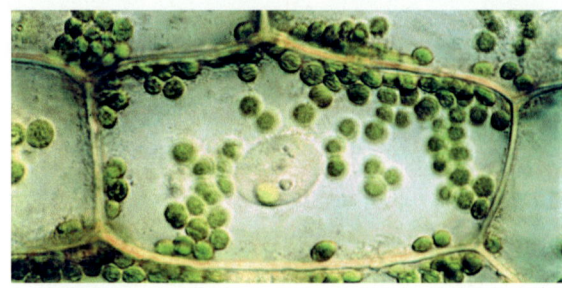

1 Zellen der Wasserpest

Aufbau von tierischen Zellen

Die Zellen von Tieren und Menschen haben keine feste Zellwand. Dadurch werden sie verformbar. Außerdem besitzen sie keine Chloroplasten und keine Vakuole. Sie können also keine Fotosynthese betreiben. Alle anderen Zellbestandteile der Pflanzenzellen sind bei tierischen und menschlichen Zellen jedoch auch vorhanden.

In Kürze

Zellen sind immer aus Zellmembran, Zellplasma und dem Zellkern aufgebaut. Pflanzenzellen besitzen zusätzlich Zellwand, Chloroplasten und eine Vakuole.

Aufgaben

1 ☐ Nenne die Bestandteile der Pflanzenzellen und beschreibe deren Funktionen.

2 ◪ Vergleiche in einer Tabelle die pflanzliche und tierische Zelle.

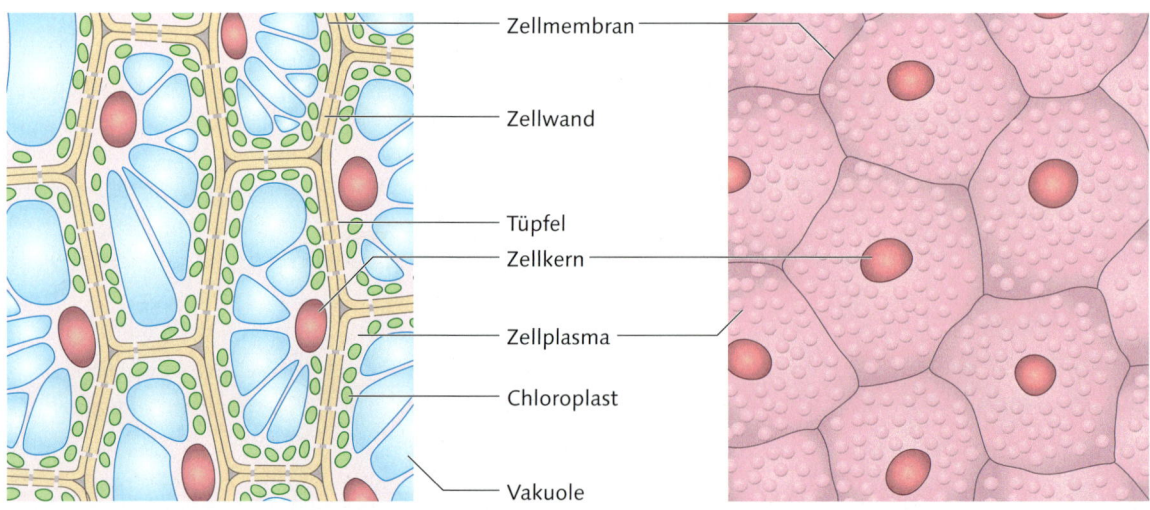

Zellmembran

Zellwand

Tüpfel

Zellkern

Zellplasma

Chloroplast

Vakuole

2 Pflanzliche und tierische Zellen im Vergleich

Arbeiten mit Modellen

Biologische Objekte und Vorgänge werden oft durch Modelle veranschaulicht. Mit ihrer Hilfe lassen sich der Bau und die Funktion lebender Systeme gut erfassen und begreifen. Modelle können zum Beispiel die Struktur einer Zelle darstellen. Neben Strukturmodellen gibt es auch Funktionsmodelle. Beim Umgang mit solchen Struktur- und Funktionsmodellen sollte dir aber stets bewusst sein: Modelle sind Vereinfachungen, die das Original nie ganz ersetzen können. Sie enthalten Abweichungen vom Original, die du kennen solltest, um das Modell zu verstehen. Oftmals werden zur besseren Übersicht auch Teile des Originals weggelassen.

Mit Strukturmodellen arbeiten
Ein Strukturmodell ist die künstliche Nachbildung eines natürlichen Objekts, zum Beispiel einer Zelle. Das Betrachten solcher Modelle führt zu einer besseren Vorstellung über den Bau der biologischen Objekte.

1 Das Strukturmodell gut sichtbar aufstellen Stellt das Modell so auf, dass es jeder gut betrachten und eventuell mit Abbildungen im Buch oder auf dem Arbeitsblatt vergleichen kann.

2 Das Strukturmodell betrachten Schaut euch das Modell zuerst einmal genau an. Stellt fest, welche Bauteile unterscheidbar sind.

3 Fachbegriffe zuordnen Ordnet nun den einzelnen Bauteilen mit Hilfe des Biologiebuchs, einer Anleitung oder einer Begriffsliste die entsprechenden Fachbegriffe zu. So könnt ihr die unterscheidbaren Bauteile eindeutig benennen.

4 Funktionen zuordnen Ordnet den einzelnen Bauteilen des Modells entsprechende Funktionen zu. Nutzt dazu die Texte in eurem Schülerbuch.

5 Modell und Original vergleichen Vergleicht das Modell mit dem Original, das es nachbilden soll. Das kann eine Zeichnung im Schülerbuch oder – falls möglich – auch das natürliche Objekt sein. Stellt fest, welche Details übereinstimmen und welche abweichen. Versucht, Abweichungen zu erklären.

6 Das Gelernte überprüfen Um die Fachbegriffe zu festigen, zeigt einander abwechselnd auf einzelne Bauteile des Modells und benennt diese und ihre Funktion, ohne abzulesen.

1 Material für ein Zellmodell

Ein eigenes Modell bauen
Wenn man sich bereits mit verschiedenen Modellen beschäftigt hat, bietet es sich an, selbst ein Modell auf der Grundlage der gewonnenen Vorstellung von einem Objekt oder Vorgang zu bauen. Dazu muss man zunächst überlegen, was genau das Modell nachbilden soll und wie es dazu aufgebaut sein muss. Auch die Wahl der richtigen Materialien ist wichtig. Mit Skizzen kann man sich eine erste Vorstellung von dem Modell machen, bevor man daran geht, es zu bauen. Meist sind einige Anläufe notwendig, bevor man ein Modell hat.

Mikroskopieren

Mit dem Mikroskop kannst du Einzelheiten erkennen, die für das bloße Auge unsichtbar sind. Dabei unterscheidet sich das Mikroskop von der Lupe, weil es das Bild zweimal vergrößert: zunächst durch das *Objektiv* und anschließend durch das *Okular*. In Kriminallabors werden Mikroskope eingesetzt, um winzige Beweise sichtbar zu machen. Für Biologen ist das Mikroskop ein wichtiges Instrument, um die kleinsten Einzelheiten von Lebewesen zu untersuchen. Du kannst mit dem Mikroskop zum Beispiel den Aufbau eines Moosblättchens betrachten. Dabei gehst du folgendermaßen vor:

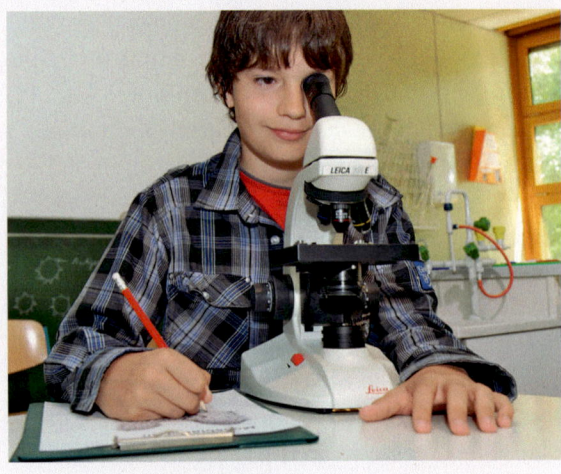

1 Schüler beim Mikroskopieren

1 Präparat herstellen Gib auf einen sauberen Objektträger mit der Pipette einen Wassertropfen. Lege ein Moosblättchen mit der Pinzette vorsichtig auf den Tropfen. Stelle ein sauberes Deckgläschen schräg an den Rand des Tropfens und senke es vorsichtig ab.

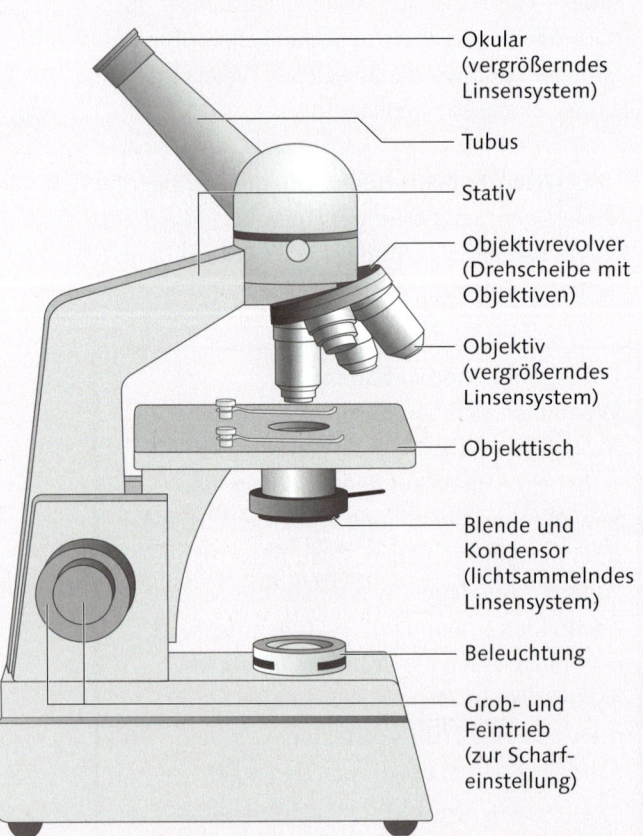

Okular
(vergrößerndes
Linsensystem)

Tubus

Stativ

Objektivrevolver
(Drehscheibe mit
Objektiven)

Objektiv
(vergrößerndes
Linsensystem)

Objekttisch

Blende und
Kondensor
(lichtsammelndes
Linsensystem)

Beleuchtung

Grob- und
Feintrieb
(zur Scharf-
einstellung)

2 Schemazeichnung Mikroskop

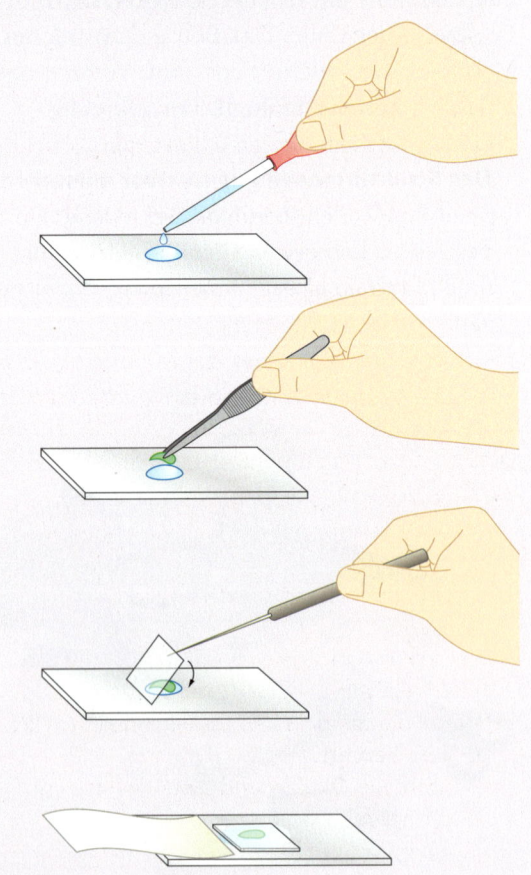

3 Herstellung des Präparats

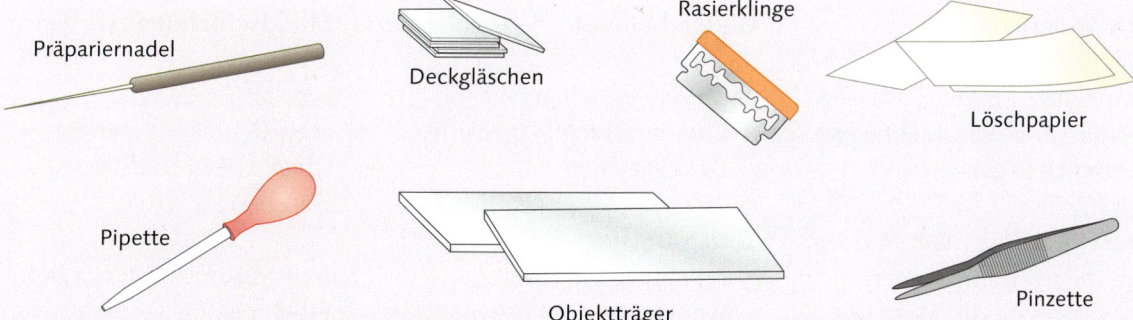

Präpariernadel

Deckgläschen

Rasierklinge

Löschpapier

Pipette

Objektträger

Pinzette

4 Material zum Mikroskopieren

2 Grundeinstellung Fahre den Objekttisch mit dem Grobtrieb ganz nach unten. Stelle die kleinste Vergrößerung ein. Schalte die Lampe ein und schließe die Blende zu einem Drittel.

3 Präparat auflegen Lege das Objekt so auf den Objekttisch, dass es über dem durchleuchteten Tischloch liegt.

4 Überblick verschaffen Drehe unter seitlicher Beobachtung den Objekttisch vorsichtig nach oben, bis sich Deckglas und Objektiv gerade noch nicht berühren. Schaue nun durch das Okular und bewege den Objekttisch mit dem Grobtrieb langsam nach unten, bis das Objekt sichtbar ist. Stelle das Bild nun mit dem Feintrieb scharf. Mit der kleinsten Vergrößerung verschaffst du dir zunächst einen Überblick.

Regeln zum Umgang mit dem Mikroskop

- Trage das Mikroskop immer nur am Stativ.
- Beginne immer mit der kleinsten Vergrößerung.
- Drehe immer am Objektivrevolver, nie am Objektiv.
- Stelle das Bild zunächst mit dem Grobtrieb, dann erst mit dem Feintrieb scharf.
- Achte darauf, dass das Objektiv niemals das Objekt berührt.
- Berühre nie Okular- und Objektivlinsen mit den Fingern.
- Stelle nach dem Mikroskopieren wieder die kleinste Vergrößerung ein.

Nun kannst du eine besonders schöne Stelle genauer ansehen. Schiebe sie dazu in die Mitte des Bildes.

5 Vergrößern und Scharfstellen Drehe den Objekttisch unter seitlicher Beobachtung ein kleines Stück nach unten. Erst jetzt darfst du am Revolver die nächste Vergrößerung einstellen.

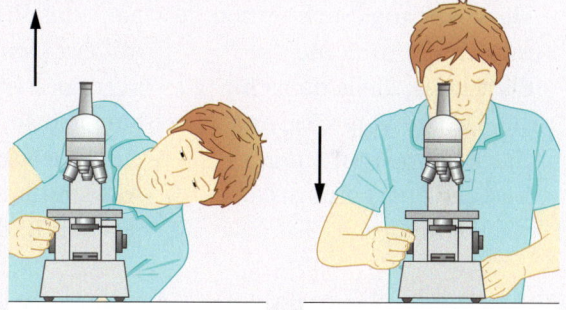

5 Scharfstellen des Bildes

6 Mikroskopische Bilder zeichnen Zeichne das Bild, das du im Mikroskop siehst, mit Bleistift auf weißes Papier. Die Strukturen sollten immer möglichst groß und genau zu erkennen sein. Jedes Bild erhält eine Überschrift und den Namen des Objekts. Auch Datum und Vergrößerung müssen auf dem Blatt vermerkt werden.

Aufgaben

1 ☐ Stelle ein Frischpräparat eines Moosblättchens her und mikroskopiere es.

2 ◤ Fertige eine Zeichnung des Moosblättchens an. Gib auch die Vergrößerung an.

Mikroskopieren

A Wasserpest

Material Pinzette, Wasserpest, Pipette, Objektträger und Deckgläschen

Durchführung Gib mit der Pipette einen Tropfen Wasser auf die Mitte des Objektträgers. Lege ein Blättchen der Wasserpest auf den Wassertropfen und bedecke es mit einem Deckglas. Sauge das überschüssige Wasser am Rand des Deckglases vorsichtig mit etwas Küchenpapier ab. Mikroskopiere das Präparat zunächst mit der kleinsten Vergrößerung. Suche einen Ausschnitt am Rand des Blättchens. Stelle danach die nächste Vergrößerung ein. Zeichne nun einen Ausschnitt des mikroskopischen Bildes.

Auswertung Beschrifte deine Zeichnung der Pflanzenzellen.

B Zwiebelhaut

Material Küchenzwiebel, Pipette, Objektträger und Deckgläschen

Durchführung Gib mit der Pipette einen Tropfen Wasser auf die Mitte des Objektträgers. Schneide mit dem Messer ein Gittermuster in das dünne Häutchen an der Innenseite der Zwiebelschuppe. Löse mit der Pinzette vorsichtig ein Stück des Häutchens und lege es in den Wassertropfen. Bedecke das Häutchen mit einem Deckglas. Mikroskopiere das Präparat zunächst mit der kleinsten Vergrößerung. Stelle erst danach die nächste Vergrößerung ein. Zeichne nun einen Ausschnitt des mikroskopischen Bildes.

Auswertung Beschrifte deine Zeichnung der Pflanzenzellen.

C Mundschleimhautzellen

Material Strohhalm, Methylenblau, Pipette, Objektträger und Deckgläschen

Durchführung Gib mit der Pipette einen Tropfen Wasser auf die Mitte des Objektträgers. Schabe vorsichtig mit dem Ende des Strohhalms an der Innenseite deines Mundes entlang. Streiche das Abgeschabte in den Wassertropfen auf dem Objektträger. Gib einen Tropfen Methylenblau hinzu. Bedecke alles mit einem Deckglas. Mikroskopiere das Präparat zunächst mit der kleinsten Vergrößerung. Stelle erst danach die nächste Vergrößerung ein. Zeichne nun einige Zellen.

Auswertung
1 Beschrifte deine Zeichnung.
2 Vergleiche diese Zellen mit den pflanzlichen Zellen.

1 Präparation der Wasserpest

2 Präparation der Zwiebelhaut

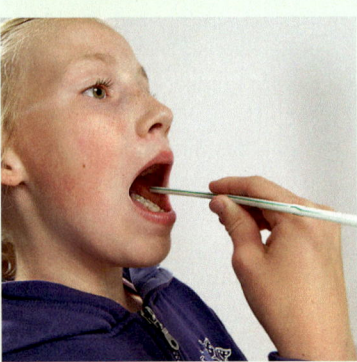

3 Abschaben von Mundschleimhaut

Zellen betrachten mit Lupe und Mikroskop

1 Vergrößerungen von Zellen

Eine Lupe vergrößert mit nur einer Linse. Um Einzelheiten von Tier- und Pflanzenzellen zu erkennen, benötigt man ein Mikroskop. Mit einem Mikroskop kann man eine höhere Vergrößerung als mit einer Lupe erreichen, da es mehrere Linsen enthält. Zuerst wird das Bild der Zelle mit dem Objektiv vergrößert, dann mit dem Okular. Um die Gesamtvergrößerung zu erhalten, werden beide Vergrößerungen multipliziert.

a □ Nenne Unterschiede zwischen einer Lupe und einem Mikroskop.

b □ Ordne die Vergrößerungen in Bild 2 der Lupe oder dem Mikroskop zu.

c ☑ Übertrage die Tabelle 1 in dein Heft und berechne die leeren Felder.

Okular	× Objektiv	= Gesamtvergrößerung
10-fach	4-fach	
10-fach		100-fach
	10-fach	200-fach
15-fach	40-fach	

1 Berechnung der Gesamtvergrößerung

2 Tier- oder Pflanzenzelle

Alle Pflanzen und Tiere sowie der Mensch sind aus Zellen aufgebaut. Die Pflanzenzelle und Tierzelle sind ausgefüllt mit Zellplasma, darin liegt der Zellkern. Bei der Pflanzenzelle findet man auch Chloroplasten und Vakuolen im Zellinnern. Der Zellinhalt jeder Zelle wird nach außen durch ein zartes Häutchen, die Zellmembran abgegrenzt. Betrachtet man die Pflanzenzelle mit dem Mikroskop, stellt man fest, dass diese außerdem eine Zellwand besitzt.

a □ Zeichne jeweils eine Tier- und Pflanzenzelle in dein Heft und beschrifte sie.

b ☑ Ordne die Beispiele aus Bild 2 nach Tier- und Pflanzenzelle und begründe deine Zuordnung.

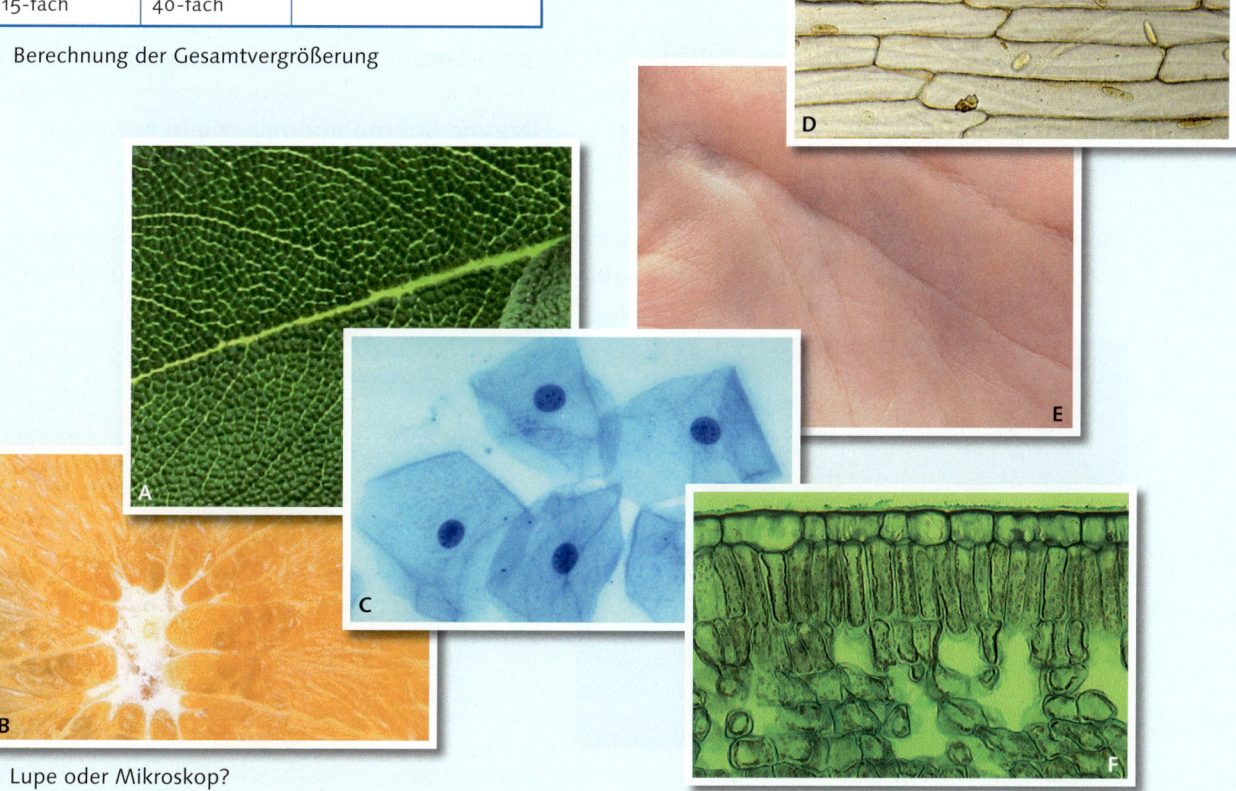

2 Lupe oder Mikroskop?

Von der Zelle zum Organismus

Während du diesen Text liest, finden viele Lebensprozesse in deinem Körper statt. Deine Augen sehen den Text, dein Gehirn verarbeitet die Information. Du atmest, dein Herz pumpt Blut. Der Mensch ist ein Organismus, der aus etwa 50 Billionen Zellen besteht.

Der Mensch ist aus Zellen aufgebaut
Die Zelle ist die kleinste lebende Einheit aller Organismen. Jede einzelne ist ein durch Membranen abgegrenzter Raum. Größe und Gestalt von Zellen sind unterschiedlich. Sie erfüllen verschiedene Aufgaben. Nervenzellen haben lange, dünne Fortsätze, die in alle Körperteile reichen. Diese übertragen Informationen. Rote Blutzellen sind tellerförmig, sie binden Sauerstoff und transportieren ihn durch den Körper. Die größte Zelle ist die Eizelle der Frau, sie hat einen Durchmesser von etwa 0,2 Millimetern. Das ist kleiner als der Punkt am Ende des Satzes.

Gewebe bestehen aus gleichen Zellen
In vielzelligen Organismen bilden Ansammlungen von gleichartigen, spezialisierten Zellen ein *Gewebe*.

Die Zellen eines Gewebes zeigen den gleichen Aufbau und erfüllen die gleichen Funktionen. Beispielsweise ist ein Skelettmuskel aus

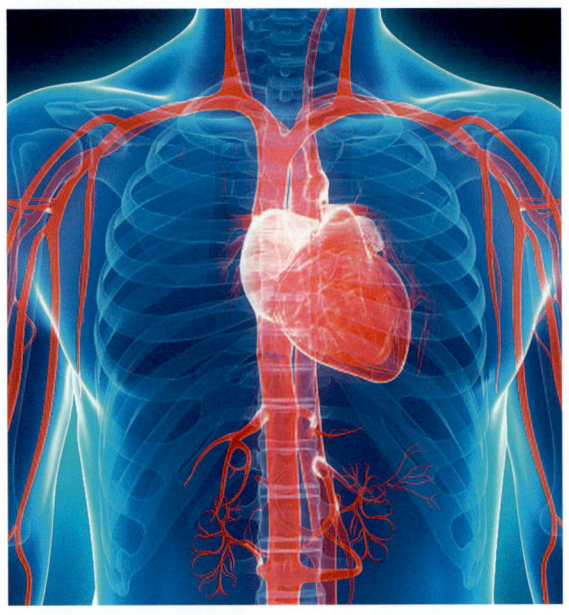

1 Der Mensch ist ein Organismus.

Zellen aufgebaut, die sich zusammenziehen können. Sie besitzen eine besondere, lang gezogene Form. Nur viele Muskelzellen gemeinsam können durch Zusammenziehen eine Bewegung hervorrufen. Sie bilden miteinander ein Muskelgewebe.

Weitere Gewebearten sind zum Beispiel das Bindegewebe und das Nervengewebe.

Organe übernehmen spezielle Aufgaben
Organe bestehen aus mehreren Gewebearten und bilden eine Funktionseinheit. Das menschliche Herz ist ein Organ. Es besteht aus einem faustgroßen Muskelgewebe, das

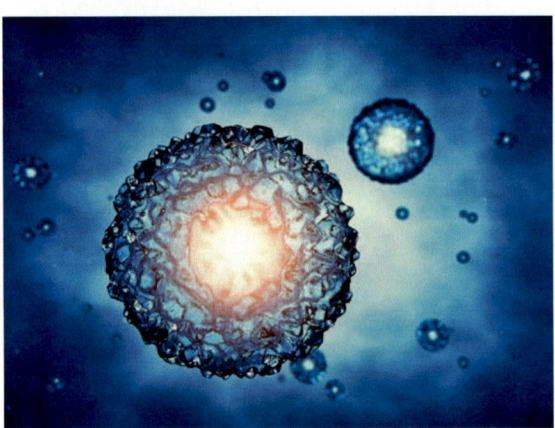

2 Eizelle

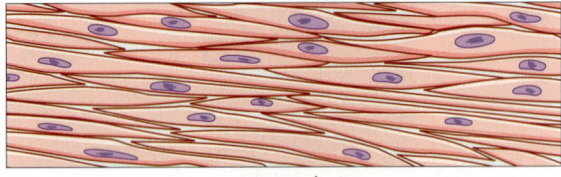

Längsschnitt

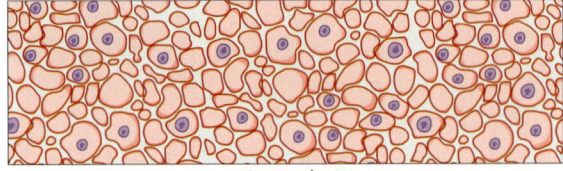

Querschnitt

3 Muskelzellen

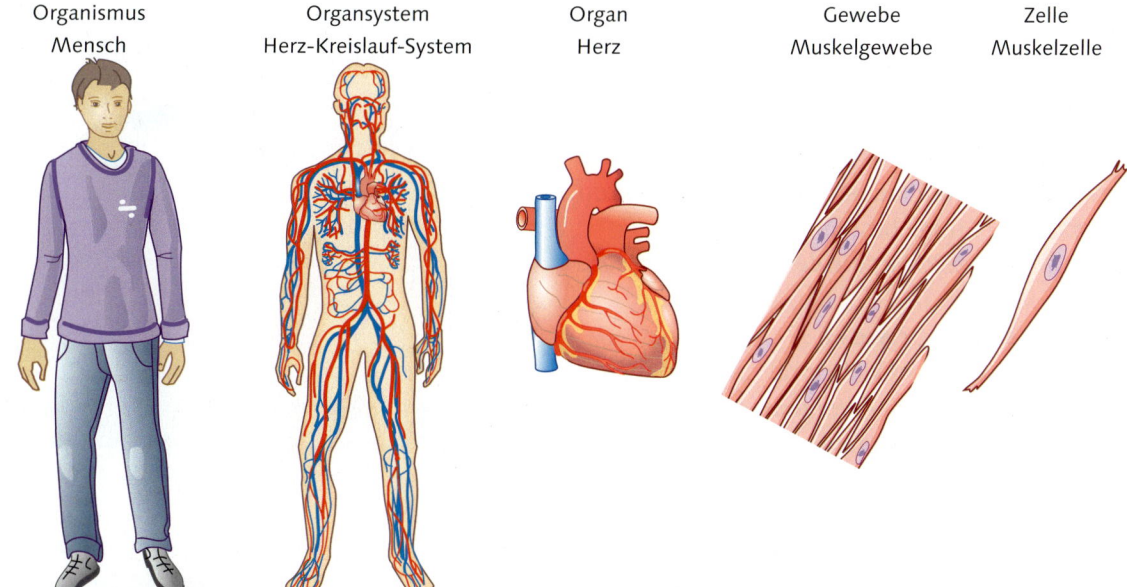

Organismus	Organsystem	Organ	Gewebe	Zelle
Mensch	Herz-Kreislauf-System	Herz	Muskelgewebe	Muskelzelle

4 Systeme im Organismus

sich zusammenziehen kann. Das Nervengewebe am Herzen bewirkt die Herztätigkeit, indem es elektrische Impulse an das Herz leitet. Die Herzklappen werden dem Hautgewebe zugeordnet. Ein Sack aus Bindegewebe, der Herzbeutel, hält das Herz an seinem Platz.

Die Funktionen der unterschiedlichen Gewebe ergänzen sich, sodass das Organ das Blut durch den Körper pumpen kann.

Organe bilden Organsysteme

Das Verdauungssystem besteht aus mehreren Organen, die zusammen eine Einheit bilden. Die Funktionen sind aufeinander abgestimmt. Eine solche funktionell zusammengehörende Gruppe von Organen bezeichnet man als *Organsystem*.

Jeder Organismus ist aus bestimmten Organsystemen aufgebaut.

In Kürze

Ein Organismus besteht aus Organsystemen, die aus mehreren Organen zusammengesetzt sind. Jedes Gewebe besteht aus Zellen, die die kleinste Funktionseinheit eines Organismus bilden.

Aufgaben

1 ☐ Nenne Organe des Menschen und beschreibe ihre Aufgaben.

2 ◪ Begründe, dass das Herz ein Organ ist.

Basiskonzept System

Jede Zelle bildet eine funktionelle Einheit: Eine Muskelzelle kann sich zusammenziehen und so eine bestimmte Funktion erfüllen. Sie stellt ein System dar. Das Muskelgewebe aus vielen Zellen kann eine Bewegung bewirken. Es bildet wiederum ein System. Dies ist Teil einer größeren Funktionseinheit – Teil eines Organs. So bewirkt das Herz, dass das Blut durch den Körper gepumpt wird. Das Herz arbeitet mit anderen Organen im Herz-Kreislauf-System zusammen. Neben dem Herz-Kreislauf-System gibt es weitere Organsysteme im menschlichen Körper, wie das Verdauungssystem oder das Nervensystem. Durch das Zusammenwirken aller Organsysteme wird die Leistungsfähigkeit des Organismus gewährleistet. Ein System besteht aus mehreren Teilen, die miteinander in Wechselwirkung stehen. Das Zusammenwirken aller Teile ermöglicht die jeweilige Funktion.

Einzeller

Untersuchst du Wasserproben aus einem kleinen Tümpel, kannst du viele sich schnell bewegende Organismen unter dem Mikroskop beobachten. Einige bestehen aus nur einer Zelle. Man bezeichnet sie deshalb als *Einzeller*.

Einzeller sind Lebewesen
Obwohl Einzeller so klein sind und nur aus einer Zelle bestehen, kann man doch alle Kennzeichen des Lebendigen an ihnen entdecken. Sie haben einen Stoff- und Energiewechsel und können wachsen. Einzeller vermehren und bewegen sich und sind reizbar.

Das Pantoffeltierchen ist schnell
Einer der flinken Mikroorganismen sieht wie ein Pantoffel aus und wird deshalb als Pantoffeltierchen bezeichnet. An der äußeren Zellmembran befinden sich Tausende Wimpern, die sich schnell bewegen und so die Vorwärts- oder Rückwärtsbewegung und das Drehen ermöglichen.

Beim genauen Betrachten kann man eine Vertiefung in der Mitte des Körpers erkennen. In diesen *Zellmund* werden mit Hilfe der

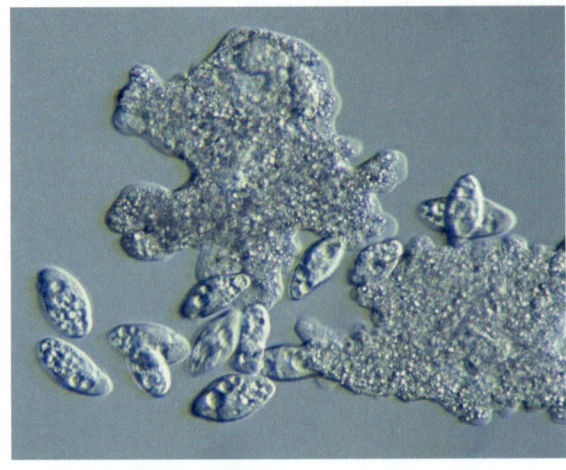

1 Verschiedene Einzeller in einer Probe

Wimpern Bakterien und kleinere Wimperntiere gestrudelt. Die Nahrung gelangt in den Einzeller, wird in Nahrungsvakuolen eingeschlossen und verdaut.

Die Nahrungsvakuolen wandern dabei durch das Zellplasma. Die unverdaulichen Nahrungsreste werden ausgeschieden, indem sich die Vakuole an der Außenmembran öffnet. Im Pantoffeltierchen gibt es noch andere Vakuolen: Pulsierende Bläschen ziehen sich aktiv zusammen, pressen überschüssiges Wasser aus der Zelle und verhindern so das Platzen der Zellmembran. Diese Bläschen werden *kontraktile Vakuolen* genannt.

Das Augentierchen reagiert auf Licht
Augentierchen sind nur 0,05 Millimeter groß, können aber in Massen auftreten und das Wasser grün färben. Mit dem Mikroskop erkennt man in den Zellen einen roten Augenfleck. Dieser Fleck schirmt den eigentlichen Fotorezeptor, der der Aufnahme des Lichts dient, seitlich ab und ermöglicht damit eine Orientierung. Mit Hilfe der langen Geißel, die sich wie ein Propeller dreht, bewegen sich Augentierchen gezielt zum Licht. Licht ist für die Ernährung dieser Einzeller wichtig: Sie können durch Fotosynthese in den Chloroplasten energiereiche Stoffe herstellen. Bei anhaltender Dunkelheit gibt es für Augentierchen eine alternative Ernährungsweise: Sie nehmen energiereiche Stoffe aus dem Wasser auf.

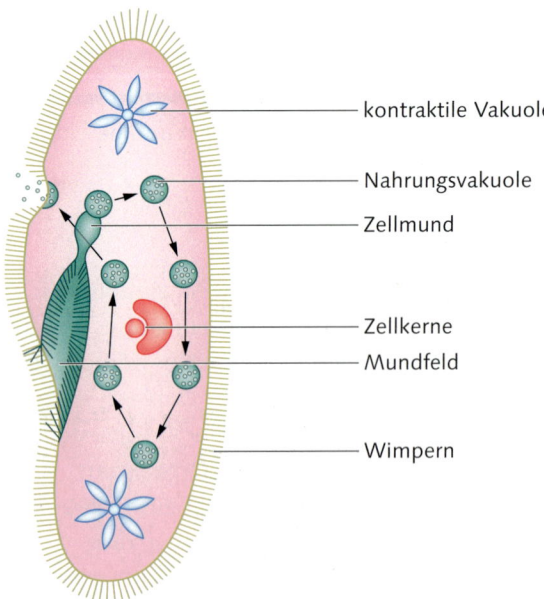

kontraktile Vakuole

Nahrungsvakuole

Zellmund

Zellkerne

Mundfeld

Wimpern

2 Verdauung beim Pantoffeltierchen

Amöben bewegen sich ohne Wimpern

Amöben ändern laufend ihre Gestalt und werden deshalb auch Wechseltierchen genannt.

Man findet sie in Gewässern in Bodennähe oder in einem älteren Heuaufguss. Sie sind fast einen Millimeter groß und auch ohne Mikroskop erkennbar. Die Bewegungen dieser Einzeller kann man allerdings nur mit dem Mikroskop beobachten: Ganz langsam stülpt sich das Plasma aus, bildet *Scheinfüßchen* und zieht den Körper nach.

Amöben ernähren sich von Bakterien und Wimperntieren. Zur Nahrungsaufnahme nutzen sie die Scheinfüßchen. Amöben umfließen dabei die Beute und verdauen sie in Nahrungsvakuolen.

Die Zelle einer Amöbe ist von einer dünnen Membran umgeben. Das mikroskopische Bild zeigt Plasma, Zellkern und Vakuolen.

Amöben wachsen bis zu einer bestimmten Größe. Dann teilt sich die Mutterzelle in zwei Tochterzellen. Amöben pflanzen sich ungeschlechtlich fort.

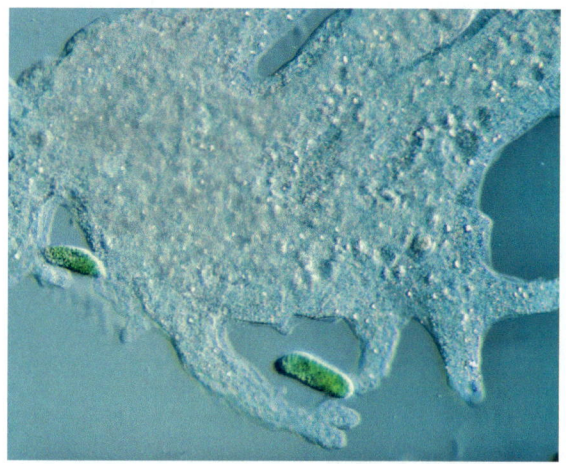

4 Eine Amöbe umschließt ein Wimperntierchen.

Pflanzliche Einzeller

Pflanzliche Einzeller besitzen wie tierische Einzeller einen Zellkern. Außerdem enthalten sie die für Pflanzen typischen Chloroplasten und Zellsaftvakuolen. Auch bei den pflanzlichen Einzellern sind alle Kennzeichen des Lebendigen zu beobachten. So können sie sich zum Beispiel durch Zellteilung ungeschlechtlich oder mithilfe von Geschlechtszellen, sogenannte Gameten, geschlechtlich vermehren. Einzellige Grünalgen kommen besonders häufig in natürlichen Gewässern vor. Das Aussehen kann sehr unterschiedlich sein: Es gibt runde und längliche sowie Algen mit oder ohne Geißeln.

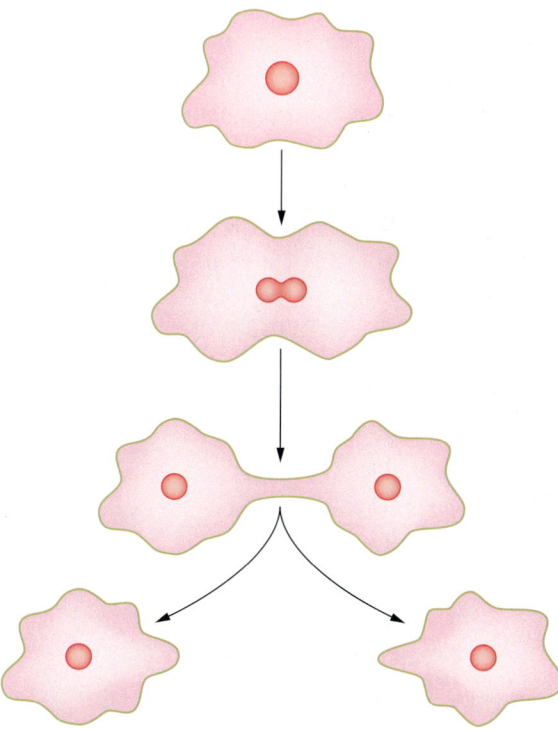

3 Amöben pflanzen sich durch Teilung fort.

In Kürze

Einzeller bestehen aus nur einer einzigen Zelle und weisen alle Kennzeichen des Lebendigen auf.

Aufgaben

1 ☐ Nenne verschiedene Fortbewegungsmöglichkeiten bei Einzellern.
2 ☐ Beschreibe die Nahrungsaufnahme und Verdauung des Pantoffeltierchens.
3 ☑ Stelle an Beispielen dar, dass Einzeller Kennzeichen des Lebendigen zeigen.

Zeichnen von mikroskopischen Bildern

Beim Mikroskopieren kann man interessante Kleinstorganismen oder Bestandteile in Zellen entdecken. Um sich später noch daran zu erinnern und sie richtig benennen zu können, fertigt man mikroskopische Zeichnungen an. Beim Anfertigen von mikroskopischen Zeichnungen geht man nach folgenden Schritten vor:

1 Material bereitstellen Für das Zeichnen benötigst du weißes DIN-A4- oder DIN-A5-Papier, einen gespitzten Bleistift (Härtegrad 2B oder 3B) und einen Radierer. Stelle an deinem Arbeitsplatz das Mikroskop und alle anderen Materialien bereit.

2 Mikroskop richtig einstellen Um eine gute Vorlage für die Zeichnung zu erhalten, musst du sorgfältig mikroskopieren. Wähle eine Vergrößerung, in der du das Objekt groß und scharf erkennst. Halte möglichst beide Augen offen. So kannst du mit einem Auge in das Mikroskop, mit dem anderen auf das Zeichenblatt blicken. Die Blende hilft, ein kontrastreiches Bild zu erhalten.

3 Genau beobachten Eine genaue Beobachtung des mikroskopischen Präparats ist eine wichtige Voraussetzung für das Gelingen der Zeichnung. Achte auf die Grundstrukturen und die Größenverhältnisse des Originals. Finde interessante Detailbereiche.

4 Erstellen einer Übersichtsskizze Die Übersichtsskizze sollte so groß sein, dass sie das Blatt weitgehend ausfüllt. Skizziere alle Grundformen mit einem feinen, aber durchgängigen Strich. Berücksichtige dabei die genauen Größen- und Lageverhältnisse. Radiere möglichst wenig und male nichts aus.

5 Details auswählen Je nach Arbeitsauftrag zeichnest du nun einzelne Details ein. Dazu kannst du eine stärkere Vergrößerung wählen. Achte darauf, dass du nur wenige, dafür aber typische Feinheiten für deine Zeichnung auswählst. Zeichne keine Zufälligkeiten ein, die nicht zu dem Präparat gehören, zum Beispiel Luftblasen.

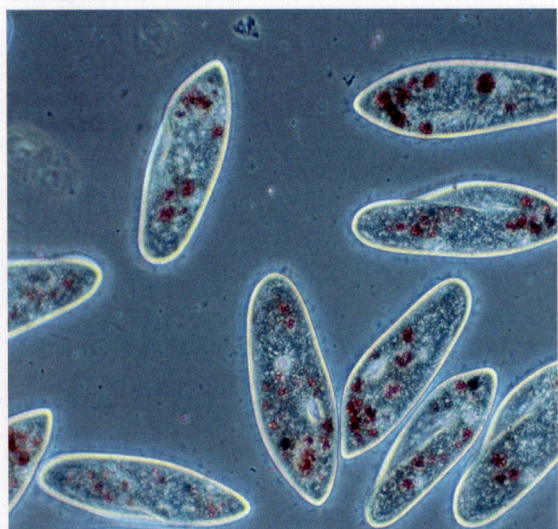

1 Mikroskopisches Bild mehrerer Pantoffeltierchen in 40-facher Vergrößerung

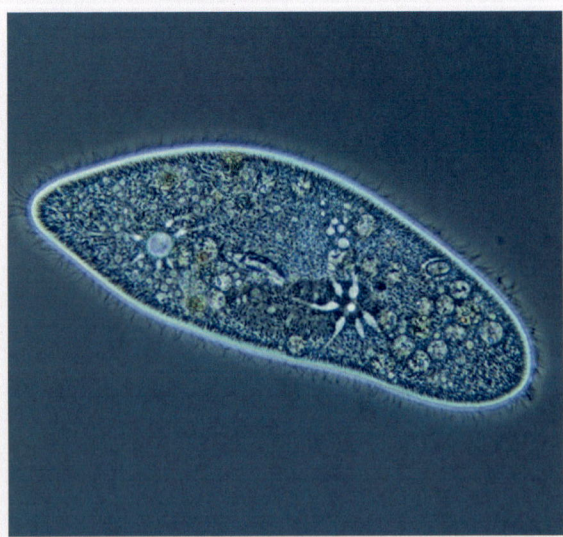

2 Mikroskopisches Bild eines Pantoffeltierchens in 100-facher Vergrößerung

6 Details ergänzen Wenn du einen typischen Ausschnitt gefunden hast, beginne mit der Zeichnung. Achte darauf, die richtige Anzahl und die Größenverhältnisse der verschiedenen Details korrekt abzubilden. Sind Zellen erkennbar, so reicht es, von jedem Zelltyp nur einige Zellen genau zu zeichnen. Weitere müssen nur angedeutet werden. Wichtig ist, dass du die Zahl der unterschiedlichen Gewebe erkennst und richtig wiedergibst. Zeichne die typischen Formen und Anordnungen von einzelnen Bestandteilen. Schwierige Bereiche kannst du auf einem Notizblatt erst einmal zur Probe zeichnen. Vergleiche deine Zeichnung, während du zeichnest, immer wieder mit dem mikroskopischen Bild.

4 Zeichenmaterialien

7 Vergleich mit einer Schemazeichnung

In deinem Schulbuch, in Bestimmungsbüchern oder auch im Internet findest du Schemazeichnungen von dem mikroskopierten Lebewesen. Versuche nun die von dir gezeichneten Strukturen wiederzuerkennen und den Abbildungen in den Büchern zuzuordnen.

8 Zeichnungen beschriften Beschrifte die Zelltypen, die Gewebe oder die Organe, indem du mit einem Lineal dünne, waagerechte Linien ohne Pfeilspitzen ziehst. Die Beschriftungen werden auch mit Bleistift gut lesbar eingetragen. In den oberen Bereich trägst du bei jeder mikroskopischen Zeichnung deinen Namen, das Datum und Informationen zum Objekt ein.

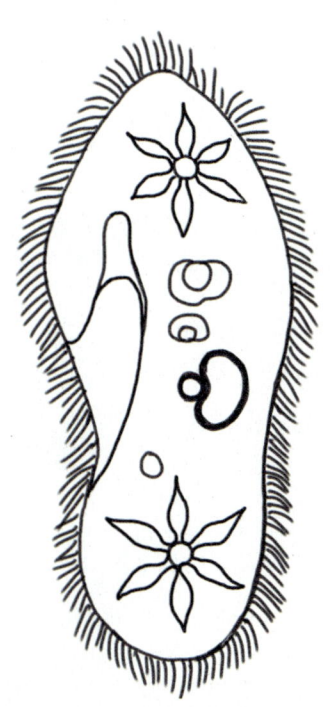

3 Übersichtsskizze

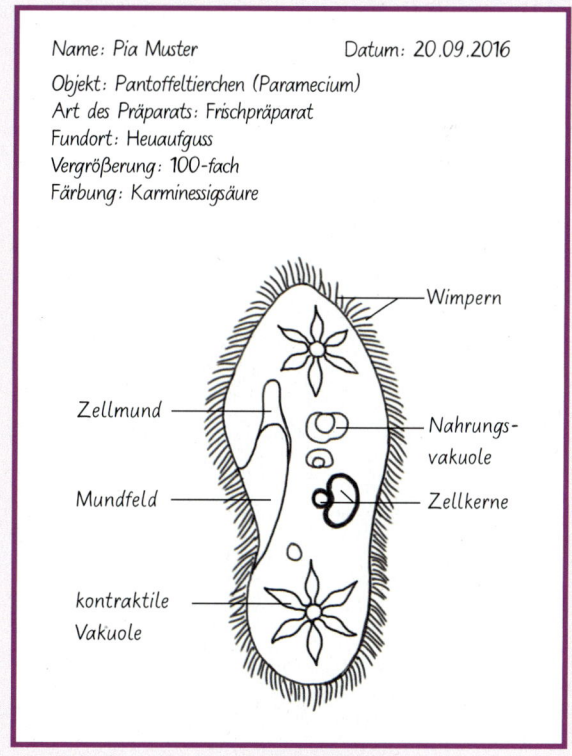

Name: Pia Muster Datum: 20.09.2016
Objekt: Pantoffeltierchen (Paramecium)
Art des Präparats: Frischpräparat
Fundort: Heuaufguss
Vergrößerung: 100-fach
Färbung: Karminessigsäure

Wimpern

Zellmund

Nahrungs-vakuole

Mundfeld

Zellkerne

kontraktile Vakuole

5 Fertige Zeichnung mit Beschriftung

Leben im Wassertropfen

A Leben im Heuaufguss

Material großes Becherglas, eine Handvoll getrocknetes Heu, Teichwasser (oder Leitungswasser), Glasplatte, Pipetten, Mikroskopier- und Zeichenausrüstung

> Sicherheitsbestimmungen beachten!
> Kein verschimmeltes Heu verwenden!
> Heuaufguss bei Zimmertemperatur aufbewahren!

Durchführung

- Befülle das Becherglas mit Heu und Wasser. Decke das Gefäß mit der Glasplatte als Verdunstungsschutz ab.

- Nach einigen Tagen hat sich an der Wasseroberfläche eine Kahmhaut gebildet.
- Nun werden aus dem Heuaufguss mit Hilfe der Pipetten kleine Proben entnommen und mikroskopiert.
- Bestimme die Lebewesen anhand der Bestimmungsschlüssel.
- Erstelle von mindestens einem Lebewesen eine Zeichnung.

Auswertung Fertige eine Tabelle an, die die Häufigkeit der unterschiedlichen Lebewesen wiedergibt.

Bestimmungsschlüssel für Zooplankton (Auswahl)

①	– einzelliger Organismus	–> 2
	– mehrzelliger Organismus	–> 5
②	– ohne Geißeln oder Wimpern, Gestaltwechsel	–> Wechseltierchen (Amöben)
	– mit Geißeln, Wimpern oder langen Fortsätzen	–> 3
③	– mit Wimpern	–> Wimperntierchen
	– mit langen Fortsätzen oder Geißeln	–> 4
④	– lange, schmale, scheinbar starre Fortsätze, Gestalt kugelförmig	–> Sonnentierchen
	– mit Geißeln	–> Geißeltierchen
⑤	– Vorderende mit Wimpernkranz oder Wimpernplatte	–> Rädertierchen
	– Körper gepanzert, mehrere gegliederte Anhänge (Krebstiere)	–> 6
⑥	– Körper oval, gegliederte Ruderantennen, ein Schwanzstachel	–> Wasserflöhe
	– Körper länglich mit Ruderfüßen, mehrfach gegabelter Schwanz	–> Ruderfußkrebse

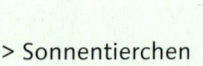

1 Bestimmungsschlüssel für Zooplankton

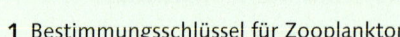

B Kontraktile Vakuolen

Material Pantoffeltierchen aus dem Heuaufguss oder aus einer Reinkultur, Watte, Stoppuhr

Durchführung
- Tropfe eine kleine Wasserprobe auf den Objektträger, füge wenige Wattefasern zu und lege das Deckgläschen auf.
- Die Bewegungen des Pantoffeltierchens können zur besseren Beobachtung verlangsamt werden.
- Sauge dazu vorsichtig mit Zellstoff überflüssiges Wasser ab. Dadurch wird die Beweglichkeit der Pantoffeltierchen stark eingeschränkt.
- Mikroskopiere mit mittlerer oder größter Vergrößerung.

Auswertung
1 Wähle ein Pantoffeltierchen aus und beobachte es genau. Du kannst erkennen, dass sich ein Bläschen immer wieder zusammenzieht und dann wieder öffnet. Das ist die kontraktile Vakuole bei der Wasserausscheidung.
2 Zähle, wie oft sich die Vakuole pro Minute zusammenzieht.
3 Wie viele kontraktile Vakuolen kannst du erkennen?

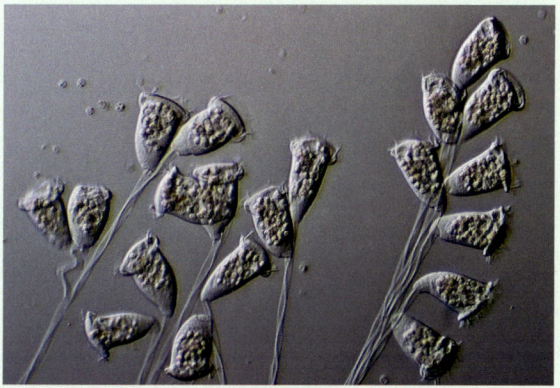

2 Glockentierchen – Organismen, die beispielsweise in Aquarien zu finden sind.

- Nun musst du mindestens 2 Wochen warten. An der Außenseite werden sich sogenannte Aufsitzorganismen ansiedeln.
- Entnimm die Objektträger und reinige die Innenseite. Auf der Außenseite legst du 3 Deckgläschen nebeneinander auf. Dadurch verhinderst du das Austrocknen.
- Du wirst mit Hilfe des Mikroskops Wimperntiere entdecken, die fest mit einem Stiel am Objektträger haften und einen glockenförmigen Körper besitzen.

Auswertung
1 Zeichne ein Glockentierchen.
2 Beschreibe die Nahrungsaufnahme des Glockentierchens.

C Glockentierchen im Aquarium

Material 2 Objektträger, Gummiband, Aufhängung mit Stab, Faden, Haken, ein bestehendes Aquarium mit Fischen und Pflanzen

Durchführung
- Zwei Objektträger werden mit Hilfe von Gummiringen fest aneinandergedrückt. An einem Faden werden sie so in ein Aquarium gehängt, dass die Objektträger möglichst frei hängen und nicht die Scheiben berühren.

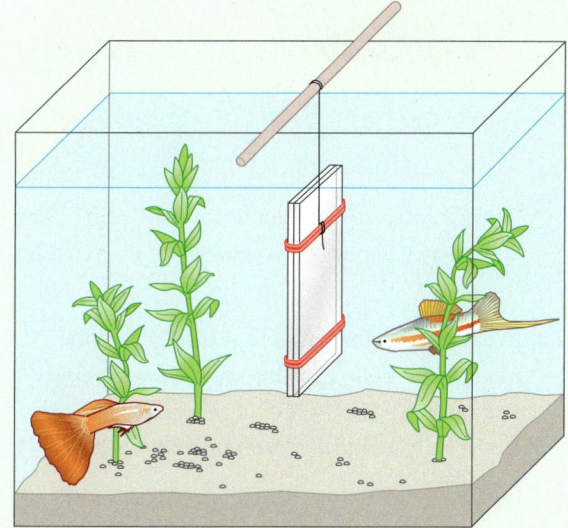

3 Versuchanordnung zur Ansiedlung von Aufsitzorganismen

Zellen und Einzeller

1 Bausteine der Organismen

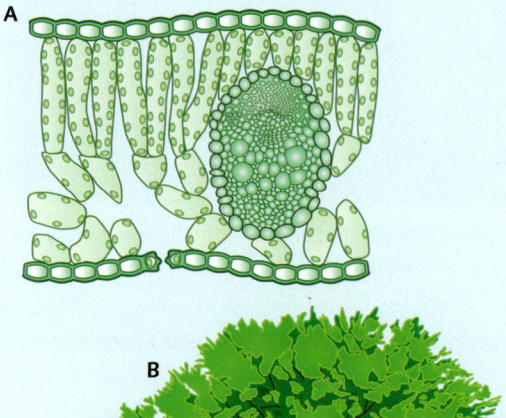

A

B

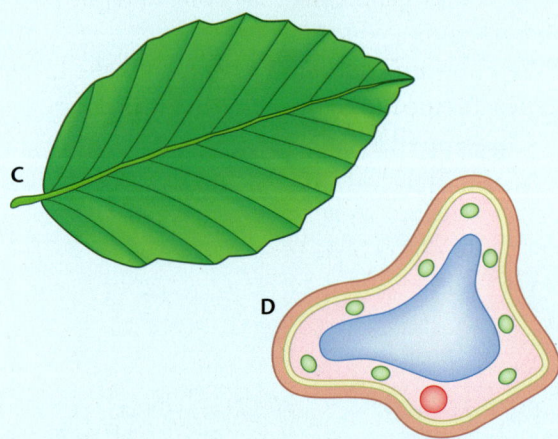

C

D

1 Systeme in der Natur

a ☐ Ordne den Buchstaben A bis D folgende Begriffe zu: Zelle, Organismus, Gewebe und Organ.

b ☑ Ordne die Begriffe in einer sinnvollen Reihenfolge.

c ☑ Jeder genannte Bestandteil bildet jeweils ein System. Erläutere.

2 Die Zelle

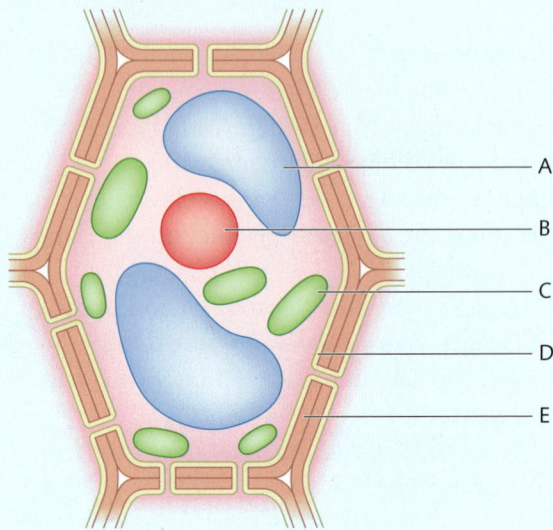

A

B

C

D

E

2 Bau einer Zelle

a ☐ Benenne die gekennzeichneten Bestandteile.

b ☑ Handelt es sich um eine Tier- oder Pflanzenzelle? Begründe deine Entscheidung.

c ☑ Erläutere von mindestens vier Zellbestandteilen die Aufgaben. Fertige dazu eine Tabelle an.

3 Mikroskopierregeln

☑ Formuliere mindestens sechs Regeln zum Mikroskopieren und verwende dabei die Fachbegriffe.

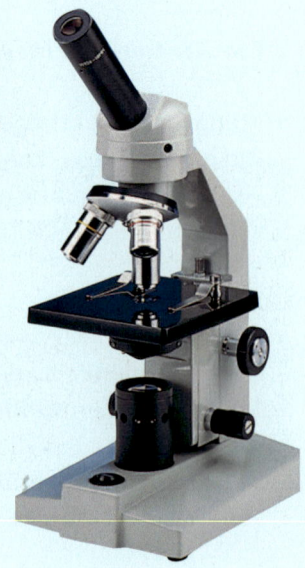

4 Vergrößern

☑ Du sollst ein Präparat mit einer 400-fachen Gesamtvergrößerung betrachten. Welche Einstellungen musst du vornehmen? Erläutere.

5 Das Augentierchen

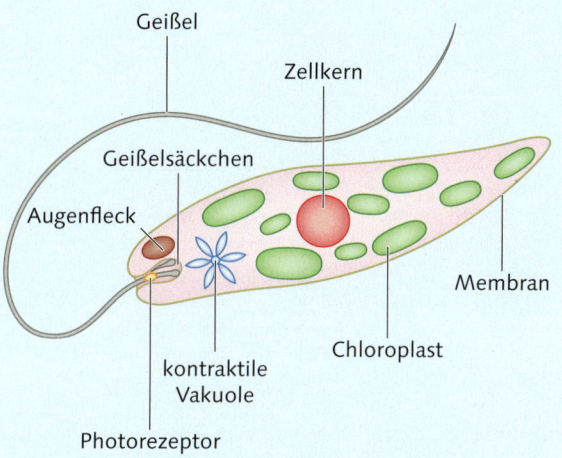

3 Das Augentierchen – ein Einzeller

a □ Nenne pflanzliche und tierische Merkmale des Augentierchens.
b ■ Wissenschaftler streiten sich über die Zuordnung zu pflanzlichen oder tierischen Einzellern. Diskutiere die verschiedenen Positionen in der Gruppe.

6 Kennzeichen des Lebendigen

☑ Stelle die Kennzeichen des Lebendigen in einer Tabelle dar und vergleiche Einzeller mit einem Säugetier deiner Wahl.

4 Unterschiedliche Lebewesen

Zellen und Einzeller

■ Zellen und Bestandteile der Zelle kann man mithilfe des Mikroskops erkennen.

■ Zellen sind die Grundbausteine von Lebewesen.

■ Pflanzliche und tierische Zellen unterscheiden sich. Alle Zellen besitzen einen Zellkern, Zellplasma und sind von einer Membran umgeben. Viele Zellen besitzen Vakuolen. Pflanzliche Zellen verfügen auch über Chloroplasten und eine stabile Zellwand.

■ Bei Vielzellern bilden gleichartige Zellen ein Gewebe.

■ Organe bestehen aus verschiedenen Geweben und erfüllen spezielle Aufgaben im Organismus.

■ Organsysteme bestehen aus mehreren Organen, die zusammenwirken.

■ Im System Organismus sind alle Lebensprozesse aufeinander abgestimmt.

■ Einzeller sind Organismen, die nur aus einer Zelle bestehen und alle Merkmale des Lebens zeigen.

Wirbellose

Leben im Boden – der Regenwurm

Nach einem starken Regenguss sieht man an der Erdoberfläche häufig zahlreiche Regenwürmer. Daher haben sie wohl ihren Namen, aber auch die »rege« Tätigkeit im Boden, ihrem eigentlichen Lebensraum, könnte zur Namensgebung geführt haben.

1 Regenwurm an der Oberfläche

Lebensraum Boden

Der Regenwurm lebt in einem weitverzweigten Röhrensystem, das entsteht, wenn er sich durch den Boden frisst. Dadurch wird der Boden gelockert und durchlüftet. Aus der gefressenen Erde nimmt der Regenwurm für ihn wichtige Stoffe auf. Nachts zieht der Regenwurm Blätter, welkes Gras und abgestorbene Pflanzenteile zum Fressen in die Röhren. Sein Kot enthält Humus und wirkt wie Dünger.

Der Boden bietet vielen Tieren einen Lebensraum. Neben Regenwürmern gibt es hier zahlreiche andere Tierarten, zum Beispiel den Maulwurf, verschiedene Käfer, Spinnentiere, Asseln, Schnecken und Milben.

Innerer und äußerer Bau

Der bis zu 30 Zentimeter lange Körper eines Regenwurms besteht aus vielen Ringen. Besonders auffällig ist der Gürtel an der vorderen Körperhälfte. Er dient zur Fortpflanzung. Jeder Ring, auch *Segment* genannt, ist gleich aufgebaut. Jedes Segment weist eine Schicht Ring- und Längsmuskeln sowie acht Borsten auf. Dieser *Hautmuskelschlauch* gibt dem Körper seine Form und stützt ihn. Wie alle Tiere ohne Innenskelett und Wirbelsäule zählt man den Regenwurm zu den *Wirbellosen*.

Im Innern sind die Segmente ebenfalls alle ähnlich aufgebaut. So ist jedes Segment von Darm, Blutgefäßen und Nervensträngen durchzogen. Ausscheidungsorgane geben die Körperflüssigkeit in Form von Schleim nach außen ab. Der Regenwurm atmet über die Haut und ist deshalb auf eine feuchte Umgebung angewiesen. Er ist ein *Feuchtlufttier*.

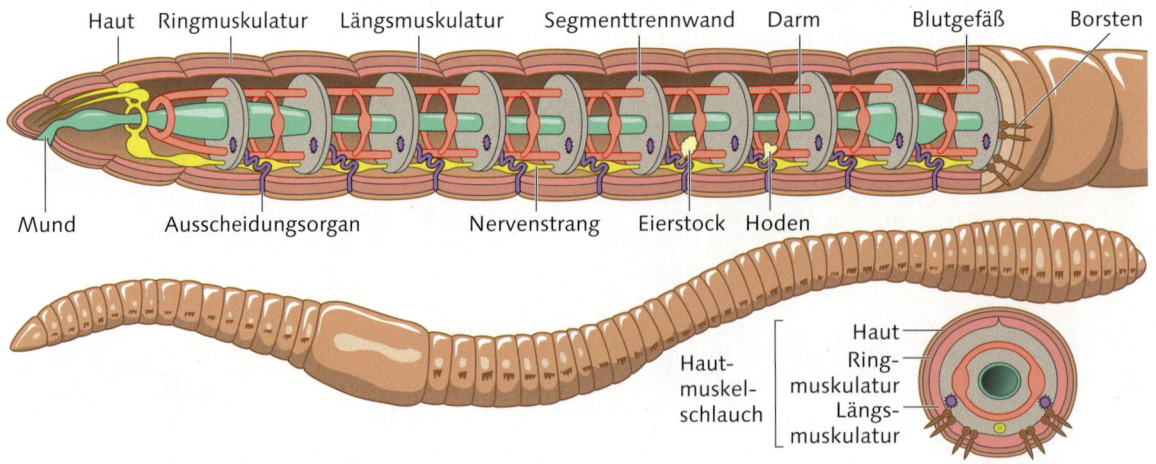

2 Äußerer und innerer Bau eines Regenwurms

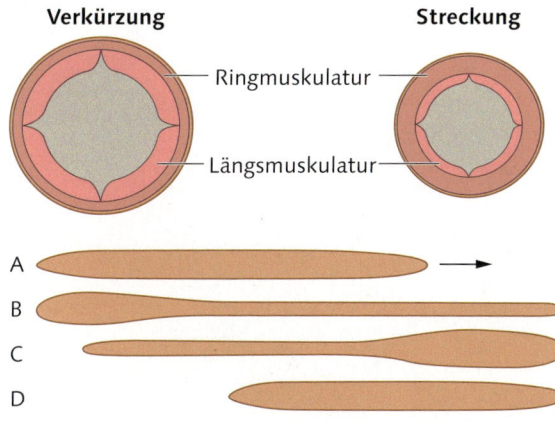

Verkürzung　　　　　Streckung

Ringmuskulatur

Längsmuskulatur

A

B

C

D

3 Fortbewegung beim Regenwurm

Fortbewegung mit Muskeln und Borsten

Regenwürmer bewegen sich mit Hilfe der Ring- und Längsmuskeln sowie der Borsten fort. Bei Anspannung der Ringmuskeln werden einzelne Ringe lang und dünn. So schiebt sich der Regenwurm nach vorne. Durch das darauffolgende Anspannen der Längsmuskeln werden die einzelnen Ringe wieder kurz und dick. Die Borsten verhaken sich dabei im Boden und verhindern ein Zurückrutschen.

Männlich und weiblich in einem

Regenwürmer besitzen männliche und weibliche Geschlechtsorgane. Sie sind *Zwitter*. Zur Paarung bringen sie ihr Vorderende mit dem Gürtel des Partners zusammen. Beide Tiere begatten sich gegenseitig und legen dann befruchtete, von einem Kokon umhüllte Eier ab. Aus ihnen schlüpfen die kleinen Würmer.

Bedeutung der Regenwürmer

Durch die Tätigkeit der Regenwürmer durchziehen Regenwurmröhren den ganzen Boden in bis zu zwei Meter Tiefe. Die Röhren leiten Niederschläge besser ab und die Pflanzen gelangen leichter an Wasser. Zudem wird der Boden durchmischt. Pflanzen können sich dadurch leichter verwurzeln. Außerdem sorgen die Röhren für eine gute Durchlüftung des Bodens. Der Kot der Regenwürmer enthält noch viele Mineralstoffe und unverdaute Pflanzenreste. So wird der Boden gedüngt und damit auch fruchtbarer.

In Kürze

Regenwürmer sind wirbellose Tiere. Ihr Körper ist in Ringe unterteilt, die alle ähnlich aufgebaut sind. Als Feuchtlufttiere atmen sie über die Haut. Regenwürmer sind Zwitter. Durch die Bildung von Röhren und durch ihre Ausscheidungen verbessern sie die Bodenqualität.

Aufgaben

1 ☐ Beschreibe die Fortbewegung des Regenwurms anhand eines Flussdiagramms nach folgendem Muster:

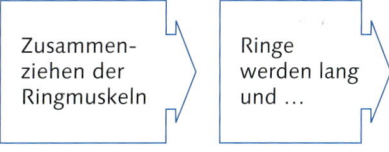

Zusammenziehen der Ringmuskeln ➙ Ringe werden lang und …

2 ◪ Regenwürmer sind bei Gärtnern sehr beliebt. Erläutere.

4 Paarung bei Regenwürmern

5 Befruchtete Regenwurmeier mit Kokon

Die Weinbergschnecke

Es ist endlich so weit: Amelie kann den Salat ernten, den sie vor einiger Zeit im Gemüsebeet ausgesät hat. Doch sie muss feststellen, dass die Salatblätter Fraßspuren haben. Bei näherem Hinsehen entdeckt sie eine Weinbergschnecke.

Körperbau
Der Körper der Weinbergschnecke ist durch ein Gehäuse geschützt. Der Weichkörper gliedert sich in Kopf, muskulösen Fuß und den innen liegenden Eingeweidesack. Am Kopf befinden sich die Mundöffnung sowie vier Fühler, die dicht mit Geschmacks- und Geruchssinneszellen besetzt sind. Am oberen Fühlerpaar befinden sich zusätzlich Augen, mit denen die Schnecke zwischen hell und dunkel unterscheiden kann. Der Kopf geht fließend in den Fuß über. Dieser ist als *Kriechfuß* ausgebildet: er formt eine flache Unterseite, auf der sich die Schnecke kriechend fortbewegt. Dabei hinterlässt sie eine Spur aus Schleim. Dieser wird in Drüsen am Fuß produziert.

Der Teil des Körpers der Weinbergschnecke, der nie das schützende Gehäuse verlässt, ist

1 Die Weinbergschnecke

der Eingeweidesack. In ihm befinden sich wichtige Organe wie der Magen oder das Herz.

Lebensweise
Weinbergschnecken sind häufig am Wegrand in der Nähe von Waldrändern zu finden, wo dichter Pflanzenbewuchs für Schutz und Nahrung sorgt. Sie sind Pflanzenfresser und nehmen ihre Nahrung zu sich, indem sie mit der *Radula*, einer Raspelzunge, kleine Stücke aus der Nahrung raspeln und anschließend heruntergeschlucken. Bei Gefahr oder trockener Witterung ziehen sie sich in das schützende Gehäuse zurück.

Äußerer Bau

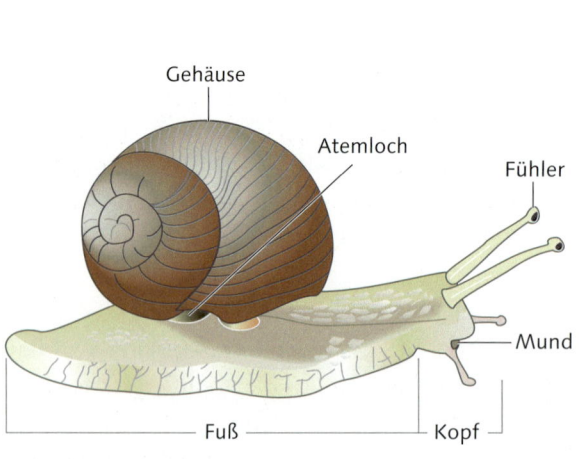

Gehäuse · Atemloch · Fühler · Mund · Fuß · Kopf

2 Körperbau der Schnecke

Innerer Bau

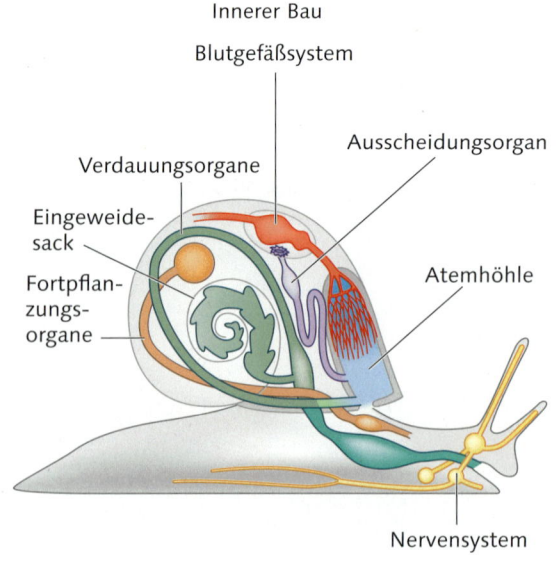

Blutgefäßsystem · Verdauungsorgane · Ausscheidungsorgan · Eingeweidesack · Fortpflanzungsorgane · Atemhöhle · Nervensystem

3 Paarung der Weinbergschnecken

5 Ein Gericht aus Weinbergschnecken

Weinbergschnecken sind für den Aufbau des Gehäuses und zur Ausbildung eines Schutzdeckels zur Überwinterung auf die Aufnahme von Kalk angewiesen. Sie sind in der Lage, Kalk aus dem Untergrund aufzunehmen und bevorzugen daher kalkhaltige Böden.

Fortpflanzung

Weinbergschnecken sind Zwitter, besitzen also männliche und weibliche Geschlechtsorgane. Die Fortpflanzung der Weinbergschnecken beginnt damit, dass sich die Schnecken einen kleinen Kalkpfeil in den Fuß stechen. Beim anschließenden Liebesspiel steigen die Schnecken mit den Fußsohlen aneinander hoch und

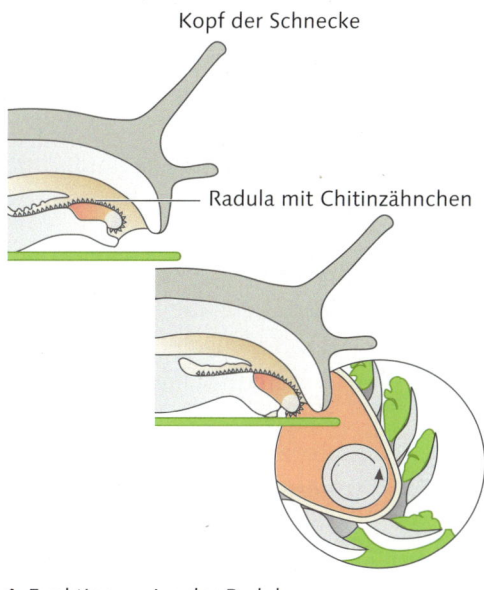

Kopf der Schnecke

Radula mit Chitinzähnchen

4 Funktionsweise der Radula

wiegen sich dabei hin und her. Die Begattung verläuft gegenseitig. Die Schnecken können sich nicht selbst begatten. Etwas später graben die Weinbergschnecken jeweils eine Grube in die Erde, in der sie etwa 40 bis 80 Eier ablegen. Nach einigen Tagen schlüpfen die Jungschnecken, die bereits eine Schale mit einundhalb Windungen haben.

Weinbergschnecken – eine Delikatesse

Weinbergschnecken gelten in vielen Ländern als Delikatesse. Früher konnten sich Kinder mit dem Einsammeln der Tiere ihr Taschengeld aufbessern. Heute stehen Weinbergschnecken in Deutschland unter Artenschutz und dürfen nicht zum Verzehr gesammelt werden. Die für den Lebensmittelhandel benötigten Schnecken werden in speziellen Schneckenfarmen gezüchtet.

In Kürze

Der Weichkörper der Weinbergschnecke wird in Kopf, Fuß und Eingeweidesack gegliedert. Die Schnecken sind Zwitter. Sie legen ihre Eier in einer Erdgrube ab. Zum Verzehr werden Weinbergschnecken in Schneckenfarmen gezüchtet.

Aufgaben

1 ☐ Beschreibe, wie sich die Weinbergschnecke ernährt.

2 ◪ Nach einem Regenguss kann man viele Weinbergschnecken finden. Suche mögliche Gründe.

Regenwurm – Körperbau und Lebensweise

Mit vielen Wirbellosen wie den Regenwürmern oder Schnecken lassen sich interessante Versuche durchführen. Dabei ist immer Voraussetzung, dass die Lebewesen respektvoll behandelt werden. Sie dürfen nicht verletzt werden und müssen anschließend wieder dort ausgesetzt werden, wo man sie gefunden hat.

A Körperbau

Material Waage, Lineal, Lupe, Regenwurm, Federstahlpinzette

Durchführung
- Miss den Regenwurm mit Hilfe des Lineals in Länge und Breite.
- Setze einen Regenwurm vorsichtig mit Hilfe einer Federstahlpinzette auf die Waage. Bestimme die Masse.
- Zähle die Segmente des Regenwurms. Nimm, falls nötig, eine Lupe zu Hilfe.

Auswertung Halte deine Ergebnisse in Form einer Tabelle fest. Vergleiche verschiedene Regenwürmer miteinander.

Merkmal	Ergebnis
Länge	

B Fortbewegung an Land

Material Filterpapier, Regenwurm, Federstahlpinzette, Lupe

Durchführung
- Setze den Regenwurm mit Hilfe einer Federstahlpinzette auf ein Stück Filterpapier.
- Warte, bis der Regenwurm zu kriechen beginnt, und halte dein Ohr nah an das Papier.

Auswertung
1 Beschreibe das Geräusch, das zu hören ist, wenn der Regenwurm über das Papier kriecht.
2 Stelle Vermutungen an, wodurch das Geräusch verursacht wird.

Tipp Drehe das Papier vorsichtig in die Senkrechte. Der Regenwurm fällt nicht herunter.

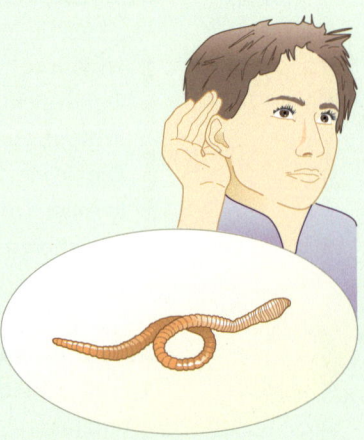

1 Versuch zur Fortbewegung des Regenwurms

C Lebensweise

Material durchsichtiges Glas mit Deckel, Sprühflasche, Komposterde, Sand, Laub, Kaffeesatz und einige Kartoffel- oder Apfelschalen, etwa 5 Regenwürmer, Fotoapparat

Durchführung
- Fülle das Glas abwechselnd mit Komposterde und Sand. Feuchte den Boden mit einer Sprühflasche an.
- Setze die Regenwürmer auf die Oberfläche und bedecke sie dann mit Laub, etwas Kaffeesatz und einigen Kartoffelschalen.
- Lege den Deckel auf das Glas und stelle es an einen dunklen, kühlen Ort.
- Kontrolliere alle 2 Tage, ob die Erde noch feucht genug ist.
- Dokumentiere Veränderungen durch Fotos.

Auswertung
1 Vergleiche die Schichtung der Bodenschichten zu Beginn und nach etwa 10 Tagen.
2 Regenwürmer sind bei Gärtnern und Gartenfreunden sehr beliebt. Begründe dies mit Hilfe deiner Beobachtungen.

Weinbergschnecke – den Sinnen auf der Spur

A Tastsinn

Material Glasplatte, Bleistift oder Pinsel, Weinbergschnecke

Durchführung

- Nimm eine Weinbergschnecke aus dem Gefäß und setze sie vorsichtig auf den Tisch.

- Berühre die Weinbergschnecke mit Hilfe des Bleistifts oder Pinsels vorsichtig zunächst an den Fühlern, dann an der Fußmitte und schließlich am Ende des Fußes.

Auswertung

1 Notiere deine Versuchsergebnisse.
2 Erkläre deine Ergebnisse in Bezug auf den Tastsinn der Weinbergschnecke.

B Geruchssinn

Material Weinbergschnecke, Glasplatte, Wattestäbchen, Apfelstück, verdünnter Essig

Durchführung

- Ziehe mit Hilfe des Apfelstücks eine Duftspur über den Tisch. Setze die Weinbergschnecke vor die Spur und beobachte ihr Verhalten.

- Tauche nun ein Wattestäbchen in verdünnten Essig und ziehe damit eine Spur vor die Apfelspur. Setze nun die Schnecke in einem Abstand von 10 Zentimetern vor die Essigspur und beobachte.

Auswertung

1 Beschreibe die Ergebnisse.
2 Stelle mit Hilfe der Ergebnisse Vermutungen an, was man unternehmen könnte, um Schnecken vom Gemüsebeet fernzuhalten.

C Sehsinn

Material Schuhkarton, Lampe, Weinbergschnecke

Durchführung

- Setze eine Weinbergschnecke in den Karton und dunkle diesen ab.
- Leuchte nach 2 Minuten mit der Taschenlampe auf den Kopf des Tieres.

Auswertung

1 Beschreibe deine Ergebnisse.
2 Erläutere, welche Schlussfolgerung man aus diesem Versuch in Bezug auf den Sehsinn der Schnecke ziehen kann.

A

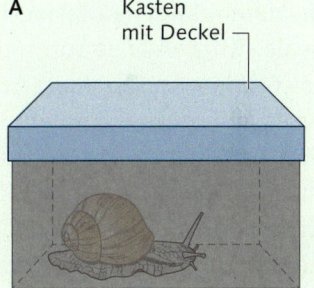

Kasten mit Deckel

B

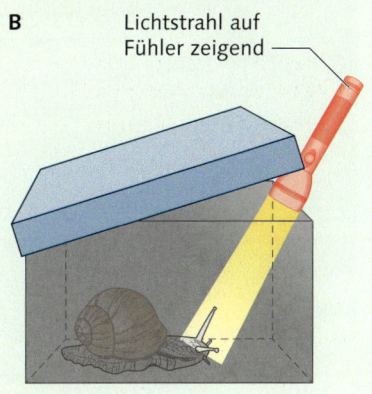

Lichtstrahl auf Fühler zeigend

Glasplatte

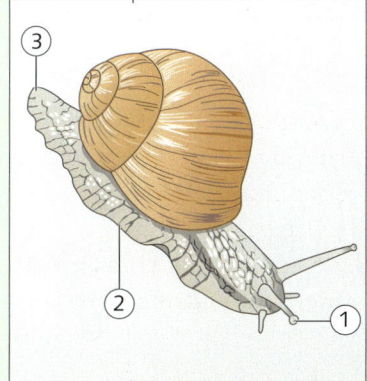

1 Versuch zum Tastsinn

Apfelstück

Duftspur

2 Versuch zum Geruchssinn

3 Versuch zum Sehsinn

Die Honigbiene

Wenn du im Sommer durch die Landschaft gehst, kannst du an den Rändern von Rapsfeldern Bienenstöcke entdecken, die ein Imker aufgestellt hat. Von außen unscheinbar, offenbart ein Bienenstock im Innern eine faszinierende und fremdartige Welt.

Blick in den Bienenstock
Blickt man gemeinsam mit einem Imker in einen Bienenstock, kann man mehrere nebeneinanderhängende Holzrähmchen erkennen. In diesen Rähmchen haben die Bienen Waben aus Wachs gebaut. Sie bestehen aus Tausenden sechseckigen Hohlräumen, den Zellen. Auf ihnen drängen sich die Bienen dicht an dicht.

Leben im Bienenvolk
In jedem Bienenstock lebt ein *Bienenvolk*. Es setzt sich aus *Arbeiterinnen, Drohnen* und der *Bienenkönigin* zusammen. Die Arbeiterinnen sind unfruchtbare Weibchen und die kleinsten und zahlenmäßig häufigsten Bienen im Bienenvolk. Während des Sommers können es über 50 000 sein. Zu ihren Aufgaben gehören unter anderem das Sammeln von Nektar und Pollen, das Pflegen und Füttern der Larven und das Bewachen des Fluglochs.

Die männlichen Tiere, die Drohnen, findet man nur in geringer Zahl. Sie sind größer

1 Bienenstöcke am Rapsfeld

als die Arbeiterinnen, haben große Augen und einen plumpen Körper. Ihre einzige Aufgabe ist die Begattung einer jungen Königin. Im Herbst werden die Drohnen aus dem Stock vertrieben und sie sterben.

Die Besonderheit der Königin
Die Aufgaben aller Bienen eines Volkes sind aufeinander abgestimmt. Es herrscht Arbeitsteilung. Eine solche Gemeinschaft von Insekten wird als *Insektenstaat* bezeichnet.

Die Königin ist meist von einer Schar Arbeiterinnen umgeben, die sie versorgen. Viele Imker markieren sie mit einem Farbplättchen, da es sonst sehr schwierig ist, diese einzelne große Biene zu finden. Die Königin ist das einzige fruchtbare Weibchen im Bienenvolk. Alle Nachkommen stammen von dieser Königin ab. Sie legt pro Tag über 1500 Eier.

2 Blick in einen Bienenstock: Rähmchen mit Waben

3 Honigbienen (Arbeiterin, Drohn und Königin)

4 Bienenkönigin, umringt von Arbeiterinnen

Vom Nektar zum Honig

Beim Besuch einer Blüte saugt die Biene mit ihrem Saugrüssel den Nektar in ihren *Honigmagen*.

Voll beladen mit Nektar und Pollen kommen die Bienen vom Sammelflug zu ihrem Stock zurück. Sie informieren die anderen Sammelbienen über ergiebige Futterquellen. Andere Bienen nehmen ihnen den gesammelten Pollen oder den Nektar ab. Der Pollen dient als eiweißhaltige Nahrung für die heranwachsenden Bienen. Der Nektar wird im Honigmagen mit eiweißhaltigen Stoffen der Bienen angereichert, anschließend in die Waben eingelagert und durch die Verdunstung von Wasser eingedickt. Die nun mit Honig gefüllten Waben werden mit einem Wachsdeckel verschlossen. Der Honig dient in der kalten und blütenlosen Zeit als Nahrung.

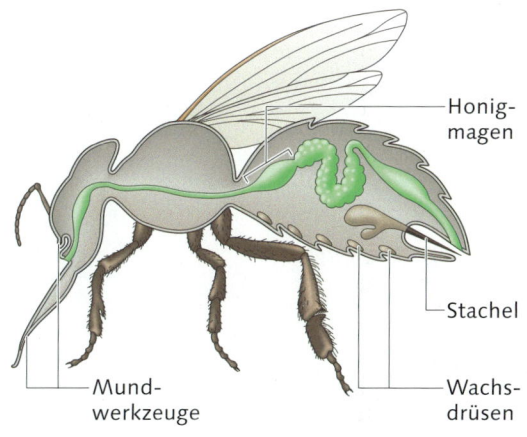

5 Besondere Organe der Honigbiene

Honig-magen

Stachel

Mund-werkzeuge

Wachs-drüsen

Der Imker entnimmt im Spätsommer einen großen Teil des Honigs. Als Ersatz hierfür gibt er den Bienen Zuckerwasser.

Ohne Bienen weniger Obst

Viele Blütenpflanzen werden von Honigbienen bestäubt. Dabei werden Pollenkörner auf die Narbe einer Blüte übertragen. Erst jetzt ist die Entwicklung von Samen und Früchten möglich. Als »Gegenleistung« für diesen Dienst erhalten die Bienen Nektar und Pollen.

Fällt wegen eines Kälteeinbruchs die Bestäubung durch Bienen aus, weil diese bei niedrigen Temperaturen nicht ausfliegen, geht der Ernteertrag stark zurück oder entfällt ganz. Die Landwirtschaft ist bei der Bestäubung von Nutzpflanzen, zum Beispiel Raps, Erdbeeren oder Äpfeln, auf Bienen angewiesen. Die Bienenvölker am Feldrand sind also nicht nur für den Imker, sondern auch für den Landwirt besonders nützlich.

In Deutschland schätzt man den Nutzwert der Bienen auf etwa 4 Milliarden Euro. Damit sind sie nach Rindern und Schweinen die drittwichtigsten Nutztiere.

In Kürze

Honigbienen sind Staaten bildende Insekten. Ein Bienenvolk besteht aus einer Königin, einigen Drohnen und Tausenden Arbeiterinnen. Beim Sammeln von Nektar und Pollen erbringen Bienen eine wichtige Bestäubungsleistung.

Aufgaben

1 ☐ Beschreibe den äußeren Bau der drei Bienenwesen. Nenne ihre Aufgaben im Bienenvolk.

2 ◩ Begründe, weshalb Bienenstöcke in der Nähe von Rapsfeldern und Obstplantagen aufgestellt werden.

Die Stechmücke

Heute Abend ist die lang ersehnte Klassenfeier am See. Du machst dich auf den Weg zum Grillplatz. Kaum angekommen, hörst du ein hohes Summen. Stechmücken können den schönsten Grillabend verderben.

Lebensweise und Ernährung
Stechmücken gehören zu den Insekten. Tagsüber suchen sie an Pflanzen nach süßen Säften als Nahrung. Für die Entwicklung der Mückeneier sind tierische Eiweiße notwendig. Diese erhalten die Weibchen durch Blutsaugen. Mit ihren Fühlern können sie ausgeatmetes Kohlenstoffdioxid und Körperdüfte von Tieren und Menschen auch noch in großer Entfernung erkennen. Im Nahbereich verlassen sie sich auf ihre Augen und Temperatursensoren. Hat ein Mückenweibchen ein Blutgefäß getroffen, saugt es das Blut ein. Gleichzeitig gibt es Speichel in die Wunde ab. Dieser verhindert die Blutgerinnung und löst die Schwellung und den Juckreiz aus.

Fortpflanzung im Flug
In Schwärmen versammeln sich am Abend mehrere Hundert männliche Tiere zum »Tanz«. Sie locken die Weibchen an, um sich mit ihnen zu paaren. Durch Duftstoffe und akustische Reize des Flügelschlags angezogen, fliegen die Weibchen in den Schwarm hinein, wo sie begattet werden.

1 Tanzender Mückenschwarm

Eiablage im Gewässer
Nach der Begattung saugen die Weibchen Blut und legen die Eier auf der Wasseroberfläche von stehenden Gewässern ab. Selbst Pfützen oder kleinste Wasseransammlungen in Gießkannen oder hohlen Baumstümpfen sind dafür ausreichend. Bei vielen Arten kleben die Eier in *Eischiffchen* von bis zu 500 Eiern zusammen.

Lebensweise der Larven
Nach drei bis vier Tagen schlüpfen aus den Eiern die Mückenlarven. Sie hängen mit dem Kopf nach unten an der Wasseroberfläche.
Eine aus dem Enddarm entspringende Röhre ragt aus der Wasseroberfläche heraus.

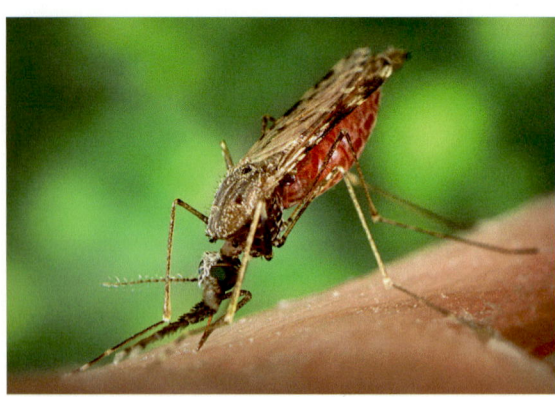

2 Mücke beim Blutsaugen

3 Eischiffchen auf der Wasseroberfläche

4 Mückenlarve mit Atemrohr

Über dieses *Atemrohr* atmen die Mückenlarven. Bei Gefahr flüchten sie mit zuckenden Bewegungen. Mit ihren Mundwerkzeugen strudeln sie ständig Wasser herbei, aus dem sie ihre Nahrung herausfiltern.

Die nächste Generation

Innerhalb von drei bis vier Wochen häuten sich die Larven mehrmals und werden dabei immer größer. Mit der letzten Häutung verwandeln sie sich zu *Puppen*. In diesem Ruhestadium, das nur wenige Tage dauert, wird keine Nahrung mehr aufgenommen. Das Atemrohr ist zurückgebildet. Der benötigte Sauerstoff wird durch zwei Öffnungen im Brustabschnitt der Puppe über der Wasseroberfläche aufgenommen. Ist der Entwicklungsprozess abgeschlossen, platzt die Puppenhülle und die fertige Mücke, die *Imago*, schlüpft. Nach etwa einer Stunde sind die Flügel getrocknet und ausgehärtet. Jetzt ist die Mücke flugfähig. Bei der Entwicklung vom Ei über die Larve zur Puppe und schließlich zur Imago gleicht kein Stadium dem anderen.

Plage und Nahrung

Nach sommerlichen Hochwassern kommt es oft zu ausgesprochenen Mückenplagen. Menschen und Tiere leiden dann insbesondere nachts unter den zahllosen Mückenstichen. Der großflächige Einsatz von Insektiziden ist dennoch problematisch. Mücken und Mückenlarven stellen für viele Tiere wie Spinnen, Fische, Amphibien und Vögel eine wichtige Nahrungsquelle dar.

In Kürze

Nur weibliche Mücken saugen Blut. Sie benötigen es für die Entwicklung der Eier. Die befruchteten Eier entwickeln sich über das Larven- und Puppenstadium zu fortpflanzungsfähigen Tieren.

Aufgaben

1 ☐ Gib an, weshalb von männlichen Mücken kaum eine Gefahr für dich ausgeht.

2 ◪ Stelle Vermutungen darüber an, wie man der Mückenplage in Wohngebieten entgegenwirken könnte.

5 Puppen der Mücke an der Wasseroberfläche

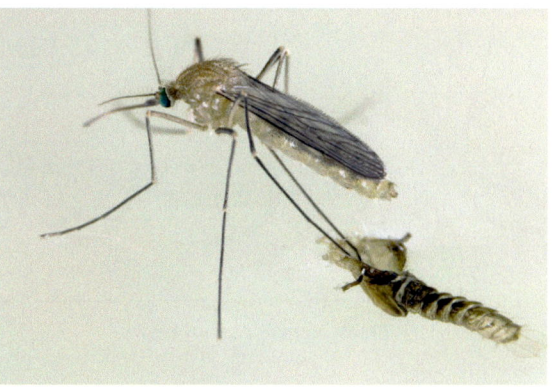

6 Schlüpfende Mücke

Merkmale der Insekten

Am Wegesrand hörst du ein lautes Zirpen. Du gehst dem Geräusch nach und entdeckst eine Heuschrecke, die mit großen Sprüngen weghüpft. Die Heuschrecke ist ein Insekt und Insekten weisen bestimmte Merkmale auf.

Die Heuschrecke – ein Insekt

Wie bei allen Insekten ist der Körper der Heuschrecke in drei Abschnitte gegliedert: *Kopf, Brust* und *Hinterleib.* An der Brust setzen sechs gegliederte Beine und vier Flügel an. Am Kopf sitzen zwei *Fühler* sowie die *Mundwerkzeuge.* Besonders auffällig sind die großen *Facettenaugen.* Sie bestehen aus zahlreichen Einzelaugen, die ihre Umwelt wie ein grobes Rasterfoto abbilden. Drei weitere punktförmige Einzelaugen auf der Kopfvorderseite dienen unter anderem dem Dämmerungssehen.

Jedes Insekt steckt in einem Chitinpanzer

Der Körper der Heuschrecken ist von einem harten Panzer aus *Chitin* umgeben. Er schützt das Tier und verleiht ihm Stabilität. Man bezeichnet den Chitinpanzer daher als *Außenskelett.* Dieses ist in Körperringe oder *Segmente* untergliedert, die gelenkartig verbunden sind. Dadurch ist der sonst starre Panzer beweglich.

1 Eine Heuschrecke am Wegesrand

Ein Blick ins Innere

Insekten atmen durch Öffnungen, die seitlich an den Brust- und Hinterleibssegmenten sitzen. Durch sie gelangt Luft in feine Röhren, die *Tracheen,* die den ganzen Körper durchziehen. Insekten haben eine *Tracheenatmung.*

Das Blut der Insekten ist farblos. Es fließt nicht in Adern, sondern frei durch den Körper. Ein röhrenförmiges Rückenherz hält das Blut in Bewegung. Insekten haben einen *offenen Blutkreislauf.*

Das Nervensystem der Insekten verläuft auf der Bauchseite. Im Kopfbereich kann man gehirnartige Nervenzentren erkennen.

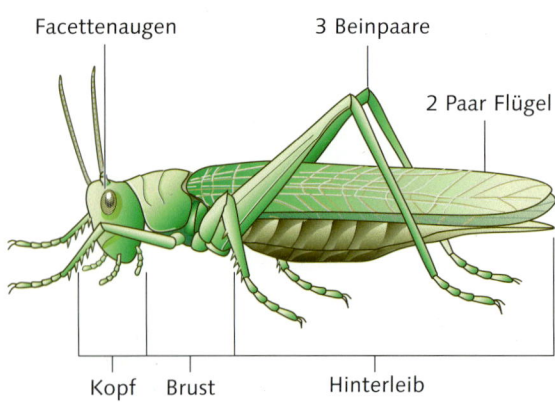

2 Äußerer Aufbau einer Heuschrecke

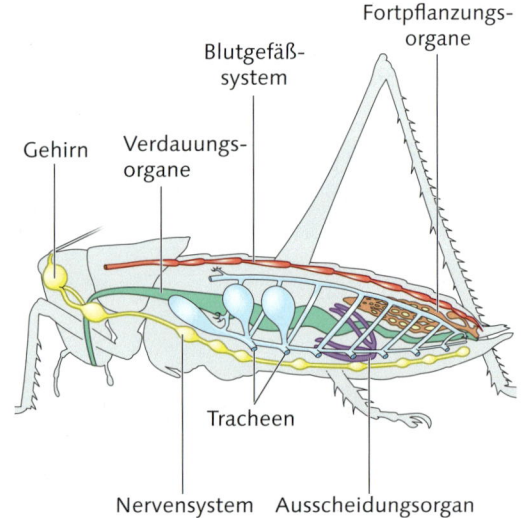

3 Innerer Aufbau einer Heuschrecke

Paarung der Insekten

Heuschrecken sind wie alle Insekten getrennt-geschlechtlich.

Bei der Paarung erfolgt die Spermienüber-tragung vom Männchen auf das Weibchen durch Spermienpakete. Das Weibchen legt die befruchteten Eier ab. Aus diesen schlüpfen dann die Larven.

Von der Larve zum ausgewachsenen Insekt

Da das starre Außenskelett einer Heuschrecke während der Entwicklung nicht mitwachsen kann, häutet sich die Larve mehrfach. Dabei wird der alte Chitinpanzer durch den nach-wachsenden neuen Panzer ersetzt. Die Larve sieht dem erwachsenen Tier, der Imago, schon im ersten Stadium ähnlich und vergrößert sich von Häutung zu Häutung. Die Heuschre-ckenlarve verpuppt sich nicht. Man bezeichnet diese Verwandlung als *unvollständige Metamor-phose.*

Andere Insekten wie die Schmetterlinge durchlaufen hingegen eine *vollständige Meta-morphose.* Die Larve sieht hierbei völlig anders aus als die Imago. Die Larve eines Schmetter-lings verpuppt sich schließlich und nimmt eine neue Gestalt an.

5 Heuschrecken bei der Paarung

In Kürze

Der Insektenkörper ist in Kopf, Brust und Hinterleib gegliedert. Insekten besitzen sechs Beine und ein Außenskelett aus Chitin. Sie entwickeln sich durch mehrere Häutungen vom Ei zum geschlechtsreifen Insekt.

Aufgaben

1 □ Nenne die Merkmale der Insekten.

2 ◩ Beschreibe die vollständige und die unvoll-ständige Metamorphose bei Insekten. Recher-chiere je zwei weitere Beispiele.

Entwicklung mit vollständiger Metamorphose beim Schwalbenschwanz

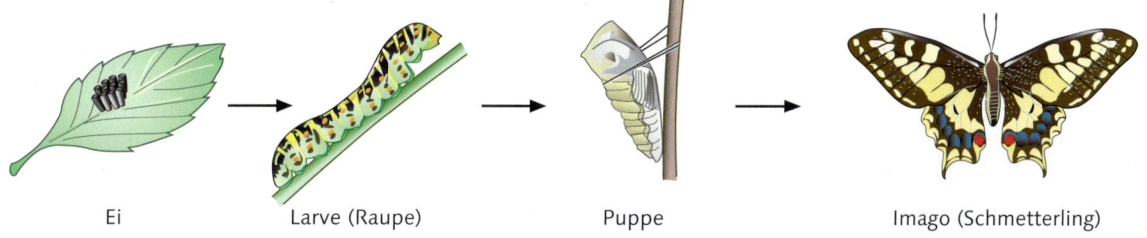

Ei   Larve (Raupe)   Puppe   Imago (Schmetterling)

Entwicklung mit unvollständiger Metamorphose beim Heupferd

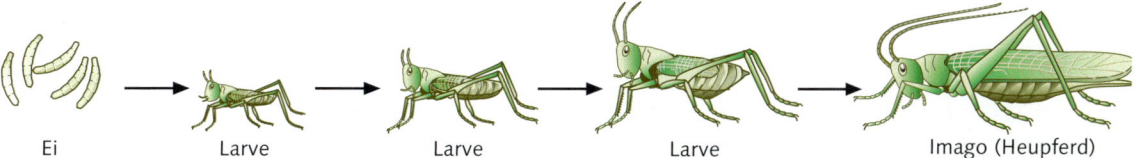

Ei   Larve   Larve   Larve   Imago (Heupferd)

4 Vollständige und unvollständige Metamorphose

Die Gartenkreuzspinne

Anna und Marie sitzen im Garten und genießen die Sonne. Anna schreit plötzlich laut auf. Eine Spinne hängt genau über ihrem Kopf. Marie springt auf und ruft: »Das ist doch eine Kreuzspinne! Sind die nicht gefährlich?«

Eindeutiges Erkennungszeichen

Wie der Name schon sagt, kann man die Gartenkreuzspinne an einem Kreuz auf dem Rücken erkennen. Es setzt sich aus vier weißen Flecken zusammen. Das Weibchen ist mit etwa 15 Millimetern dreimal so groß wie das Männchen. Die Farbe der Gartenkreuzspinnen kann ganz unterschiedlich sein: In Gebirgsregionen können sie fast schwarz sein, ansonsten sind sie gelbbraun bis dunkelrot gefärbt.

Lebensraum

Die Gartenkreuzspinne baut ein kreisförmiges *Radnetz*, in dessen Mitte sie auf Beute lauert. Das Radnetz kann bis zu 50 Zentimeter groß sein und ist eng geflochten. Die benötigten Fäden werden durch die am Hinterleib sitzenden Spinndrüsen produziert. Die Gartenkreuzspinne kann dabei verschiedene Arten von Fäden produzieren: einerseits klebrige Fäden für die Fangnetze, anderseits sehr feste Fäden zur Befestigung der Netze. Sie baut ihre Netze an Waldrändern, Lichtungen sowie in Gartenhecken und Büschen.

1 Eine Gartenkreuzspinne

Die Netze hängen häufig zwischen den Zweigen von Bäumen und Sträuchern.

Ernährung

Mit einem Giftbiss lähmt die Spinne ihre Beute wie Fliegen, Schmetterlinge, Heuschrecken und Wespen. Dann speichelt sie die Nahrung mit Verdauungssekreten ein, die die Opfer zu Brei auflösen. Man spricht von einer *Außenverdauung*. Der nahrhafte Insektenbrei wird von der Spinne eingesaugt.

Gefährlich oder harmlos?

Ob eine Spinne bedrohlich für uns Menschen ist, hängt von der Größe ihrer Giftklauen ab, die vorn am Kopf sitzen. Die Giftklauen der Gartenkreuzspinne sind so kurz, dass sie nicht durch die menschliche Haut dringen können. Zudem ist ihr Gift für den Menschen kaum gefährlich.

In Kürze

Gartenkreuzspinnen bauen Radnetze für den Beutefang. Die Beute wird außerhalb des Körpers verdaut und eingesaugt.

Aufgaben

1 ☐ Beschreibe den Beutefang sowie die Verdauung der Beutetiere bei der Gartenkreuzspinne.

2 ◪ Begründe, warum der Biss einer Gartenkreuzspinne für den Menschen ungefährlich ist.

2 Radnetz einer Gartenkreuzspinne

Merkmale der Spinnentiere

Körperbau

Die *Webspinnen* gehören zu den Spinnentieren. Wie die Insekten besitzen diese ein Außenskelett aus Chitin. Ihr Körper gliedert sich jedoch nur in zwei Teile: die Kopfbrust und den Hinterleib. Von der Kopfbrust gehen acht Beine aus. Bei den Webspinnen befinden sich zudem am vorderen Kopfbereich zwei Giftklauen und zwei kleinere Taster. Die meisten Spinnen besitzen acht Augen. Diese *Punktaugen* können sehr leistungsstark sein. Im Hinterleib befinden sich wichtige Organe wie das Herz und die Atemorgane. Am hinteren Ende sind die *Spinnwarzen* angebracht, mit deren Hilfe Spinnseide produziert wird.

Fortpflanzung und Entwicklung

Bei vielen Spinnenarten presst das Männchen seinen Samen auf ein Netzchen und saugt ihn dann mit den Tastern auf. Dann wird der Samen in die weibliche Geschlechtsöffnung gebracht. Das Weibchen legt, je nach Art, wenige bis über 2000 Eier und umspinnt sie zu einem Kokon. Dieser wird von vielen Arten an einer geeigneten Stelle befestigt und von einigen auch bewacht, von anderen Arten getragen, bis die Jungen schlüpfen. Diese sind von Beginn an als Spinnen erkennbar und häuten sich während ihrer Entwicklung mehrmals.

1 Kopf einer Spinne

Vielfalt der Spinnentiere

Zu den Spinnentieren gehören neben den Webspinnen auch *Weberknechte*, *Skorpione* und *Milben*. Weltweit sind bisher über 40 000 Arten bekannt. Das markanteste Merkmal aller Spinnentiere sind die vier Paar Laufbeine bei fortpflanzungsfähigen Tieren.

In Kürze

Spinnen besitzen ein Außenskelett aus Chitin und haben acht Beine. Sie produzieren mit Hilfe der Spinnwarzen Spinnseide zum Bau ihrer Netze.

Aufgaben

1 ☐ Nenne die markantesten Merkmale der Webspinnen.

2 ◿ Recherchiere verschiedene Netzformen unterschiedlicher Spinnenarten.

2 Äußere Gliederung des Spinnenkörpers

8 Beine
Kopfbrust mit 8 Punktaugen
Hinterleib (Spinnwarzen nicht sichtbar)
2 Kieferklauen
2 Taster

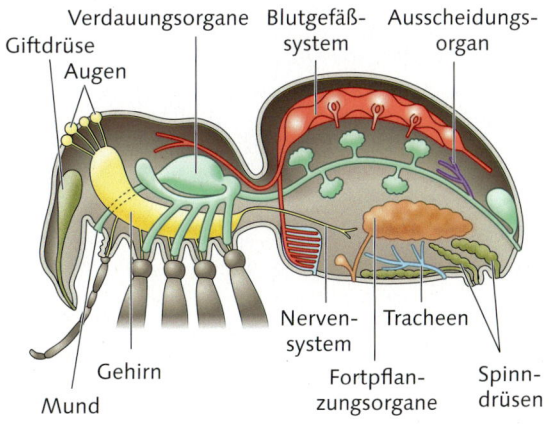

3 Innerer Aufbau des Spinnenkörpers

Giftdrüse
Augen
Verdauungsorgane
Blutgefäßsystem
Ausscheidungsorgan
Gehirn
Mund
Nervensystem
Fortpflanzungsorgane
Tracheen
Spinndrüsen

Vergleich Wirbeltiere – Wirbellose

Ein Vogel hat einen Schmetterling erbeutet. Beide Tiere bewohnen den gleichen Lebensraum und zeigen daher auch Gemeinsamkeiten. Zum Beispiel besitzen beide Flügel und können fliegen. Dennoch sind sie unterschiedlich gebaut.

Skelett

Vögel, Säugetiere, Reptilien, Amphibien und Fische haben ein Innenskelett und eine Wirbelsäule. Sie sind Wirbeltiere. Tiere ohne Innenskelett, zum Beispiel Insekten, werden als Wirbellose bezeichnet.

Der Körper der Vögel wird durch ein Innenskelett, das aus Knochen, Gelenken, Muskeln und Wirbelsäule besteht, stabilisiert. Die Muskeln sind mit den Knochen verbunden und ermöglichen so die Bewegung der Körperteile. Der Schmetterling dagegen hat ein hartes Außenskelett. Die Muskeln setzen an den durch Gelenkhäute verbundenen Wänden des Außenskeletts an.

1 Bienenfresser mit Beute

Körperbau

Die Körper von Vogel und Schmetterling sind unterschiedlich gegliedert. Der Vogelkörper ist in Kopf, Rumpf, Gliedmaßen unterteilt. Am Rumpf sitzen zwei Beine und ein Paar Flügel. Der Schnabel besteht aus Horn.

Der Schmetterling ist dagegen in Kopf, Brust und Hinterleib gegliedert. Er hat sechs Beine, zwei Flügelpaare und besitzt Mundwerkzeuge.

Innenskelett aus Knochen
mit Wirbelsäule

Außenskelett aus Chitin,
Gliederung in Körperringe

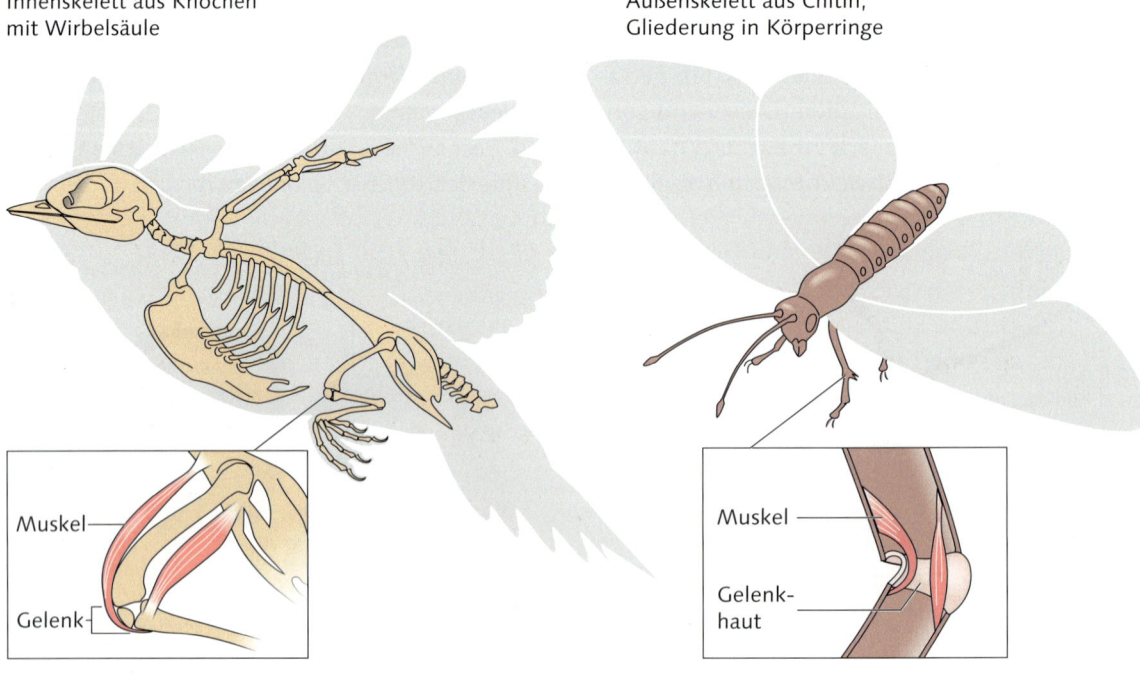

Muskel

Gelenk

Muskel

Gelenk-
haut

2 Innen- und Außenskelett im Vergleich

Sauerstoffaufnahme durch die Lungen, Sauerstoffverteilung durch geschlossenen Blutkreislauf und Herz

Sauerstoffaufnahme durch Atemöffnungen, Sauerstoffverteilung in den Tracheen

3 Atmung und Kreislauf im Vergleich

Atmung und Kreislauf

Vögel atmen mit Lungen. Schmetterlinge nehmen den Sauerstoff durch Tracheen auf. Das Blut der Vögel wird wie bei allen Wirbeltieren vom Herzen aus in einem geschlossenen Blutkreislauf in Adern durch den Körper gepumpt. Die Körperflüssigkeit des Schmetterlings fließt nach Verlassen des Röhrenherzens frei, also ohne Adern, durch den Körper. Sie haben einen offenen Kreislauf.

Körpertemperatur

Die Körpertemperatur von Schmetterlingen und anderen Insekten passt sich der Umgebungstemperatur an. Den Winter verbringen die meisten Insekten in Kältestarre an frostsicheren Stellen. Vögel sind gleichwarm und benötigen zur Aufrechterhaltung der Körpertemperatur ständig Energie, die sie mit der Nahrung aufnehmen.

Sehsinn

Vögel besitzen Linsenaugen, die zu den leistungsfähigsten Augen im Tierreich gehören. Schmetterlinge haben Facettenaugen. Diese bestehen aus vielen Einzelaugen. Damit können sie Bewegungen viel besser erkennen als zum Beispiel die Vögel, sehen aber weniger scharf.

Entwicklung

Vögel und Schmetterlinge pflanzen sich geschlechtlich fort. Ihre Entwicklung verläuft jedoch völlig unterschiedlich.

Im befruchteten Ei der Vögel reift ein Küken heran, das bereits wie ein Vogel aussieht. Bei Schmetterlingen dagegen entwickelt sich aus dem Ei zunächst eine Raupe. Sie sieht dem späteren Schmetterling noch nicht ähnlich. Erst durch die Verpuppung findet die Verwandlung zum Falter statt. Ei, Raupe, Puppe, Falter sind die Entwicklungsstadien. Die Entwicklung vom Ei zum erwachsenen Insekt über ein Larven- und Puppenstadium wird auch als vollständige Metamorphose bezeichnet. Manche Insekten entwickeln sich von der Larve direkt zum ausgewachsenen Insekt.

In Kürze

Wirbeltiere besitzen ein Innenskelett mit Wirbelsäule. Tiere ohne Innenskelett werden als Wirbellose bezeichnet. Beide Gruppen unterscheiden sich in vielen Körpermerkmalen.

Aufgaben

1 ☐ Beschreibe die Fortbewegung von Vogel und Schmetterling.

2 ◪ Stelle Unterschiede und Gemeinsamkeiten von Vogel und Schmetterling gegenüber.

Wirbellose

1 Wirbellose Tiere

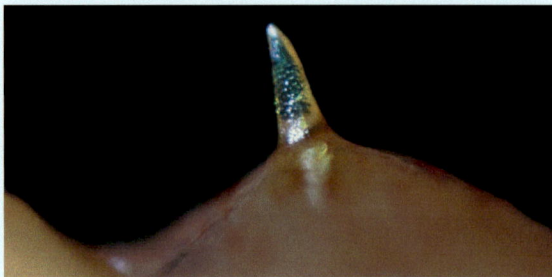

1 Eine Borste des Regenwurms in der Vergrößerung

a □ Gib die Bedeutung der Borsten des Regenwurms für dessen Fortbewegung an.

b □ Gib die Funktion des Speichels einer Stechmücke im Hinblick auf ihre Ernährungsweise an.

c □ Beschreibe die Funktionsweise der Radula einer Weinbergschnecke.

d □ Recherchiere schonende Methoden, mit deren Hilfe man Schnecken aus dem Gemüsebeet vertreiben kann.

e □ Beschreibe die Arbeitsteilung im Insektenstaat der Bienen.

f ☑ Werte die Grafik in Bild 2 im Hinblick auf die ökologische Bedeutung der Bienen aus.

2 Merkmale der Insekten

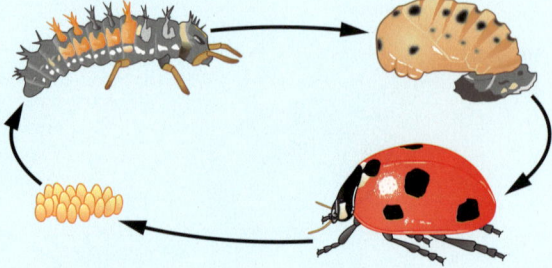

3 Entwicklung eines Marienkäfers

a □ Zeichne den Körper einer Ameise in dein Heft und beschrifte das Schema.

b ☑ Insekten müssen sich während ihrer Entwicklung mehrmals häuten. Begründe.

c ☑ In Bild 3 ist die Entwicklung eines Marienkäfers dargestellt. Beurteile, ob es sich dabei um eine vollständige oder um eine unvollständige Verwandlung handelt.

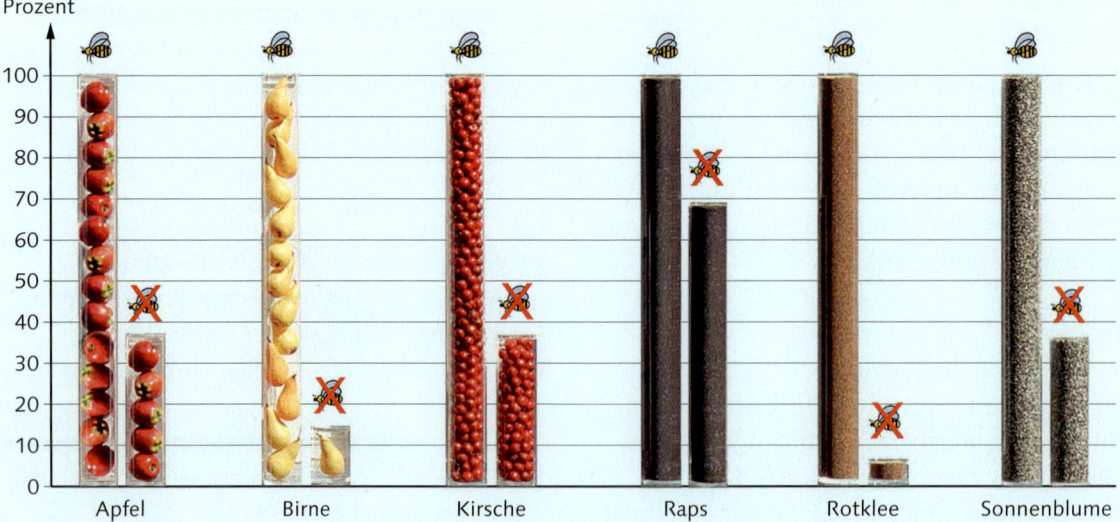

Quelle: Länderinstitut für Bienenkunde Hohen Neudorf e.v.

2 Erträge mit und ohne Bienenbeflug bei ausgewählten Kulturen

3 Spinnentiere

4 Hauswinkelspinne

a ☐ Beschreibe die Außenverdauung bei Spinnen.

b ☑ Die Hauswinkelspinne gehört zu den Spinnen. Begründe dies anhand von Bild 4 sowie deinen Kenntnissen über die typischen Merkmale einer Spinne.

c ☑ Suche draußen oder im Haus nach einem Spinnennetz. Berühre es in der Mitte vorsichtig mit einem Grashalm und interpretiere die Reaktion der Spinne.

4 Wirbeltiere und Wirbellose im Vergleich

a ☐ Nenne die Unterschiede im Skelettbau zwischen Wirbeltieren und Wirbellosen.

b ☑ Ordne das Schlangenskelett in Bild 5 den Wirbeltieren oder den Wirbellosen zu und begründe deine Entscheidung.

c ☑ Stelle Vermutungen an, warum man die größten Wirbellosen im Wasser findet.

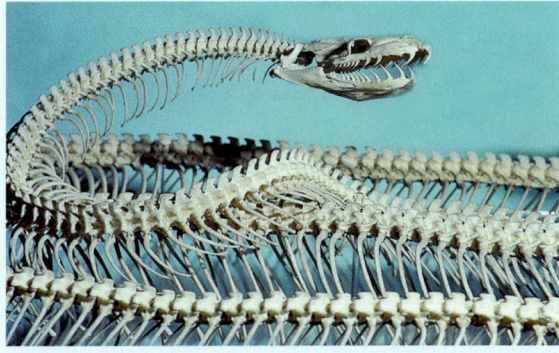

5 Ein Schlangenskelett

Wirbellose

- Als Feuchtlufttiere atmen Regenwürmer über die Haut. Sie sind Zwitter. Sie lockern den Boden auf und verbessern durch ihre Ausscheidungen die Bodenqualität.

- Weinbergschnecken besitzen ein Gehäuse. Der Weichkörper wird in Kopf, Fuß und Eingeweidesack gegliedert. Weinbergschnecken sind Zwitter und legen ihre Eier in einer Erdgrube ab.

- Insekten besitzen ein Außenskelett. Ihren Körper gliedert man in Kopf, Brust und Hinterleib. Sie besitzen sechs Beine. Die Verwandlung zum erwachsenen Tier kann sich vollständig oder unvollständig vollziehen.

- Spinnen besitzen acht Beine und ihr Körper wird in Kopfbrust und Hinterleib eingeteilt. Viele Spinnen besitzen am Hinterleib Spinnwarzen, die Spinnseide zum Bau von Fangnetzen produzieren.

- Wirbeltiere besitzen ein Innenskelett aus Knochen. Wirbellose haben entweder gar kein Skelett oder besitzen ein Außenskelett, beispielsweise aus Chitin.

Fotosynthese – Grundlage des Lebens

Stoffaufnahme und Stoffleitung

Alle Pflanzen, die in deiner Wohnung stehen, müssen regelmäßig gegossen werden, damit sie nicht vertrocknen. In der Natur übernimmt das der Regen. Aber wie gelangt das Wasser aus dem Boden in die Pflanze?

Aufbau der Wurzel

Pflanzen nehmen Wasser und die darin gelösten Mineralstoffe über die *Wurzelhaare* ihres verzweigten Wurzelsystems auf. Die feinen Wurzelspitzen werden von einer *Wurzelhaube* beim Wachsen durch die Erde vor Verletzungen geschützt. Der Rest der Wurzel ist von einer *Oberhaut* umgeben. Die Wurzel wächst an der Wurzelspitze durch Zellteilungen des *Bildungsgewebes*. Die neu gebildeten Zellen strecken sich und wachsen so in die Länge. Sie bilden die *Wurzelrinde* um den *Zentralzylinder,* der sich im Innern jeder Wurzel befindet.

1 Pflanzen vertrocknen ohne Wasser.

Stoffaufnahme durch Wurzelhaare

Die Wurzelhaare ragen als Ausstülpungen aus der Oberhaut. Sie nehmen aus dem Boden Wasser auf und leiten es durch die nach innen anschließenden Zellen zum Zentralzylinder weiter. Das Wasser gelangt durch die Zellwand der Wurzelhaare in das Zellplasma. Die Zellwand ist durchlässig für Wasser und Salze. Die Zellmembran dagegen ist zwar wasserdurchlässig, Salze gelangen jedoch nicht hindurch. Die Konzentration von gelösten Salzen ist im Zellinnern höher als im Boden. Dieser *Konzentrationsunterschied* wird ausgeglichen, indem die Zelle Wasser aufnimmt. Da nun die Salzkonzentration in der Nachbarzelle höher ist, wird das Wasser auch an die benachbarten Zellen bis zum Zentralzylinder weitergegeben.

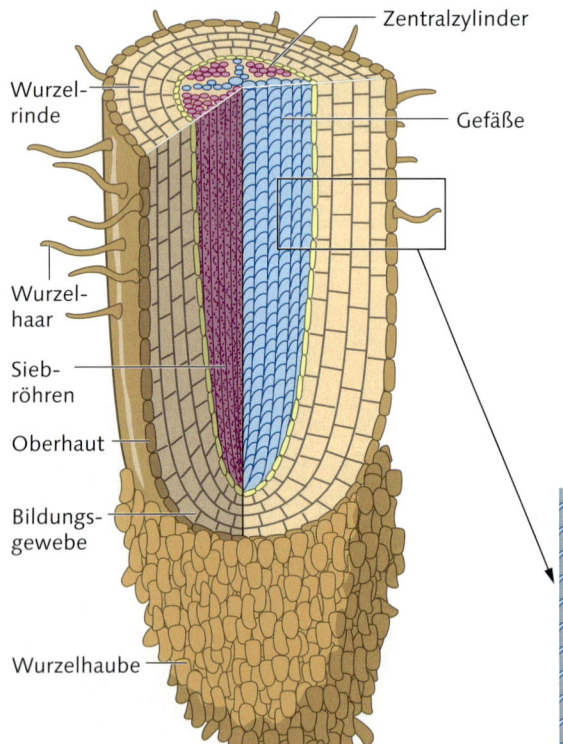

Zentralzylinder

Wurzel-
rinde

Gefäße

Wurzel-
haar

Sieb-
röhren

Oberhaut

Bildungs-
gewebe

Wurzelhaube

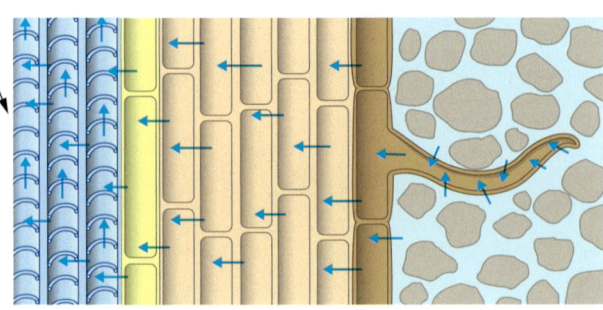

2 Bau der Wurzel und Wasseraufnahme über die Wurzelhaare

Weiter gedacht Diffusion

Alle Teilchen bewegen sich ständig. Wenn man einen Zuckerwürfel in Wasser gibt, verteilt sich der Zucker auch ohne Umrühren nach einiger Zeit gleichmäßig im Wasser. Diesen Konzentrationsausgleich durch eigenständige und gleichmäßige Verteilung im Raum nennt man *Diffusion*.

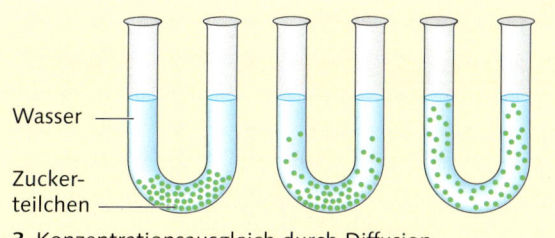

Wasser

Zucker-teilchen

3 Konzentrationsausgleich durch Diffusion

Weiter gedacht Osmose

Trennt man eine Zuckerlösung von reinem Wasser mit einer halbdurchlässigen Membran, findet ein Konzentrationsausgleich statt. Die Wasserteilchen wandern durch die winzigen Poren der Membran in die Zuckerlösung und verdünnen diese. Die Zuckerteilchen passen nicht durch die Poren der Membran. Dadurch steigt das Volumen der Zuckerlösung. Diesen Vorgang des Konzentrationsausgleichs durch eine halbdurchlässige Membran nennt man *Osmose*.

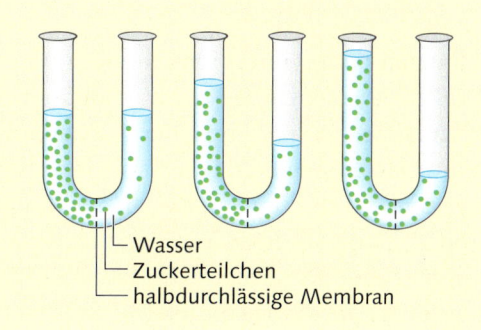

Wasser
Zuckerteilchen
halbdurchlässige Membran

4 Konzentrationsausgleich durch Osmose

Stoffverteilung durch Leitbündel

Im Zentralzylinder befinden sich *Leitbündel*, die in alle Pflanzenorgane führen. Ihre *Gefäße* transportieren das Wasser aus der Wurzel in die ganze Pflanze. Über die Blätter verdunstet Wasser, sodass durch die Gefäße frisches Wasser angesaugt wird. Es entsteht ein *Transpirationssog*. Durch die Siebröhren werden die Nährstoffe, die in den Laubblättern gebildet werden, in alle Organe der Pflanze verteilt.

In Kürze

Über die Wurzelhaare nehmen Pflanzen Wasser auf, das über Gefäße in den Leitbündeln des Zentralzylinders in der Pflanze verteilt wird. Durch Siebröhren werden die Nährstoffe aus den Blättern zu allen Organen transportiert.

Aufgaben

1 ☐ Beschreibe den Bau der Wurzel.

2 ◪ Kirschen platzen nach starkem Regen. Erkläre.

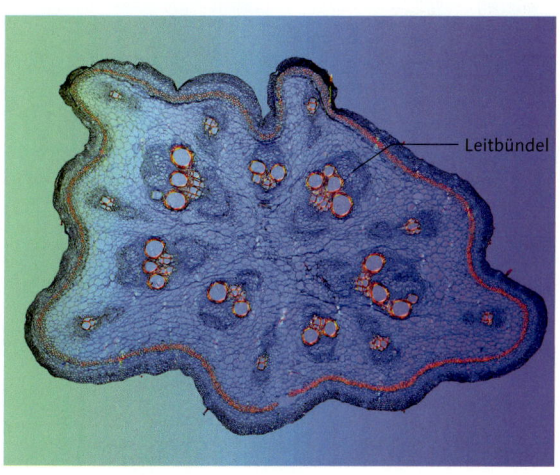

Leitbündel

Siebröhre

Gefäß

5 Schemazeichnung einer Sprossachse

Leitbündel

6 Mikroskopischer Querschnitt einer Sprossachse

Aufbau von energiereichen Stoffen

Im Frühsommer hängen die Kirschbäume voller roter, knackiger Kirschen. An vielen Obstbäumen wachsen jedes Jahr süße Früchte, die Menschen und vielen Tieren als Nahrung dienen. Woher aber kommt der Zucker in den Früchten, der diese so lecker macht?

Pflanzen bauen energiereichen Zucker auf

Durch die Fotosynthese wird in allen grünen Pflanzenteilen energiereicher Zucker aufgebaut. Das Sonnenlicht liefert die dazu benötigte Energie. Die Pflanzen stellen aus Wasser und Kohlenstoffdioxid Traubenzucker, die Glucose, her. Der Prozess findet in den Blättern statt. Dabei wird Sauerstoff freigesetzt.

Chloroplasten sind Orte der Fotosynthese

Unter der oberen Epidermis des Blattes befindet sich das Palisadengewebe. Es besteht aus eng aneinanderliegenden Zellen, die sehr viele

1 Kirschen schmecken süß.

Chloroplasten enthalten. Diese beinhalten den grünen Blattfarbstoff *Chlorophyll*, der die Sonnenenergie nutzen kann, um aus Wasser und Kohlenstoffdioxid energiereiche Glucose herzustellen. Die Lichtenergie wird dabei in chemische Energie umgewandelt und in der Glucose gespeichert. Das benötigte Wasser gelangt von der Wurzel über die Gefäße der Leitbündel in das Blatt.

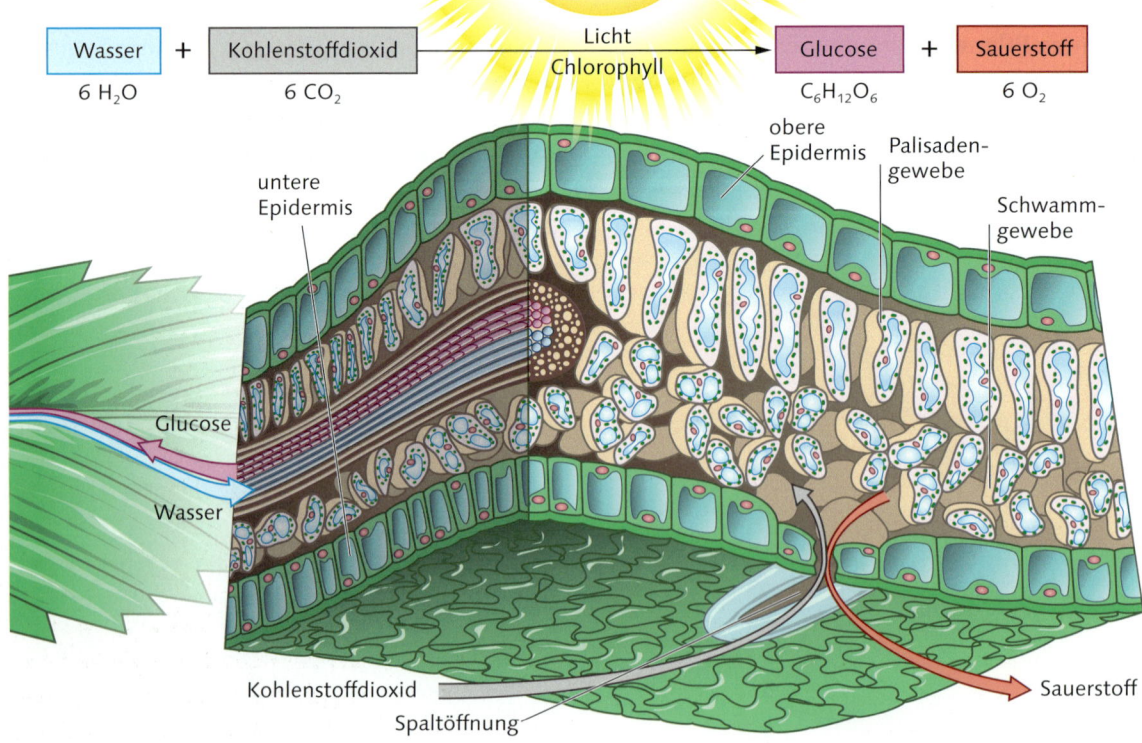

Wasser	+	Kohlenstoffdioxid	Licht Chlorophyll	Glucose	+	Sauerstoff
6 H$_2$O		6 CO$_2$		C$_6$H$_{12}$O$_6$		6 O$_2$

untere Epidermis

obere Epidermis

Palisadengewebe

Schwammgewebe

Glucose

Wasser

Kohlenstoffdioxid

Spaltöffnung

Sauerstoff

2 Laubblatt als Ort der Fotosynthese

Gasaustausch durch Spaltöffnungen

Das zur Fotosynthese benötigte Kohlenstoffdioxid stammt aus der Luft. Durch die Spaltöffnungen gelangt es in das Schwammgewebe der Blätter. Hier kann es sich zwischen den locker angeordneten Zellen verteilen.

Der bei der Fotosynthese freigesetzte Sauerstoff wird durch die Spaltöffnungen nach außen an die Luft abgegeben.

Die Spaltöffnungen bestehen aus zwei bohnenförmigen Schließzellen. Bei Feuchtigkeit sind sie prall mit Wasser gefüllt und lassen in ihrer Mitte einen Spalt frei. Bei Trockenheit verlieren sie Wasser. Dadurch schließt sich der Spalt zwischen ihnen. So kann aus dem Blatt weniger Wasser verdunsten und die Pflanze ist vor Austrocknung geschützt. Auf der Blattoberseite verhindert eine dünne Wachsschicht, die Cuticula, die Wasserverdunstung.

Weiterverarbeitung der Glucose

Die gebildete Glucose wird direkt in Stärke umgewandelt oder durch die Siebröhren der Leitbündel in der Pflanze verteilt. Stärke besteht aus langen Ketten, die aus Glucosebausteinen zusammengesetzt sind. Einen großen Teil der Glucose wandelt die Pflanze in Speicherstoffe, Baustoffe und Farbstoffe um. Dazu werden zusätzliche Mineralstoffe benötigt. Die gebildeten Nährstoffe werden zum Teil in Samen gespeichert und zum Beispiel für deren Keimung benötigt. In Früchten dienen sie als Lockmittel für Tiere.

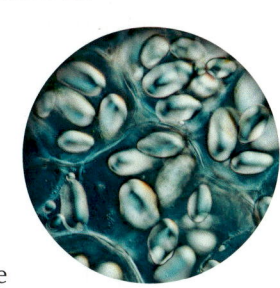

In Kürze

Pflanzen bauen in den Chloroplasten aus Wasser und Kohlenstoffdioxid mit Hilfe von Sonnenlicht energiereiche Glucose auf. Die Stoffverteilung findet über die Leitbündel in der Pflanze statt. Der Gasaustausch erfolgt über die Spaltöffnungen an der Blattunterseite. Die Glucose wird zu vielen weiteren Stoffen verarbeitet.

Aufgaben

1 ☐ Ordne den Bestandteilen des Blattes aus Bild 2 ihre jeweiligen Funktionen zu.
2 ◪ Erkläre die Tatsache, dass in stark belichteten Blättern Stärke nachgewiesen werden kann.

3 Pflanzen speichern Glucose in Form von Speicherstoffen in Samen und Früchten.

Auch Pflanzen atmen

Hummeln siehst du bereits im zeitigen Frühjahr an den Blüten einiger Frühblüher. Sie sammeln bevorzugt warmen Nektar. Woher bekommen manche Pflanzen die Energie, um ihren Nektar aufzuwärmen?

Zellatmung setzt Energie frei

Pflanzen benötigen für ihr Wachstum und für ihre Stoffwechselvorgänge Energie. Hierzu nutzen sie Glucose, die sie während der Fotosynthese hergestellt und als Stärke gespeichert haben. Die gespeicherte Stärke wird zunächst wieder in Glucose zerlegt. Mit Hilfe von Sauerstoff wird die Glucose in den Zellen umgesetzt. Bei diesem Vorgang entstehen Energie, Kohlenstoffdioxid und Wasser. Man nennt ihn *Zellatmung*. Er findet in den *Mitochondrien* statt. Zwischen Zellatmung und Fotosynthese besteht ein Zusammenhang. Die Ausgangsstoffe des einen sind die Endprodukte des anderen und umgekehrt. Beide Prozesse finden aber in verschiedenen Zellorganellen statt. Die bei der Zellatmung freigesetzte Energie nutzen die Lebewesen für ihre Lebensprozesse.

1 Hummeln mögen warmen Nektar.

Nachts überwiegt die Atmung

Tagsüber, wenn die Sonne ausreichend scheint, stellen die Pflanzen mehr Stärke und Sauerstoff her als sie bei der Zellatmung verbrauchen. In der Nacht können Pflanzen keine Fotosynthese betreiben. Daher findet nachts nur die Zellatmung statt, bei der Stärke verbraucht wird. Man kann nachweisen, dass grüne Blätter abends mehr Stärke enthalten als morgens. Nachts geben sie mehr Kohlenstoffdioxid ab als am Tag.

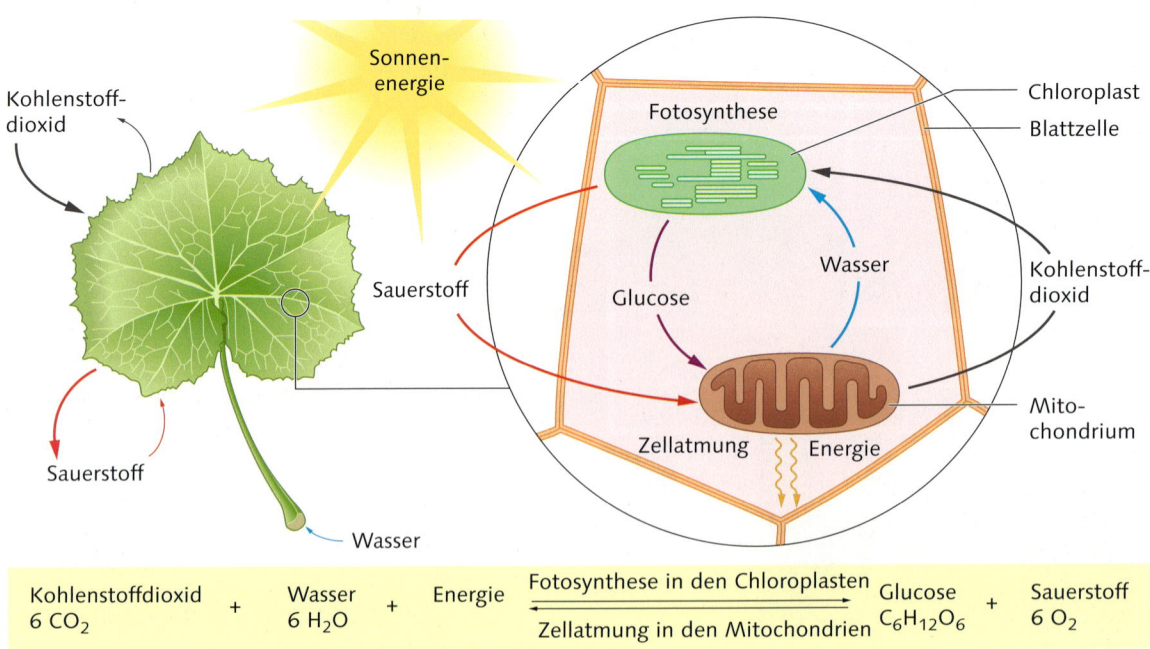

$$6\ CO_2 + 6\ H_2O + \text{Energie} \underset{\text{Zellatmung in den Mitochondrien}}{\overset{\text{Fotosynthese in den Chloroplasten}}{\rightleftharpoons}} C_6H_{12}O_6 + 6\ O_2$$

Kohlenstoffdioxid + Wasser + Energie → Glucose + Sauerstoff

2 Fotosynthese und Zellatmung

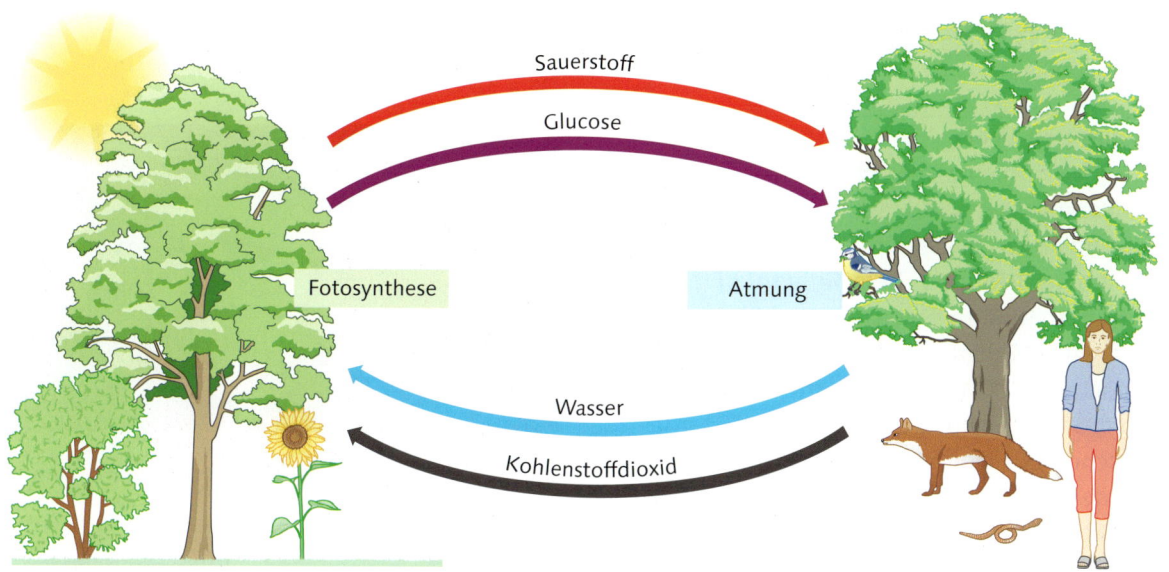

3 Stoffkreislauf

Auch Wurzeln atmen

Die Wurzeln der meisten Pflanzen befinden sich unter der Erde und können somit keine Fotosynthese betreiben. Aber auch die Wurzelzellen setzen Energie bei der Zellatmung frei. Die Glucose wurde zuvor in den oberirdischen Pflanzenteilen gebildet und zur Wurzel transportiert. Den benötigten Sauerstoff nehmen die Wurzelzellen aus dem Boden auf. Deshalb wachsen Pflanzen am besten in lockerem, gut durchlüftetem Boden. Steht nicht genügend Sauerstoff zur Verfügung, wie bei einer Sumpfpflanze, bilden diese spezielle *Atmungswurzeln* aus.

4 Mangroven mit Atmungswurzeln

Zellatmung bei Menschen und Tieren

Auch die Tiere und der Mensch erhalten die Energie für alle Stoffwechselvorgänge durch Zellatmung. Die Energie benötigen sie zum Beispiel für die Bewegung. Durch die Nahrung nehmen sie energiereiche Stoffe wie Kohlenhydrate und Fette auf. Diese Energieträger werden in Glucose umgewandelt. Mit Hilfe von Sauerstoff, der über die Atemwege aufgenommen wird und mit dem Blut zu den Zellen gelangt, wird in den Mitochondrien Energie freigesetzt. Dabei entstehen Kohlenstoffdioxid und Wasser, die an die Umwelt abgegeben werden. Hier schließt sich der Kreis. Pflanzen nutzen diese Stoffe wiederum, um Fotosynthese zu betreiben.

In Kürze

Lebewesen gewinnen durch die Zellatmung Energie. Dazu wird Glucose mit Sauerstoff zu Kohlenstoffdioxid und Wasser umgesetzt.

Aufgaben

1 ☐ Beschreibe den in Bild 3 dargestellten Zusammenhang zwischen Zellatmung und Fotosynthese.

2 ◪ Stelle die Vorgänge der Zellatmung in einem Flussdiagramm dar.

Die Entdeckung der Fotosynthese

Leben und Werk

Joseph Priestley wurde 1733 in Yorkshire, England geboren. Als Junge war er kränklich und litt an einem Sprachfehler. Aber er zeichnete sich durch Begabung und Fleiß aus. Priestley studierte Sprachen und Philosophie und wurde Geistlicher. Mit den Naturwissenschaften befasste er sich im Studium nie.

1776 lernte er den amerikanischen Naturforscher und Diplomaten Benjamin Franklin kennen. Priestley befasste sich daraufhin mit der Elektrizität und Optik.

Neben seiner Pfarrei in Leeds war eine Brauerei. Priestley interessierte sich für das Gas, das bei der alkoholischen Gärung entsteht. Er untersuchte die Eigenschaften des Kohlenstoffdioxids, leitete es in Trinkwasser ein und erfand so sprudelndes Mineralwasser. Außerdem entdeckte er ein Gas, das von dem Franzosen A. de Lavoisier später als Sauerstoff

1 Joseph Priestley (1733–1804)

benannt wurde. Er fand auch heraus, dass Mäuse Luft »verbrauchen«. Pflanzen dagegen geben der Luft ihre Frische zurück. Er untersuchte daraufhin, wie man der »verbrauchten« Luft ihre »Frische« zurückgeben kann.

Untersuchungen zur Verbesserung der Luft

In einem Brief an Benjamin Franklin vom 1. Juli 1772 beschreibt Priestley seine Versuche:

»Ich habe mich gänzlich davon überzeugt, dass Luft, die durch Atmung in höchstem Grad schädlich geworden ist, durch Minzezweige, die darin wachsen, wiederhergestellt wird. Sie erinnern sich vielleicht noch an den Zustand, in welchem Sie eine meiner Pflanzen sahen. Am Samstag, nachdem Sie gegangen waren, brachte ich eine Maus in den Luftraum, in dem die Pflanze wuchs. Das war sieben Tage, nachdem die Pflanze hineingebracht worden war. Die Maus hielt es hier ohne das geringste Anzeichen von Unbehagen fünf Minuten aus und war ausgesprochen stark und lebhaft, als sie herausgeholt wurde. Dagegen starb eine Maus, die nicht einmal zwei Sekunden in einem anderen Teil der ursprünglichen Luftmenge verbracht hatte, welche an derselben Stelle gestanden hatte, aber ohne Pflanze darin. Auch die Maus, der es in der wiederhergestellten Luft wohlergangen war, konnte nur mit knapper Not wiederbelebt werden, nachdem sie für weniger als eine Sekunde in der anderen Luft gewesen war ...«

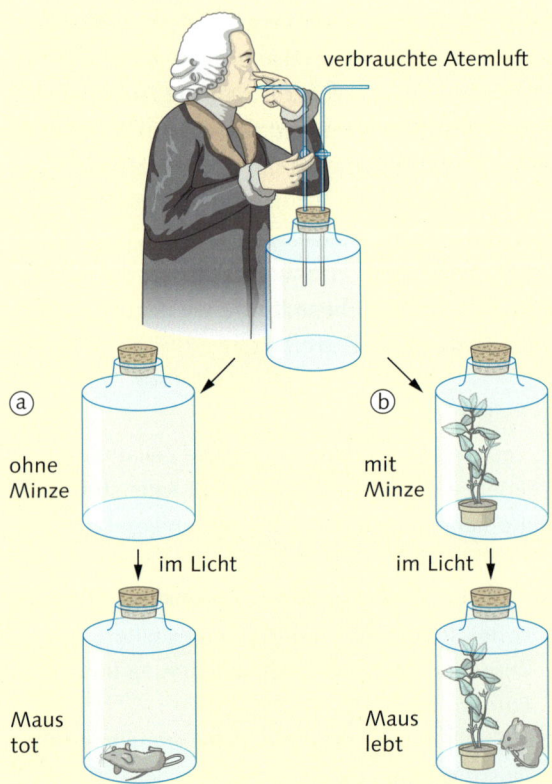

2 Priestleys Versuche mit verbrauchter Luft

Fotosynthese und Zellatmung

A Nachweis von Glucose

Material Blütenpflanze, Obst, Gemüse, grüne Blätter, Glucoseteststreifen

Durchführung Schneide das Gemüse und das Obst quer durch. Halte einen Teststreifen an die Schnittfläche, sodass er vom Saft benetzt wird.
Warte etwa 2 Minuten, bis der Streifen sich verfärbt hat. Vergleiche seine Farbe mit der Farbskala auf der Verpackung.
Führe den Versuch auch mit den Bestandteilen der Blütenpflanzen und mit den grünen Blättern durch. Zerreibe sie, sodass Flüssigkeit austritt.
Protokolliere deine Beobachtungen.

Auswertung
1 Beschreibe die Entstehung der Glucose.
2 Erläutere, wie die Glucose in diese Pflanzenteile gelangt.

B Einfluss von Licht und Kohlenstoffdioxid

Material Wasserpest, Reagenzglas, Glasstab, Bindfaden, Messer, starke Lichtquelle, destilliertes Wasser, Mineralwasser

Durchführung Fülle das Reagenzglas mit destilliertem Wasser. Schneide einen Spross der Wasserpest frisch an, binde ihn an den Glasstab und stelle diesen in das Reagenzglas. Beleuchte die Pflanze.
- Zähle die Gasbläschen, die aus dem Spross pro Minute aufsteigen.
- Verringere die Helligkeit und zähle erneut.
- Tausche das destillierte Wasser gegen Mineralwasser und zähle wieder.
- Trage deine Beobachtungen in eine Tabelle ein.

Auswertung Erläutere den Einfluss von Licht und Kohlenstoffdioxid auf die Fotosynthese.

C Zellatmung

Material ungeschälte Trockenerbsen, 3 Standzylinder mit Deckel, Kerze, Verbrennungslöffel, Streichhölzer

Durchführung Fülle 2 Standzylinder mit jeweils 200 Gramm Trockenerbsen. Gib in einen der beiden ca. 0,5 Liter Wasser hinzu. Fülle den dritten Standzylinder mit der gleichen Menge Wasser. Lege die Deckel auf die Standzylinder und lass sie 2 Tage lang stehen. Befestige die Kerze auf einem Verbrennungslöffel. Zünde die Kerze an und halte sie nacheinander in die Gläser. Die Kerze erlischt, wenn kein Sauerstoff vorhanden ist. Protokolliere deine Beobachtungen.

Auswertung
1 Erläutere deine Beobachtungen.
2 Begründe, weshalb Erbsen Zellatmung betreiben.

1 Versuchsaufbau

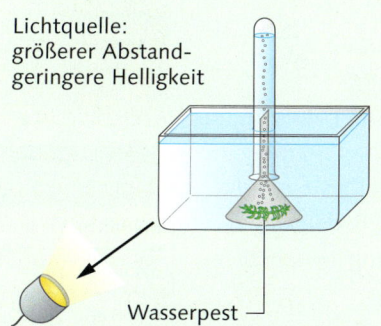

Lichtquelle: größerer Abstand- geringere Helligkeit

Wasserpest

2 Versuchsablauf

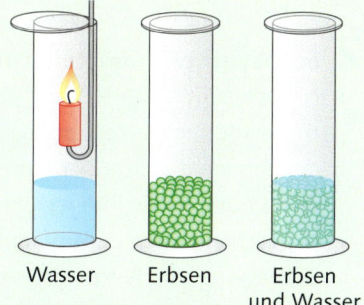

Wasser   Erbsen   Erbsen und Wasser

3 Versuchsaufbau

Fotosynthese und Zellatmung

1 Stoffaufnahme und Stoffleitung

1 Wurzel einer jungen Bohnenpflanze

Die Pflanze benötigt zum Wachsen außer Kohlenstoffdioxid und Wasser auch Mineralstoffe. Diese sind in der Erde im Wasser gelöst.

a ☐ Zeichne und beschrifte die in Bild 1 abgebildeten Teile der Wurzel.

b ☐ Beschreibe die Aufnahme der Mineralstoffe und des Wassers vom Wurzelhaar bis zum Blatt.

c ☑ Erläutere diese Aufnahme unter Berücksichtigung der Osmose und des Transpirationssogs.

d ■ Vermute, welche Folgen der Einsatz von Streusalz auf die Straßenbäume haben kann.

2 Fotosynthese und Zellatmung

a ☐ Stelle die Wortgleichung für die Fotosynthese und für die Zellatmung auf.

b ☐ Benenne die Orte der Fotosynthese und der Zellatmung sowie ihre jeweilige Bedeutung.

c ☑ Beschreibe den Zusammenhang zwischen Zellatmung und Fotosynthese.

d ■ Stelle den Zusammenhang in einem Schema dar und erläutere dein Schema.

3 Wachstum durch Fotosynthese

Der niederländische Naturforscher Johan Baptista van Helmont lebte vor über 350 Jahren. Bei seinen Untersuchungen stellte er sich die Frage, wovon sich Pflanzen ernähren. Um dies zu beantworten, pflanzte er einen Weidenzweig in einen Topf mit getrockneter Erde. Von beidem bestimmte er zuvor die Masse. Der Topf wurde ins Freie gestellt und fünf Jahre lang mit Regenwasser gegossen. Nach den fünf Jahren war die Weide mehr als 70 Kilogramm schwerer und die Masse der Erde hatte sich um 75 Gramm verringert.

a ☑ Versetze dich in van Helmonts Situation vor dem Versuch und stelle Hypothesen zu den möglichen Ergebnissen auf.

b ☑ Fertige ein Protokoll zu van Helmonts Weidenversuch an.

c ■ Begründe, warum die Erde vor und nach dem Versuch zunächst getrocknet wurde.

d ■ Überprüfe mit Hilfe der Versuchsergebnisse deine in Teil a aufgestellten Hypothesen.

e ■ Erläutere das Versuchsergebnis mit deinem Wissen über die Fotosynthese.

nach 5 Jahren

	Pflanze	Erde
Beginn	2,5 kg	100 kg
nach 5 Jahren	78,7 kg	99,25 kg
Differenz	76,3 kg	0,75 kg

2 Van Helmonts Versuchsergebnisse

4 Beeinflussung der Fotosynthese

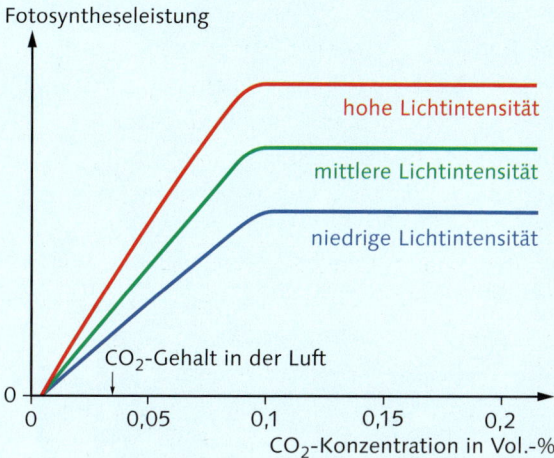

Fotosyntheseleistung

hohe Lichtintensität

mittlere Lichtintensität

niedrige Lichtintensität

CO_2-Gehalt in der Luft

0,05 0,1 0,15 0,2

CO_2-Konzentration in Vol.-%

3 Abhängigkeit der Fotosynthese von Kohlenstoffdioxid

Man kann die Intensität der Fotosynthese bei unterschiedlichen Bedingungen messen. Die Faktoren Licht, Temperatur und Kohlenstoffdioxid können verändert werden.

a □ Beschreibe die in den Diagrammen dargestellten Ergebnisse.

b ◪ Ziehe Schlussfolgerungen über die Beeinflussbarkeit der Fotosyntheserate.

c ■ Plane einen Versuch, mit dem die Abhängigkeit der Fotosyntheserate von der Temperatur untersucht werden kann. Erstelle hierfür ein Versuchsprotokoll.

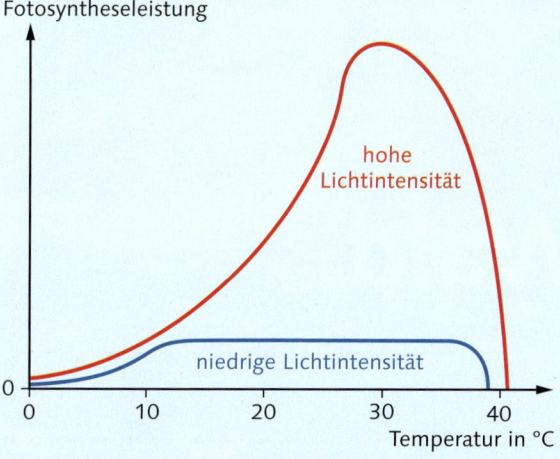

Fotosyntheseleistung

hohe Lichtintensität

niedrige Lichtintensität

0 10 20 30 40

Temperatur in °C

4 Abhängigkeit der Fotosynthese von der Temperatur

Auf den Punkt gebracht

Fotosynthese und Zellatmung

- Diffusion ist der Vorgang der eigenständigen und gleichmäßigen Verteilung der Teilchen innerhalb eines Raumes bis zum Konzentrationsausgleich.

- Unter Osmose versteht man den Vorgang eines Konzentrationsausgleichs durch eine halbdurchlässige Membran.

- Die Fotosynthese findet in den Chloroplasten statt. Diese enthalten Chlorophyll. Durch Fotosynthese entsteht mit Hilfe der Sonnenenergie Glucose und Sauerstoff. Dafür wird Wasser und Kohlenstoffdioxid verbraucht.

- Die Zellatmung findet in den Mitochondrien statt. Bei der Zellatmung wird die Glucose unter Sauerstoffverbrauch umgewandelt. Dabei wird für die Pflanze Energie freigesetzt sowie Kohlenstoffdioxid und Wasser an die Umgebung abgegeben.

- Durch Zellatmung erhalten auch Menschen und Tiere für ihre Lebensprozesse Energie.

Ökosystem Wald

Wald ist nicht gleich Wald

Im Sommer, wenn die Sonnenstrahlen durch das Blätterdach scheinen, erstrahlen Buchenwälder in einem satten, kräftigen Grün. Buchenwälder sind sehr häufig in Deutschland. Je nach Standortbedingungen gibt es bei uns aber auch noch andere Waldtypen.

Sommergrüne Laubwälder

Ein gemäßigtes Klima mit ausreichenden Niederschlägen und keinen allzu großen Temperaturunterschieden zwischen Sommer und Winter sind die idealen Bedingungen für *Buchenwälder, Buchenmischwälder* und *Eichenwälder*. Das dichte Kronendach der Rotbuche lässt im Sommer nur sehr wenig Sonnenlicht zum Boden durch. Daher wachsen dort Pflanzen, die mit wenig Licht auskommen, wie das Perlgras. Oder es handelt sich um Pflanzen, die blühen, noch bevor die Blätter der Bäume austreiben, wie Buschwindröschen oder Waldmeister. Die Eiche wächst sowohl an feuchteren als auch trockneren Standorten. Daher kommen im Norddeutschen Tiefland und in wärmeren Gegenden Deutschlands verbreitet Eichenwälder vor.

2 Artenreicher Mischwald

1 Der Buchenwald – ein sommergrüner Laubwald

Diese sind viel lichter als Buchenwälder und zeichnen sich durch eine große Zahl an Kräutern und Sträuchern aus. Charakteristisch für den Laubwald ist die Insektenvielfalt. So entwickeln sich an Eichen rund 300 verschiedene Schmetterlingsarten. Auch Gallwespen und zahlreiche Käferarten leben hier, darunter der stark gefährdete Hirschkäfer. Daneben kommen auch Schwarzspecht, Waldkauz sowie einige Fledermausarten vor.

Artenreiche Mischwälder

In den höheren und kühleren Lagen des Berglandes bildet die Rotbuche zusammen mit Tanne, Fichte, Vogelbeere und Bergahorn Mischwälder. Diese bestehen aus Nadel- und Laubbäumen verschiedenen Alters. Ein typischer Mischwald ist sehr vielfältig und deshalb artenreich. Hier gibt es Pilze und Moose ebenso wie Gräser, Blumen und Sträucher. Viele Kleinlebensräume bieten den unterschiedlichsten Tieren Versteckmöglichkeiten und Nahrung. Hier findet man Ameisen und Schnecken, Käfer, Spinnen und Tausendfüßler. Im dichten Unterholz leben unter anderem Wildschweine, Rehe und Hirsche. In den Stämmen haben Kleiber und Spechte ihr Zuhause und in den Büschen und Baumkronen bauen Vögel wie Singdrossel, Buchfink oder Rotkehlchen ihr Nest.

3 Natürlicher Fichtenwald

Immergrüne Nadelwälder

Unter besonderen Bedingungen kommen
reine Nadelwälder auch von Natur aus vor:
Auf moorigen, aber auch auf sehr sandigen
Böden findet man zum Beispiel artenarme
Kiefernwälder. In den Mittelgebirgen oberhalb
von etwa 700 Metern herrscht *Fichtenwald* vor.
Bei der Zersetzung von abgefallenen Nadeln
entstehen Stoffe, die zur Versauerung des
Bodens führen. Nur wenige Pflanzen wie
Sauerklee, Heidel- und Preiselbeere können
hier wachsen. In den Baumkronen leben
Eichhörnchen und Vögel wie die Tannen-
meise. In Deutschland gibt es nur noch weni-
ge natürliche Nadelwälder. Im Bayerischen
Wald und in unzugänglichen Gebieten der
Alpen kann man noch Reste solcher Urwälder
vorfinden.

Sonderform Auwald

Auwälder sind kennzeichnend für die Talauen
der großen Flüsse. Auf den zeitweise über-
fluteten mineralstoffreichen Böden siedeln
sich unmittelbar am Fluss Weiden an. Etwas
höher in der Aue wachsen Pappeln, Eschen,
Ulmen und Eichen. Auwälder sind die
artenreichsten Wälder in Deutschland. Hier gibt es Lianen wie
Hopfen und Waldrebe und
feuchtigkeitsliebende Kräuter
wie Bärlauch, Springkraut
und Aronstab. Manchmal
bauen in Auwäldern sogar
Biber ihre Dämme.

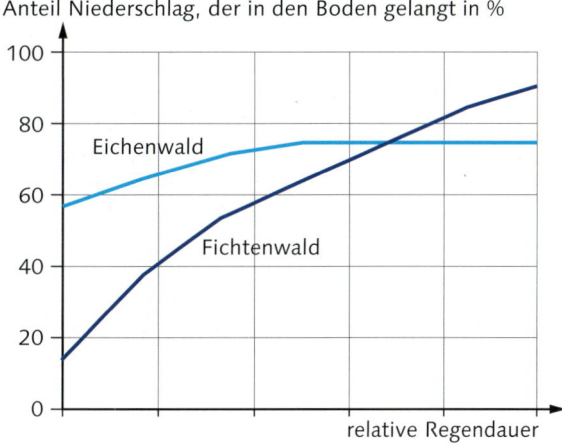

In Kürze

Je nach Standortbedingungen gibt es verschiedene Waldtypen. Die Faktoren Licht, Temperatur und Wasser sind in Laub- und Nadelwald
unterschiedlich. Während reine Nadelwälder
nur von wenigen Pflanzen- und Tierarten
besiedelt sind, herrscht in Laub- und Misch-
wäldern eine größere Vielfalt.

Aufgaben

1 ☐ Beschreibe den Wald in Bild 2 und einen
Wald in deiner Umgebung. Nenne charakteristische Merkmale. Gib Tier- und Pflanzenarten an.
2 ☑ Beschreibe Lichteinfall und Wasserangebot im
Laub- und Nadelwald mit Hilfe von Bild 4 und
5. Erläutere die Ergebnisse deines Vergleichs.

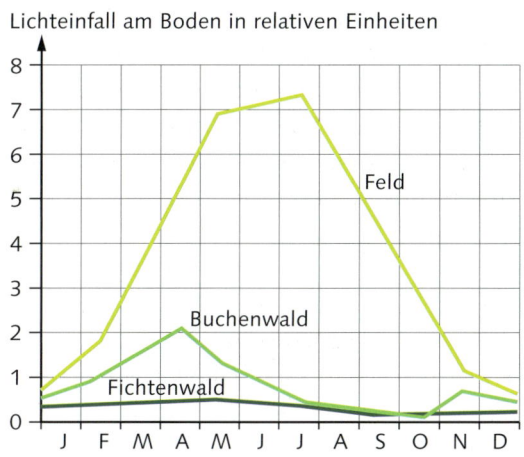

4 Lichteinfall und Niederschläge im Laub- und Nadelwald

Stockwerke des Waldes

Wenn du im Sommer durch einen natürlich gewachsenen Mischwald gehst, findest du die unterschiedlichsten Pflanzen. Wenn du genau hinschaust, kannst du eine Gliederung erkennen. Man bezeichnet die dabei erkennbaren Bereiche auch als Stockwerke des Waldes.

Die Baumschicht

Der Wald wird von Baumarten geprägt. Die unterschiedlichen Laubbäume können bis zu 40 Meter hoch werden. Ihre Stämme und Kronen bilden die *Baumschicht*. Das Blätterdach nimmt das meiste Sonnenlicht auf. Aber auch die Niederschläge sammeln sich hier und werden langsam zum Boden geleitet. In der Baumschicht leben viele Tiere. Neben dem Eichhörnchen finden auch viele Vogelarten hier günstige Lebensbedingungen. Kleiber und Buntspecht bevorzugen den Stammbereich. Buchfink, Pirol und Ringeltaube brüten im Geäst der Baumkronen und suchen dort ihre Nahrung.

1 Der Wald ist gegliedert

Die Strauchschicht

Sträucher wachsen vor allem an Lichtungen und am Waldrand. Dazu gehören Himbeere, Brombeere, Hasel und Holunder. Sie werden bis zu zwei Meter hoch und bilden die *Strauchschicht*. Kletterpflanzen wie Efeu und Waldrebe finden hier Halt. Sie bilden einen guten Windschutz und verhindern so die Austrocknung des Bodens. Vogelarten wie Grasmücken, Singdrosseln und Amseln bauen in den Sträuchern ihre Nester.

2 Stockwerke des Waldes

3 Vogelnest im Strauch

5 Wurzelschicht

Die Krautschicht

Bis zu 50 Zentimeter über dem Boden wachsen viele Gräser, Farne und Schachtelhalme sowie eine Reihe von Blütenpflanzen. Man kann hier zum Beispiel Aronstab, Waldweidenröschen, Springkraut und Heidelbeere finden. Im Frühling sprießen Frühblüher wie Buschwindröschen und Scharbockskraut aus dem Boden. Die *Krautschicht* ist sehr artenreich. Neben vielfältigen Pflanzen leben hier sehr viele Tiere. Insekten, Reptilien und bodenbrütende Vögel finden günstige Lebensbedingungen.

Die Moosschicht

Am Waldboden bilden Moose, Flechten und die Fruchtkörper der Pilze die *Moosschicht*.

4 Moosschicht

Besonders die Moose sorgen als Wasserspeicher für ein feuchtes Klima. Milben, Käfer und Ameisen trifft man in diesem Bereich ebenso an wie Spinnen oder Schnecken.

Die Wurzelschicht

Der obere Teil der *Wurzelschicht* wird von der Humusschicht gebildet. Diese entsteht aus abgefallenem Laub. In der Humusschicht leben sehr viele Kleintiere wie Regenwürmer, Tausendfüßer, Fadenwürmer, Milben und Springschwänze. Sie zersetzen die Blätter zu mineralstoffreichem Humus. Das gesamte Erdreich ist durchzogen von den Wurzeln der Pflanzen. Sie nehmen das Wasser und die darin gelösten Mineralstoffe auf. Auch die Pilzgeflechte durchziehen den Boden. Maulwurf und Spitzmaus leben zwischen den Wurzeln in ihren unterirdischen Höhlen.

In Kürze

Natürlich gewachsene Mischwälder sind in Stockwerke gegliedert. Von oben nach unten unterscheidet man: Baumschicht, Strauchschicht, Krautschicht, Moosschicht und Wurzelschicht.

Aufgaben

1 ☐ Benenne Merkmale der unterschiedlichen Stockwerke des Waldes.
2 ▨ Recherchiere weitere Lebewesen des Waldes und ordne sie den Stockwerken zu.

Moose und Farne

Wenn du bei einem Spaziergang im Wald auf den Boden achtest, fällt dir vielleicht auf, dass der ganze Waldboden und selbst Steine und Felsen von Moospolstern und Farnen besiedelt sind.

Merkmale der Moose und Farne
Der Wassergehalt der einfach gebauten Moose ist vom Feuchtigkeitszustand der Umgebung abhängig. An einer kurzen Sprossachse wachsen viele dünne Blättchen. Die Pflanze nimmt mit der ganzen Oberfläche Wasser auf und speichert es wie ein Schwamm. Moospolster können viel Wasser speichern. Sie geben es nur langsam wieder an den Boden ab.

Moose besitzen keine echten Wurzeln. *Rhizoide* dienen in erster Linie der Verankerung.

1 Dichte Moospolster am Waldboden

Farne sind größer als Moospflanzen. Deshalb besitzen sie Leitgefäße, die das mit den Wurzeln aufgenommene Wasser in die Blätter transportieren. Farne bilden einen unterirdischen Spross aus, das *Rhizom*. Dies ermöglicht den Pflanzen eine großflächige Ausbreitung. Die jungen Blätter entrollen sich oft zu großen, doppelt gefiederten *Farnwedeln*. Durch ihre hohe Verdunstungsrate wird die Luft befeuchtet.

A

B

Sporenkapsel

Blättchen

Rhizoid

C

Farnwedel

Rhizom

Wurzeln

D

2 A Moospolster; B dicht stehende Moospflanzen; C Aufbau einer Moospflanze; D Aufbau eines Wurmfarns

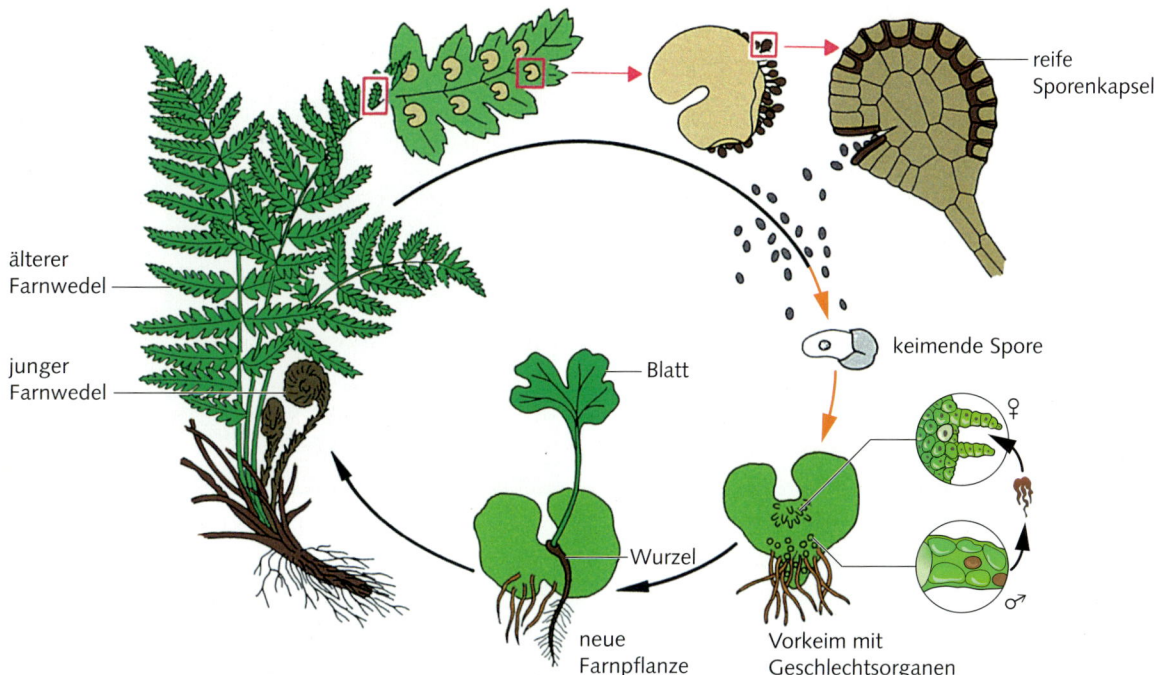

Labels on the figure:
reife Sporenkapsel

älterer Farnwedel

junger Farnwedel

Blatt

keimende Spore

♀

Wurzel

♂

neue Farnpflanze

Vorkeim mit Geschlechtsorganen

3 Generationswechsel beim Farn

Moose und Farne sind Sporenpflanzen

Weder Moose noch Farne bilden Blüten oder Samen aus. Sie pflanzen sich durch *Sporen* fort. Moose entwickeln lang gestielte *Sporenkapseln,* Farne bilden diese auf der Blattunterseite. Sind die Sporen reif, platzen die Kapseln auf. Die Sporen werden mit dem Wind verstreut. Aus je einer Spore entwickelt sich ein Vorkeim. Sporen und Vorkeim sind die ungeschlechtliche Form der Pflanze. Der Vorkeim bildet weibliche und männliche Geschlechtsorgane aus. Damit beginnt die geschlechtliche Fortpflanzung. Bei ausreichend Feuchtigkeit schwimmen die männlichen Geschlechtszellen, die *Schwärmer,* zu den Eizellen und befruchten diese. Aus den befruchteten Eizellen entwickelt sich die neue Moos- oder Farnpflanze. Bei der Entwicklung der Moose und Farne wechseln sich also ungeschlechtliche und geschlechtliche Form der Pflanzen ab. Dies bezeichnet man als *Generationswechsel.*

Ökologische Bedeutung

Moose spielen eine wichtige ökologische Rolle im Stoff- und Wasserkreislauf des Waldes. Sie sind in der Lage, Wasser zu speichern und Stoffe, die sie zum Wachstum benötigen, aus der Luft herauszufiltern. Zusammen mit den Farnen geben sie Wasser als Nebel an die Umgebung ab und tragen in hohem Maße zur Luftfeuchtigkeit in den Wäldern bei. Da Moose kahle Flächen besiedeln, bezeichnet man sie als *Pionierpflanzen.* Sie bilden Humuserde und bieten dem Boden Schutz vor Austrocknung und Erosion. Auf diese Weise wird anderen Pflanzen und Kleintieren die Ansiedlung ermöglicht.

In Kürze

Moose und Farne vermehren sich durch Sporen. Dabei durchlaufen sie einen Generationswechsel. Sie spielen im Stoff- und Wasserkreislauf des Ökosystems Wald eine wichtige Rolle. Moose sind Pionierpflanzen.

Aufgaben

1 ☐ Beschreibe den Generationswechsel beim Farn anhand von Bild 3.

2 ◪ Die Luft innerhalb des Waldes ist feuchter als außerhalb. Erläutere.

Pilze des Waldes

Vielleicht hast du im Garten, in Parkanlagen oder im Wald schon einmal Pilze gesehen, die im Kreis angeordnet waren. Dieses Phänomen wird als Hexenring bezeichnet. Früher glaubte man, dass sich dort Hexen versammelt hätten und dieser Ort besonders magisch sei.

Merkmale der Pilze

Pilze bilden neben Tieren und Pflanzen eine eigene Gruppe. Sie lassen sich weder den Tieren noch den Pflanzen zuordnen. Ihre Zellen besitzen Vakuolen und Zellwände. Sie enthalten jedoch kein Chlorophyll, um sich mittels Fotosynthese selbst zu versorgen. Der Großteil eines Pilzes wächst unterirdisch in kleinen Fäden, den *Hyphen*. Sie bilden ein weitverzweigtes Geflecht, das *Myzel,* und sind das eigentliche Lebewesen Pilz. Pilze nehmen über das Myzel Wasser und energiereiche Nährstoffe aus der Umgebung auf.
Die oberirdischen Fruchtkörper bestehen aus dicht verknäuelten Hyphenfäden und dienen

1 Ein interessanter Anblick: Pilze im Hexenring

lediglich der Fortpflanzung. Oft zeigt der Fruchtkörper einen zweiteiligen Aufbau aus *Hut* und *Stiel.*

Pilze vermehren sich durch Sporen

Die meisten Pilzarten vermehren sich ungeschlechtlich über winzige Sporen, die in den Fruchtkörpern gebildet werden. Die Sporen werden durch den Wind verbreitet. Nach ihrer Landung keimen sie und bilden Hyphenfäden aus. Wenn sich zwei Hyphenfäden treffen, entsteht eine Verschmelzungszelle. Aus ihr entwickelt sich ein neues Myzel, aus dem neue Fruchtkörper entstehen. Das Myzel wächst kreisförmig innerhalb eines Jahres etwa 30 Zentimeter. So bilden sich die Hexenringe.

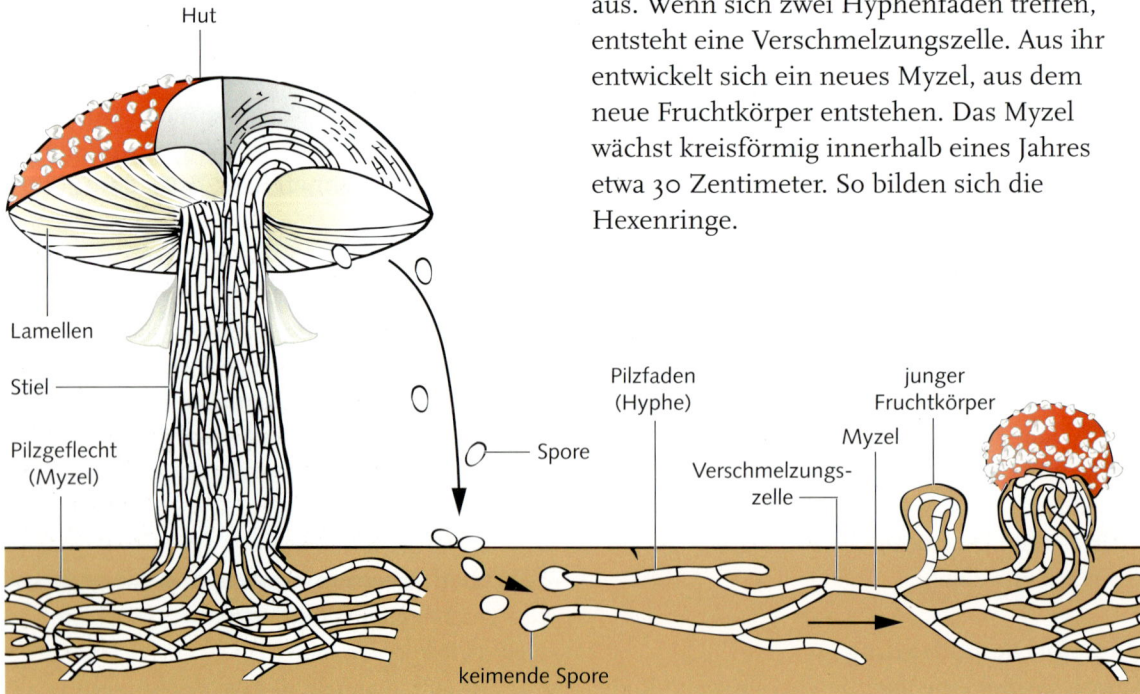

2 Bau und Entwicklung eines Blätterpilzes

Pilze sind vielgestaltig

Pilze werden mit Hilfe der Fruchtkörper in verschiedene Gruppen eingeteilt. *Röhrenpilze* wie Steinpilze besitzen auf der Hutunterseite eine schwammartige Schicht. Auf der Hutunterseite der *Blätterpilze* zeigen sich senkrecht stehende, blattartige Lamellen. Der Fliegenpilz ist ein typischer Blätterpilz. Morcheln gehören zu den *Schlauchpilzen*. Sie erhielten ihren Namen wegen ihrer schlauchähnlichen Fortpflanzungsorgane. *Bauchpilze,* wie Bovisten, sind rundlich und besitzen kurze Stiele.

Lebensweise der Pilze

Manche Pilze leben in einer *Symbiose* mit Bäumen. Das ist eine Lebensgemeinschaft zu beiderseitigem Nutzen. Die Pilzhyphen ummanteln die Baumwurzeln, durchdringen sie und gelangen so an Nährstoffe. Dem Baum liefert der Pilz im Gegenzug Wasser und Mineralstoffe. Man bezeichnet dieses Pilzwurzelgeflecht als *Mykorrhiza*. Pilze, die totes organisches Material wie beispielsweise Aas oder abgestorbenes Holz zersetzen, nennt man Fäulnisbewohner. Manche Pilze sind *Parasiten*. Sie befallen einen lebenden Baum und entziehen ihm Nährstoffe. Dies kann zum Absterben des Baumes führen.

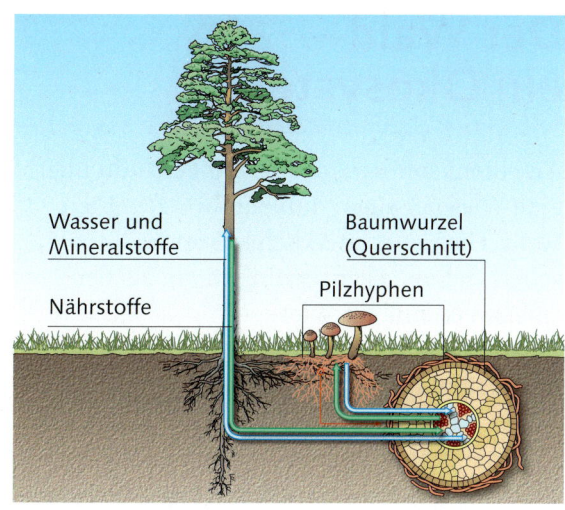

4 Manche Pflanzen leben in Symbiose mit Pilzen.

Ökologische Bedeutung

Gemeinsam mit Bakterien zersetzen Pilze pflanzliche und tierische Stoffe zu Mineralstoffen, die den Pflanzen als Dünger dienen und zur Humusbildung beitragen. Solche Zersetzer organischer Stoffe bezeichnet man auch als *Destruenten*.

> **In Kürze**
> Pilze bilden unterirdisch ein Myzel. Die Fruchtkörper dienen der Fortpflanzung und bilden Sporen aus. Pilze halten durch den Abbau organischer Stoffe den Stoffkreislauf in der Natur aufrecht.

Aufgaben

1 ☐ Beschreibe die Fortpflanzung der Pilze.
2 ◪ Begründe, weshalb Mykorrhizen in sehr nährstoffarmen Böden sowohl für Pilze als auch für Bäume vorteilhaft sind.

> **Weiter gedacht: Ein Riesenpilz**
> An der Westküste der USA im Staat Oregon befindet sich ein Pilz mit einer geschätzten Ausbreitungsfläche von über 880 Hektar. Dieser Hallimasch ist das größte bekannte Lebewesen der Erde. Sein Gewicht wird auf etwa 600 Tonnen geschätzt. Das Myzel des auch bei uns beheimateten Hallimaschs leuchtet im Dunkeln. Grund hierfür sind chemische Abbauprozesse in seinem Innern.

3 Fruchtkörper verschiedener Pilzgruppen:
A Steinpilz; B Fliegenpilz; C Morchel; D Bovist

Der Wald – ein Ökosystem

An einem sonnigen Herbsttag gehst du über eine Wiese in einen dunklen und feuchten Wald. Hier ist es merklich kühler, es herrschen andere Lebensbedingungen als beispielsweise auf der Wiese.

Lebensbedingungen im Wald

In der Natur leben alle Pflanzen und Tiere in einem für sie typischen *Lebensraum*. Dieser wird auch als *Biotop* bezeichnet. Biotope sind zum Beispiel ein Sandhügel oder eine mit Wasser gefüllte Kiesgrube. Jeder Lebensraum ist geprägt durch charakteristische *Umweltfaktoren*. Dazu zählen unter anderem die Bodenbeschaffenheit, die Lichtverhältnisse, die Luftfeuchtigkeit und die Temperatur. Alle diese Merkmale der unbelebten Natur bezeichnet man als *abiotische Faktoren*.

Die Lebensgemeinschaft Wald

In jedem Biotop gibt es eine Vielzahl charakteristischer Pflanzen und Tiere. Zwischen all diesen unterschiedlichen Lebewesen bestehen vielfältige *Wechselbeziehungen*. So sind viele

1 Waldrand

Pflanzen des Waldes auf die Bestäubung und Verbreitung ihrer Früchte durch Tiere angewiesen. Insekten ernähren sich teilweise von den Pflanzen, etwa von deren Nektar. Die Insekten wiederum dienen vielen anderen Tieren als Nahrung. So bilden alle Lebewesen in einem Lebensraum eine *Lebensgemeinschaft*, die *Biozönose*. Die Mitglieder einer Lebensgemeinschaft stellen füreinander ebenfalls Umweltfaktoren dar. Da es sich hierbei um die belebte Natur handelt, spricht man von *biotischen Faktoren*.

Abiotische Umweltfaktoren

Licht
Halbschatten

Temperatur
mittlere Temperatur

Luft- und Bodenfeuchtigkeit
mittlere Feuchtigkeit

Mineralstoffe im Boden
relativ hoher Mineralstoffbedarf

Biotische Umweltfaktoren

Bestäuber
Erdhummel

Samenverbreiter
Rote Waldameise

Fressfeinde
Käfer, Raupen, Milben

Konkurrent
Bingelkraut

2 Biotische und abiotische Faktoren wirken auf das Veilchen.

Ökosystem

Lebensraum (Biotop)

Lebensgemeinschaft (Biozönose)

3 Lebensraum, Lebensgemeinschaft, Ökosystem

Der Wald als Ökosystem

Die Pflanzen und Tiere einer Lebensgemeinschaft stehen nicht nur in Wechselbeziehung
untereinander: Sie sind auch von abiotischen
Faktoren abhängig. So brauchen beispielsweise Pflanzen für ihr Gedeihen genügend
Wasser und ausreichend Licht. Sie kommen
deshalb nur dort vor, wo diese Bedingungen
gegeben sind. Genauso ist es bei den Tieren.
Nur so können sie überleben. Lebensraum
und Lebensgemeinschaft wirken also zusammen: Sie bilden ein *Ökosystem*. Wälder, Wiesen
oder Seen sind solche Ökosysteme.

Vielfalt von Pflanzen und Tieren

Etwa 20 Prozent aller in Deutschland vorkommenden Tierarten sind auf den Wald als
Lebensraum angewiesen. So leben hier etwa
5200 Insekten- und 100 Wirbeltierarten,
davon 70 Vogelarten. Darunter sind auch vom
Aussterben bedrohte Tiere. Für manche Waldbewohner wie Feldhase, Reh und Dachs dient

der Wald vor allem als Rückzugsgebiet. Diese
Tiere finden heute in der Kulturlandschaft
immer weniger ungestörte Lebensmöglich-
keiten.

In Kürze

Abiotische Faktoren bestimmen ein Biotop.
Pflanzen und Tiere eines Biotops stellen eine
Lebensgemeinschaft oder Biozönose dar.
Sie bezeichnet man als biotische Faktoren.
Biotische und abiotische Faktoren wirken
zusammen im Ökosystem.

Aufgaben

1 ☐ Beschreibe am Beispiel des Waldes den
Zusammenhang zwischen Lebensraum,
Lebensgemeinschaft und Ökosystem.

2 ☐ Zeige am Beispiel des Waldes Wechselbeziehungen zwischen Pflanzen und Tieren auf.

3 ◪ Zwischen den abiotischen Faktoren und dem
Pflanzenwuchs im Wald bestehen Zusammenhänge. Erläutere.

Beobachtungen im Wald

A Früchte und Samen sammeln und bestimmen

Material Bestimmungsbücher, Klemmbrett, Papier, Stifte, Butterbrottüten, evtl. Fotoapparat

Durchführung Ab dem Spätsommer könnt ihr an und unter Bäumen und Sträuchern Früchte und Samen zum Kennenlernen sammeln und fotografieren. Sammelt diese gemeinsam mit 1–2 Blättern der jeweiligen Pflanze in eine Butterbrottüte, auf der ihr den Fundort und das Datum notiert. Die gesammelten Blätter helfen euch bei der anschließenden Bestimmung. Bestimmt die Früchte und Samen mit Hilfe der Bestimmungsbücher. Haselnuss, Bucheckern und Holunder stellen eine wichtige Nahrung für Waldtiere dar. Sammelt daher von ihnen nur kleine Mengen.

Auswertung Fertigt Plakate an oder gestaltet mit den gesammelten Materialien eine Ausstellung in eurer Schule.

> **Vorsicht vor giftigen Pflanzen!**
> Blätter, Samen und Früchte einiger Pflanzen sind giftig. Daher darf man keinesfalls Pflanzenteile essen oder in den Mund nehmen. Nach dem Waldgang gründlich die Hände waschen.

B Geräuschlandkarte

Material Papier, Stifte, Schreibunterlage, Sitzunterlage

Durchführung Setzt euch mit etwas Abstand zueinander auf den Waldboden und schließt die Augen. Benennt die Geräusche, die ihr hört. Beginnt nach und nach alle Geräusche auf dem Papier einzuzeichnen. Überlegt euch dazu Symbole.

Auswertung Vergleicht eure Geräuschlandkarten. Beschreibt, was euch auffällt.

C Borkenbilder

Material Papier, Zeichenkohle oder Wachsmalstifte, Kreppband

Durchführung Befestigt ein Blatt Papier mit Kreppband möglichst eng am Stamm eines Baumes. Reibt mit einer flach liegenden Zeichenkohle vorsichtig die Borkenstruktur durch. Fertigt einige unterschiedliche Borkenbilder an.

Auswertung Vergleicht die Abdrücke unterschiedlicher Baumarten miteinander.

1 Samen und Früchte

Heckenkirsche · Bergahorn · Hasel · Rotbuche · Traubenholunder · Schwarzer Holunder

2 Borken von Buche, Eiche, Vogelkirsche und Kiefer

D Abiotische Faktoren messen

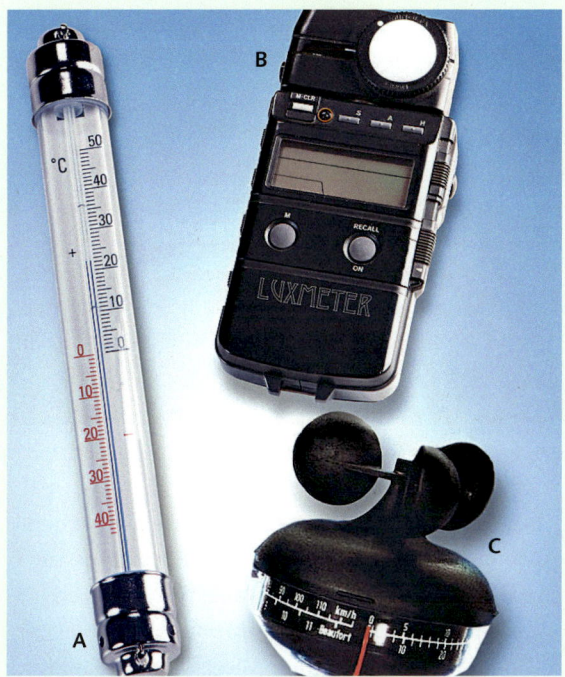

3 A Thermometer; B Luxmeter; C Anemometer

Um herauszufinden, wie sich die abiotischen Faktoren und damit die Lebensbedingungen an der Grenze zwischen Feld, Waldrand und Waldinnerem ändern, könnt ihr verschiedene Messungen an den drei Standorten machen und diese miteinander vergleichen.

Material Thermometer, Schalenanemometer, Luxmeter, Klemmbrett, Stifte

Durchführung Legt für jeden Standort einen Messpunkt fest, an dem ihr die Temperatur, die Windgeschwindigkeit und die Lichtverhältnisse messt. Mit einem Thermometer messt ihr die Temperatur. Ein Schalenanemometer misst die Windgeschwindigkeit in Metern pro Sekunde. Mit einem Luxmeter könnt ihr die Beleuchtungsstärke bestimmen. Protokolliert die Werte. Die Messungen könnt ihr an Tagen mit unterschiedlichem Wetter wiederholen.

Auswertung Stellt eure Ergebnisse in einer Tabelle dar. Vergleicht die drei Standorte.

E Leben am Baumstumpf

4 Baumstumpf voller Leben

Material Klemmbrett, Stift, Bestimmungsbuch, Pinsel, mehrere verschließbare Gläser

Durchführung Untersucht in Gruppen je einen Baumstumpf. Vielleicht findet ihr mehrere Baumstümpfe in unterschiedlichen Zersetzungsstadien oder von verschiedenen Baumarten. Versucht die Pflanzen auf dem Baumstumpf zu bestimmen. Sucht ihn sorgfältig von außen nach innen auf Tiere ab. Ihr könnt auch vorsichtig ein Stück morsches Holz herausbrechen. Sammelt Kleintiere mit einem Pinsel in ein verschließbares Glas. Versucht sie zu bestimmen und lasst sie dann wieder frei.

Auswertung
1 Tragt die Ergebnisse aus den einzelnen Gruppen zusammen.
2 Gebt an, wie viele verschiedene Tier- und Pflanzenarten ihr auf den Baumstümpfen festgestellt habt. Überlegt, wie sich eure Beobachtungen am sinnvollsten auswerten lassen.

Wald

1 Bedingungen im Sommerwald

Die abiotischen Faktoren wirken sich unterschiedlich stark auf die Lebewesen im Wald aus. Bild 1
zeigt die Bedingungen in einem naturnahen Mischwald im Sommer, Bild 2 in einer Monokultur.

a ☐ Beschreibe das Aussehen der Pappelmonokultur in Bild 2.

b ☐ Beschreibe die Lichtverhältnisse in den
einzelnen Stockwerken des Mischwaldes in
Bild 1.

c ☑ Leite aus Bild 1 ab, wie sich die Windverhältnisse vom freien Feld zum Waldinneren
verändern.

d ☑ Begründe, wodurch die unterschiedlichen
Temperaturverhältnisse an den drei Mess-
stellen zustande kommen.

e ■ Erläutere, welcher Zusammenhang zwischen Niederschlagsmenge und Verdunstungsrate besteht.

2 Baumreihen einer Pappelmonokultur

f ■ Stelle Vermutungen zu den Messwerten auf
einer kleinen Waldlichtung an. Begründe sie.

g ■ Diskutiere, welche abiotischen Faktoren
sich in der abgebildeten Monokultur von
denen des naturnahen Mischwaldes in Bild 1
unterscheiden. Begründe deine Überlegungen.

Höhe in m

Luft-
temperatur

Niederschlags-
menge

Verdunstungs-
rate

Wind-
verhältnisse

Lichtanteil
im Wald

80–100 %

60– 79 %

40– 59 %

20– 39 %

0– 19 %

Messstelle: im Waldinneren   am Waldrand   auf freiem Feld

1 Bedingungen in einem naturnahen Mischwald im Sommer

2 Der Hutewald – ein Weidewald

Früher nutzten die Menschen den Wald häufig als Weidegebiet für Schweine, Ziegen, Schafe, Rinder und Pferde. Einen solchen Wald bezeichnete man als Hutewald. Das Wort »Hute« leitet sich von »hüten« ab. In diesem Wald suchten sich die Tiere ihr Futter selbst. Sie ernährten sich von den Pflanzen der Krautschicht, frischen Trieben und Knospen sowie Wurzeln, Waldfrüchten und Pilzen.

a ☑ Vergleiche den Hutewald in Bild 3 mit einem Mischwald.

3 Im Hutewald fühlen sich Schweine »sauwohl«.

b ☑ Lies den Zeitungsartikel in Bild 4. Stelle Vermutungen an, in welcher Jahreszeit die Tiere heute zur Mast in den Hutewald getrieben werden. Begründe deine Vermutungen.

Bis zum Zweiten Weltkrieg wurden Hausschweine in den Wald zur Mast getrieben. Das Weiden von Schweinen in freier Natur war fester Bestandteil der Viehhaltung. Heute lassen Vereine einige Hutewälder wieder aufleben. Bei dieser alten Produktionsform wird das Fleisch der Hausschweine als besonders hochwertig eingestuft. Die Tiere werden allerdings nur zu einer bestimmten Jahreszeit in den Hutewald getrieben, um den Wald zu schonen.

4 Nach einem Zeitungsartikel

3 Moose sind Wasserspeicher

Moose können zwischen dem Stängel und den Blättern sowie in den einzelnen Zellen große Mengen Wasser speichern. Hierdurch kann das Gewicht der Pflanzen bis auf das Sechsfache ansteigen. Im nachfolgenden Versuch wurde dies mit zuvor getrocknetem Moos untersucht.

5 Wasserspeicherung von Moos

	vorher	nachher
Gewicht des Mooses	40 g	210 g
Wassermenge im Becherglas	600 ml	430 ml

6 Wasserspeicherfähigkeit von Moosen

a ☐ Schreibe zu dem Versuch eine Anleitung.
b ☑ Vergleiche die Messwerte. Berechne die Wasserspeicherfähigkeit der Moospflanze anhand der aufgenommenen Wassermenge.
c ■ Vergleiche die Versuchsergebnisse in Bild 7. Interpretiere das Ergebnis. Erläutere, welchen Vorteil Moose für den Waldboden haben.

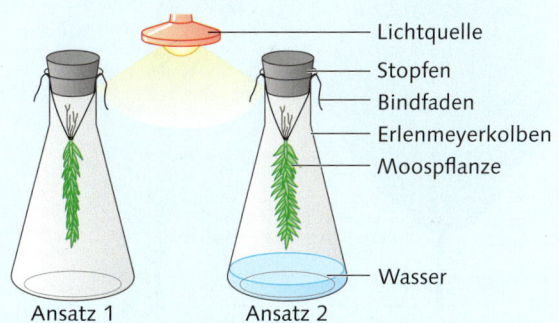

7 Versuch mit Moosen

Biologische Zeichnungen anfertigen

Zeichnen ist eine biologische Arbeitsweise, mit der du beispielsweise den Bau eines Flugsamens dokumentieren kannst. Genaues Zeichnen musst du üben. Betrachten, Beobachten oder Untersuchen sind dafür wichtige Voraussetzungen.

Es gibt verschiedene Arten biologischer Zeichnungen. Die originalgetreue Zeichnung stellt das Objekt beinahe fotografisch dar. Die Pause hebt besonders die Oberflächenbeschaffenheit eines Objekts hervor. Eine Skizze dient dem Festhalten wichtiger Merkmale. Das Schema stellt das »Typische« des Objekts dar.

1 Biologische Objekte zeichnen

1 Arbeitsmaterial zurechtlegen Für deine Zeichnung benötigst du einen Bogen weißes, unliniertes Papier, einen weichen Bleistift und einen guten Radierer. Deine Zeichenunterlage muss fest und frei von Unebenheiten sein.

2 Zeichenblatt einrichten Schreibe deinen Namen, das Datum, den Namen des Untersuchungsobjekts oder den untersuchten Teil des Objekts und, falls du ein Mikroskop oder eine Lupe verwendest, auch die gewählte Vergrößerung auf das Zeichenblatt.

3 Überblick verschaffen Überlege zunächst, was du zeichnen möchtest. Betrachte oder beobachte das Objekt sehr genau. Möchtest du ein bestimmtes Detail zeichnen, wähle eine geeignete Stelle deines Objekts aus. Nutze Hilfsmittel, zum Beispiel ein Mikroskop oder eine Lupe, um wichtige Details deutlich erkennen zu können.

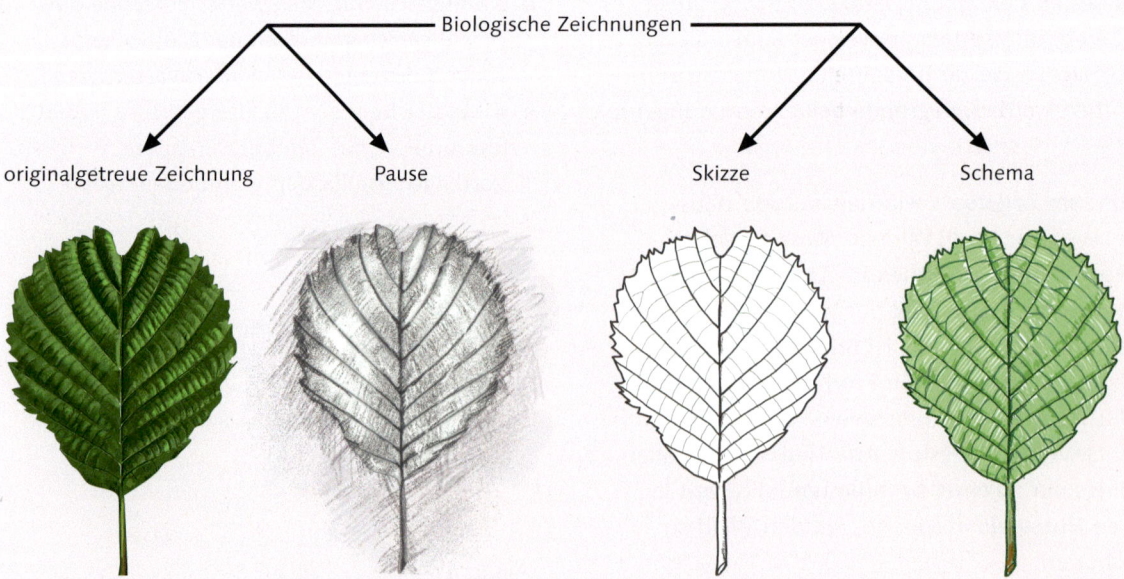

Biologische Zeichnungen

originalgetreue Zeichnung   Pause   Skizze   Schema

2 Gliederung biologischer Zeichnungen

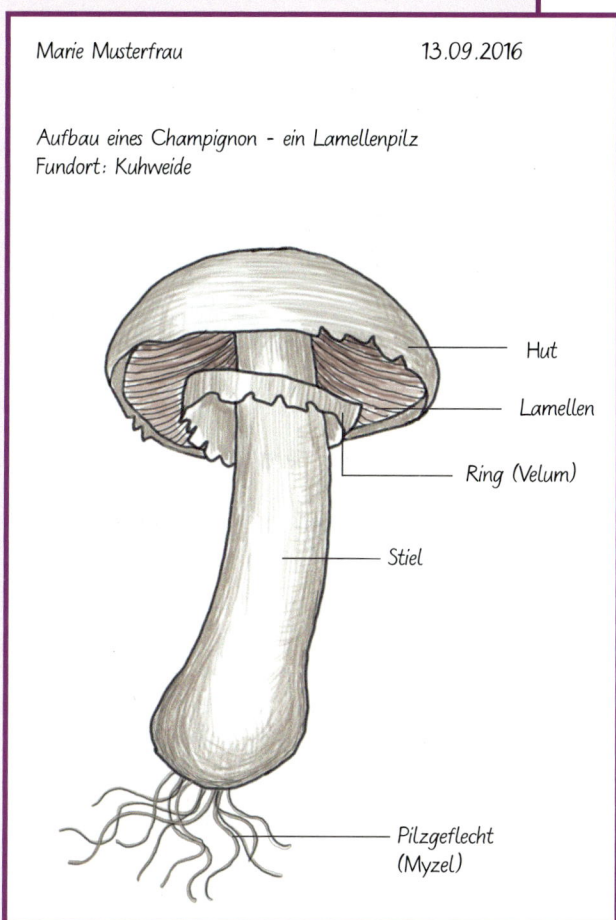

Marie Musterfrau   13.09.2016

Aufbau eines Champignon - ein Lamellenpilz
Fundort: Kuhweide

— Hut

— Lamellen

— Ring (Velum)

— Stiel

— Pilzgeflecht
(Myzel)

Erik Mustermann   13.09.2016

Aufbau eines Regenwurms
Fundort: Schulhof
Länge: ca. 15 cm

— Kopflappen

— Borsten (vier Paar pro Segment)

— Gürtel

— Segmente

— Hinterende

3 Biologische Zeichnungen:
A Lamellenpilz; B Regenwurm

4 Zeichnung erstellen   Zeichne dein Objekt nun mittig auf das vorbereitete Papier. Die Erstellung einer Zeichnung folgt besonderen Regeln. Diese musst du unbedingt beachten.

Darauf musst du beim Zeichnen achten:

- Zeichne klare Linien.
- Die Zeichnung sollte mindestens so groß wie deine Handfläche sein.
- Übe nur wenig Druck auf den Bleistift aus.
- Achte darauf, bei Detailskizzen genau zu zeichnen.
- Zeichne zunächst mit Bleistift. Falls du eine farbige Zeichnung erstellen möchtest, ergänze die Farben später mit Buntstiften.

---

4 Regeln zur Erstellung einer Zeichnung

5 Zeichnung beschriften   Informiere dich in Biologiebüchern, Lexika oder dem Internet, wie die einzelnen Details deiner Zeichnung heißen. Ziehe mit Bleistift und Lineal Bezugslinien. Schreibe die Fachbegriffe mit sauberer Handschrift an die Linien. Achte dabei auf die Vollständigkeit deiner Beschriftung.

Aufgaben

1 ☐ Sammle Blätter von Bäumen des Schulgeländes. Fertige von ihnen Pausen an.
2 ☐ Skizziere mit Hilfe einer Lupe eine Spinne. Setze sie nach dem Zeichnen wieder am Fundort aus.
3 ◪ Vergleiche deine Skizze aus Aufgabe 2 mit denen deiner Mitschüler. Erstellt gemeinsam ein allgemeines Schema zum Bau einer Spinne.

Die Rotbuche

Rotbuchen sind die häufigsten einheimischen Laubbäume in Deutschland. In einem Buchenwald wachsen sie aufgrund ausreichender Niederschläge und gemäßigter Temperaturen zu mächtigen Baumriesen heran.

Merkmale einer Rotbuche

Rotbuchen erkennt man an ihrer hellgrau glänzenden Borke. Sie können bis zu 300 Jahre alt und bis zu 35 Meter hoch werden. Ihre eiförmigen Blätter glänzen. Der Blattrand ist leicht gewellt und bei Jungblättern weich behaart. Rotbuchen besitzen verschiedene Blatttypen, mit denen sie die unterschiedlichen Lichtverhältnisse in der Baumkrone zur Fotosynthese optimal nutzen können. Die *Lichtblätter* am äußeren Rand der Baumkrone sind klein und dick. Die *Schattenblätter* im Innern der Baumkrone sind im Vergleich dazu größer und dünner.

1 Beeindruckende Baumkronen im Rotbuchenwald

Buchen sind Bedecktsamer

Die Rotbuche gehört zu den *einhäusigen, getrenntgeschlechtlichen* Bäumen. Sie bildet auf einer Pflanze weibliche und männliche Blüten aus, die in getrennten Blütenständen heranwachsen. Durch den Wind gelangt der Pollen auf die Narbe. Die darunterliegende Samenanlage wird von den Fruchtblättern vollkommen umschlossen. Rotbuchen gehören daher zu den *Bedecktsamern*. In den stachligen Fruchtbechern entwickeln sich zwei dreieckige Nussfrüchte, die Bucheckern.

2 Rotbuche: A Wuchsform; B Blattform; C Blütenstände; D Knospe

3 A Fruchtbecher mit Bucheckern; B gekeimte Buchecker; C Entwicklung des Buchenkeimlings

Vom Samen zum Baum

Im Herbst fallen die Bucheckern zu Boden. Hier werden sie bald von dem herabfallenden Laub bedeckt und überdauern so den Winter. Im Frühling keimen die Bucheckern aus. Die Baumkrone, aus der sie fielen, lässt nur wenig Licht zum Boden durch. Die jungen Buchenkeimlinge kommen mit dem wenigen Licht gut aus. Durch diesen Vorteil kann die Rotbuche gegenüber anderen Baumkeimlingen schneller heranwachsen.

Ökologische Bedeutung

Buchenwälder produzieren viel Sauerstoff und binden den Staub aus der Luft. Durch ihre hohe Wasserverdunstung tragen sie zur Wolkenbildung bei. Die gute Durchwurzelung des Bodens wirkt sich positiv auf die Wasserbindung in tieferen Bodenschichten aus.

4 Eichhörnchen auf der Suche nach Bucheckern

Buchenlaub bildet nach der Zersetzung durch Bodenorganismen mineralstoffreichen Humus. Er dient als Mineralstofflieferant für heranwachsende Pflanzen, die ihrerseits von vielen Tieren als Nahrung genutzt werden. Viele Waldtiere ernähren sich von den ölhaltigen Bucheckern.

Nutzung des Holzes

Den Namen verdankt die Rotbuche ihrem rötlichen Holz. Dieses sehr harte Holz wird gerne für Möbel und Parkettböden genutzt. Im Winter liefert es als Brennholz lang anhaltende Wärme.

In Kürze

Die Rotbuche ist der häufigste heimische Laubbaum und bildet die Nahrungsgrundlage für viele Tiere. Sie ist ein getrenntgeschlechtlicher, einhäusiger Bedecktsamer.

Aufgaben

1 ☐ Benenne die Angepasstheiten der Rotbuche an die unterschiedlichen Lichtverhältnisse innerhalb der Baumkrone.

2 ☑ Stelle Vermutungen an, weshalb man die Buche auch »Mutter des Waldes« nennt. Begründe deine Vermutungen.

Die Fichte

Ein Besuch im nahe gelegenen Fichtenwald bei beginnender Abenddämmerung hinterlässt bei dir deutliche Sinneseindrücke: modriger Geruch des Waldbodens, kühlere Temperatur als außerhalb des Waldes, feuchte Luft, auffällige Stille und schwache Lichtstrahlen, die vom Waldrand her in den dunklen Wald scheinen.

Merkmale einer Fichte

Die Fichte bevorzugt das feuchte und kühle Klima des Mittelgebirges und der Alpen. Hier kann sie mit ihrem gerade wachsenden Stamm eine Höhe von 40 Metern erreichen. Manche Fichten werden bis zu 600 Jahre alt. Ihr Stammdurchmesser beträgt dann bis zu 150 Zentimeter. Die rötlich graubraune Borke blättert in unregelmäßigen Schuppen ab. Die Baumkrone der Fichte ist kegelförmig. Ihre Zweige sind quirlig angeordnet. Die Fichtenwurzeln wachsen tellerförmig aus und dringen nicht tief in den Boden ein. Daher gehören Fichten zu den *Flachwurzlern*.

1 Fichtenwald in der Abenddämmerung

Nadeln sind speziell geformte Blätter

Die Fichte hat stechend spitze, vierkantige Nadeln. Im Gegensatz zu Laubblättern bleiben die Nadeln bis zu sieben Jahre am Baum. Die abgefallenen Nadeln werden nur schwer zersetzt. Dadurch bildet sich am Boden eine dicke Nadelschicht, die nur wenig Wasser durchlässt. Beim Abbau der Nadeln entstehen Stoffe, die die Ausbildung einer Kraut- und Strauchschicht verhindern.

2 Fichte: A Wuchsform; B Blütenstände; C Fichtennadel; D Querschnitt einer Fichtennadel

3 Vermehrung der Fichte: A Fichtenzapfen; B Fichtensamen; C Entwicklung des Fichtenkeimlings

A   B   C

Fichten sind Nacktsamer

Die einhäusigen, getrenntgeschlechtlichen Fichten bilden ab einem Alter von etwa 30 Jahren im Mai und Juni ihre Blütenstände aus. Die männlichen Blüten geben riesige Pollenmengen frei, welche durch den Wind zu den weiblichen Zapfen transportiert werden. Dort bestäuben sie die vielen weiblichen Einzelblüten im Zapfeninnern. Die Fruchtschuppen der weiblichen Blüten tragen je zwei Samenanlagen. Sie liegen frei, umhüllende Fruchtblätter fehlen. Fichten zählen daher wie alle Nadelbäume zu den *Nacktsamern*. Nach gut einem Jahr spreizt der Zapfen bei Trockenheit seine Schuppen und die Flugfrüchte fallen heraus.

Anbau in Monokulturen

Fichten wachsen im Vergleich zu anderen Bäumen sehr schnell. Deshalb begann der Mensch sie wirtschaftlich zu nutzen. Jahrzehntelang wurden reine Fichtenwälder angepflanzt, sogenannte *Monokulturen*. Warme, trockene Sommer schwächen die Fichten. Schädlinge wie der Fichtenborkenkäfer können die geschwächten Bäume befallen. Da die Zahl ihrer Fressfeinde gering ist, werden die Käfer in ihrer Ausbreitung kaum gehemmt. Als Flachwurzler sind Fichten stark windwurfgefährdet.

4 Orkanschäden in einem Fichtenwald

In Kürze

Die Fichte ist der häufigste einheimische Nadelbaum. Fichten sind getrenntgeschlechtliche, einhäusige Nacktsamer und werden häufig in Monokulturen gepflanzt.

Aufgaben

1 ☐ Nenne abiotische und biotische Umweltfaktoren, die in einem Fichtenwald wirken.

2 ◪ »Willst du die Natur vernichten, pflanze Fichten, Fichten, Fichten!« Erläutere, was mit diesem Ausspruch gemeint ist.

Wie Bäume wachsen

Im Frühjahr kannst du unweit einer großen Fichte einen Keimling wachsen sehen. Er hat sich aus einem Samen der Fichte entwickelt und kann bis zu 40 Meter hoch werden. Sein Umfang kann dann bis zu 150 Zentimeter betragen. Wie bei jedem Baum besteht der Stamm vorwiegend aus Holz.

Die Rinde umhüllt den Stamm

Den äußeren Teil der Rinde nennt man *Borke*. Sie schützt den Baum vor Verletzungen, Insekten- und Pilzbefall sowie vor zu hoher Verdunstung bei starker Sonneneinstrahlung. Der innere Teil der Rinde, der *Bast*, transportiert die in den Blättern hergestellten Fotosyntheseprodukte stammabwärts in die Wurzeln. Bast stirbt schnell ab und wird zu Kork.

Der Stamm wächst in die Breite

Unter dem Bast befindet sich eine sehr dünne Zellschicht, das *Kambium*. Hier findet das Dickenwachstum des Baumes statt. In jedem Frühjahr beginnt das Kambium nach außen hin Bast und nach innen Holz zu bilden. Da das Holz schneller

1 Keimling einer Fichte

wächst als die äußere Rinde, reißt die Borke auf und blättert bei einigen Baumarten ab.

Das Holz

Der größte Teil eines Stammes besteht aus Holzzellen. Das *Splintholz* ist junges Holz und wird jährlich neu gebildet. Es transportiert Wasser und Mineralstoffe von den Wurzeln in die Baumkrone. Die Zellen des älteren Splintholzes verlieren im Laufe der Zeit ihre Funktion und sterben ab. Dieses *Kernholz,* das durch Einlagerung von Stoffen dunkler erscheint, verleiht dem Baum Stabilität. Quer durch das Holz verlaufen Markstrahlen. Sie transportieren Wasser, Mineral- und Nährstoffe in das Stamminnere.

Kernholz

Splintholz

Borke

Bast

Kambium

Jahresring Frühholz

Jahresring Spätholz

2 Bau eines Baumstamms

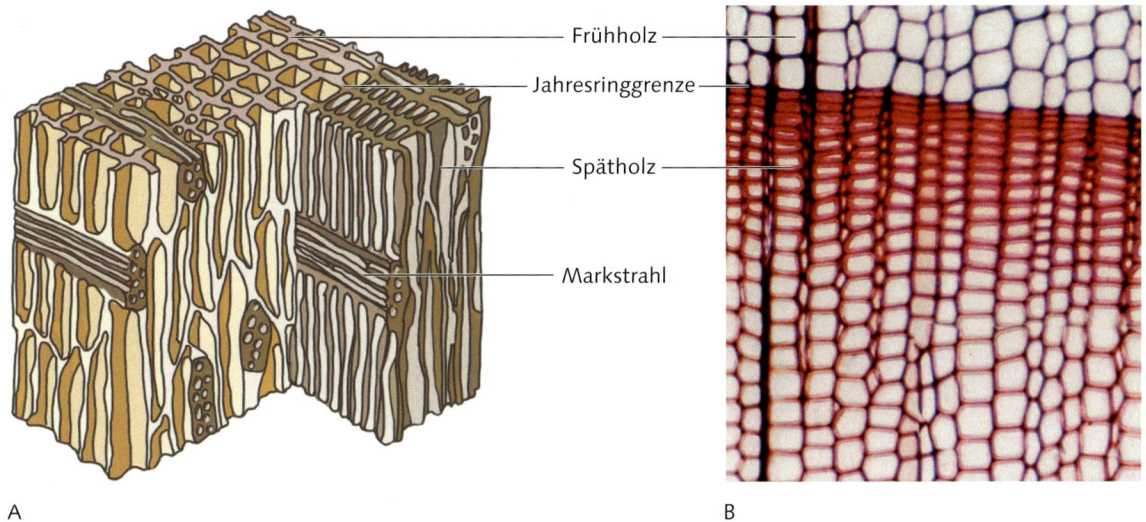

Frühholz

Jahresringgrenze

Spätholz

Markstrahl

A   B

3 Holzstruktur: A Schema des zellulären Aufbaus; B Jahresringgrenze im Mikroskopbild

Jahresringe – näher betrachtet

Das Kambium produziert im Frühjahr große, dünnwandige Zellen. Dieses *Frühholz* bildet den hellen Teil eines Jahresrings. Es versorgt den Baum in seiner Hauptwachstumsphase mit Wasser und Mineralstoffen. Ab dem Spätsommer bildet das Kambium das dunklere *Spätholz*. Es besitzt kleinere, dickwandige Zellen und dient der Festigung. Im Hochsommer stellen die Bäume ihr Dickenwachstum ein. Früh- und Spätholz zusammen ergeben gemeinsam einen Jahresring. Dieser Vorgang wiederholt sich jedes Jahr. Das Alter eines Baumes lässt sich anhand der Anzahl seiner Jahresringe feststellen. Außerdem geben die Jahresringe Rückschlüsse auf die jährlichen Wachstumsbedingungen. Bei genauer Betrachtung lassen sich Verletzungen des Baumes, feuchte und trockene Jahre oder auch Insektenbefall feststellen.

Der Stamm wächst in die Höhe

Das Längenwachstum des Baumes findet an der Sprossspitze statt. Hier befindet sich ein besonderes Bildungsgewebe, in dem sich neue Zellen bilden. Durch Aufnahme von Wasser strecken sich die Zellen und werden allmählich größer.

1949
ein relativ
trockenes Jahr

1977
ein relativ
trockenes Jahr

1941
Anpflanzung

1979
schwerer
Sturm,
mehrere
Äste
brachen

2008
Insekten-
befall

1982
ein relativ feuchtes Jahr

1980
Waldbrand

4 Aus dem Tagebuch einer Kiefer

In Kürze

Die Borke schützt den Baum vor äußeren Einflüssen. Im Kambium findet das Dickenwachstum statt. Splintholz und Bast transportieren Stoffe. Das Kernholz gibt dem Baum Stabilität. An ihrer Spitze wachsen Bäume in die Höhe.

Aufgaben

1 ☐ Ordne jedem Bereich des Baumstamms seine Funktion zu.

2 ☐ Beschreibe die Entwicklung der Kiefer aus Bild 4.

3 ◪ Nenne und begründe die Folgen einer Kambiumverletzung für den Baum.

Waldboden

Die Versuche auf dieser Seite eignen sich zur Untersuchung von Böden. Entnimm dazu vorab je eine Bodenprobe im Wald sowie Bodenproben vom Schulgelände oder aus dem Garten. Führe jeden Versuch mit allen Bodenproben durch und vergleiche die Ergebnisse der Bodenuntersuchungen.

A Bodenbeschaffenheit

Material unterschiedliche Bodenproben, Messzylinder, Wasser

Durchführung Reibe die Bodenproben zwischen Daumen und Zeigefinger. Rolle sie in den Handflächen zu Würsten. Notiere deine Beobachtungen und vergleiche mit der Tabelle unten. Fülle je die gleiche Menge der Bodenproben in verschiedene Messzylinder. Fülle sie mit Wasser auf, rühre gut durch und lass die Proben einen Tag stehen. Miss die Höhe der sich abgesetzten Bodenschichten und protokolliere deine Ergebnisse.

Auswertung Berechne die Anteile der einzelnen Bodenarten in deinen Bodenproben. Erstelle ein Kreisdiagramm mit den Anteilen der verschiedenen Bodenarten für jede Probe. Vergleiche die Ergebnisse miteinander.

B pH-Wert

Der pH-Wert gibt Aufschluss über die chemische Bodenbeschaffenheit.

Material unterschiedliche Bodenproben, Indikatorpapier, destilliertes Wasser, Becherglas, Löffel, Uhr

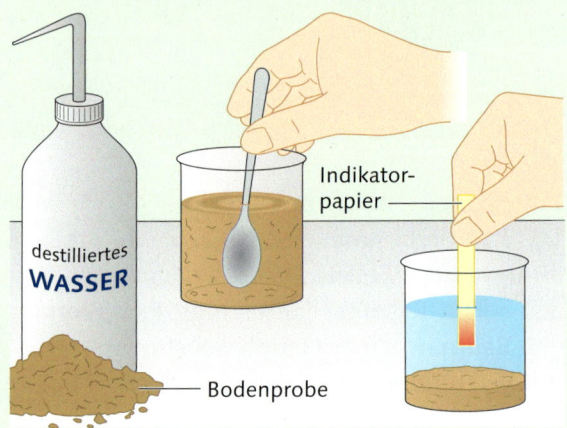

2 Versuchsaufbau

Durchführung Gib zwei Esslöffel jeder Bodenprobe und 50 ml destilliertes Wasser in je ein Becherglas. Verrühre die Proben gut mit dem Wasser und lass das Gemisch 5 Minuten stehen. Ermittle mit dem Indikatorpapier den pH-Wert. Notiere die Ergebnisse in einer Tabelle.

Auswertung Vergleiche die ermittelten pH-Werte der verschiedenen Bodenproben miteinander.

Bodenart	Ton	Lehm	Sand
Aussehen	glatte, glänzende Schmierfläche	sehr fein, Einzelkörner sind sichtbar	sehr körnig und rau, sichtbare Einzelkörner, deutlich fühlbar
Eigenschaften	gute Formbarkeit und zu Würsten ausrollbar, beschmutzt die Finger stark	etwas formbar, jedoch nicht gut ausrollbar, schnell zerbröselnd, leichte Beschmutzung der Finger	keine Formbarkeit, zerrieselt und beschmutzt die Finger nicht

1 Bodenarten und ihre Eigenschaften

C Kalkgehalt

Material unterschiedliche Bodenproben, Einweghandschuhe, Schutzbrille, Uhrglas, Löffel, Pipette, 10 %ige Salzsäure

> **Sicherheitshinweis**
> Salzsäure wirkt stark ätzend. Schutzbrille und Einweghandschuhe tragen!

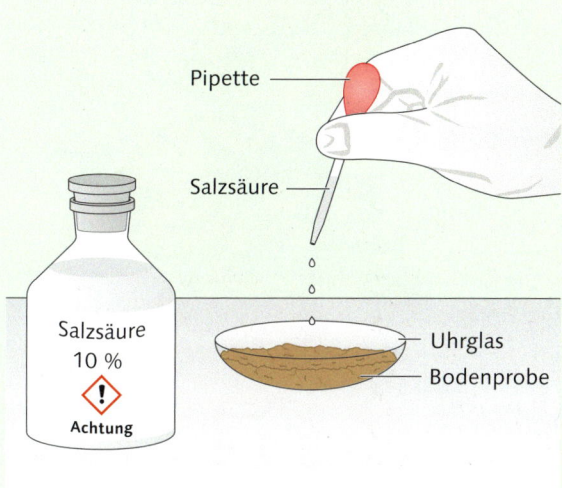

3 Versuchsaufbau

Durchführung Gib einen Löffel Bodenprobe auf ein Uhrglas. Tropfe mit der Pipette fünf Tropfen Salzsäure darauf. Notiere deine Beobachtungen.

Auswertung Ordne den Bodenproben ihren Kalkgehalt zu. Vergleiche hierzu deine Beobachtungen mit den Angaben in der Tabelle in Bild 4.

Beobachtung	Kalkgehalt	Beurteilung der Böden
kein Aufbrausen	unter 1%	kalkfrei/kalkarm
schwaches Aufbrausen	1% bis 3%	schwach kalkhaltig
kurzes deutliches Aufbrausen	3% bis 5%	kalkhaltig
anhaltendes Aufbrausen	über 5%	stark kalkhaltig

4 Ermittlung des Kalkgehalts der Bodenprobe

D Wasserhaltefähigkeit

Das Wasserhaltevermögen gibt Aufschluss über die Fähigkeit des Bodens, Wasser aufzunehmen und zu speichern.

Material unterschiedliche Bodenproben, Stativ, Trichter, Watte, Messzylinder, Wasser

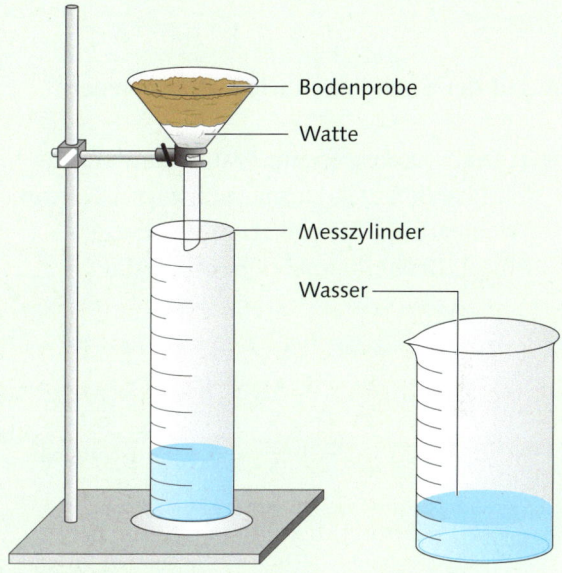

5 Versuchsaufbau

Durchführung Baue den Versuch wie in Bild 5 dargestellt auf. Verwende frische Bodenproben. Gieße 100 ml Wasser vorsichtig in den Trichter und warte, bis kein Wasser mehr abläuft. Lies die ausgetropfte Wassermenge ab und notiere die Werte.

Auswertung Errechne die Differenz zwischen eingefüllter und ausgetropfter Wassermenge, um die Wasserhaltefähigkeit des Bodens zu bestimmen. Das folgende Rechenbeispiel hilft dir dabei.
100 ml Wasser entsprechen 100 Prozent. Wenn davon 81 ml Wasser in den Messzylinder tropfen, dann beträgt die Wasserhaltefähigkeit dieser Bodenprobe:
100 ml – 81 ml = 19 ml. Dies entspricht 19 Prozent.

Tiere am Waldboden und in der Laubstreu

Dieses Praktikum ermöglicht dir einen Einblick in die Tierwelt des Waldbodens und der Laubstreu. Entnimm auf einer Fläche von 20 cm × 20 cm schichtweise die Laubstreu sowie etwas lockeren Waldboden. Gib die Proben getrennt in Plastikbeutel.

A Auf der Suche nach Kleinstlebewesen

Material Laubstreu mit Waldboden, Schaufel, Plastikbeutel, Lampe, schwarzer Karton, Trichter, Sieb, Schuhkarton, Becherglas, Pinsel, Becherlupe, Zeichenmaterial

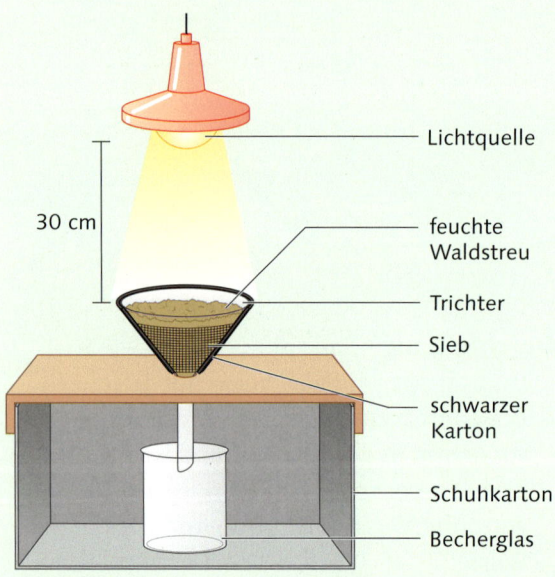

30 cm

- Lichtquelle
- feuchte Waldstreu
- Trichter
- Sieb
- schwarzer Karton
- Schuhkarton
- Becherglas

1 Versuchsaufbau

Durchführung Baue den Versuch entsprechend Bild 1 auf. Gib je eine kleine Portion einer Bodenschicht hinein und beleuchte sie 30 Minuten.

Auswertung Betrachte und bestimme die im Becherglas gefundenen Tiere. Nutze Bestimmungsbücher. Ordne die Tiere der entsprechenden Bodenschicht zu. Nimm Bild 2 zu Hilfe. Wähle ein Tier aus und fertige eine Zeichnung von ihm an.

B Zersetzung von Laubstreu

Material Laubstreu, Zeitungspapier, weißer Zeichenkarton, Klebefolie

- Laubfall
- Tausendfüßer
- Fensterfraß
- Springschwanz
- Bakterien
- Milbe
- Lochfraß
- Nacktschnecke
- Fadenwurm
- Skelettfraß
- Assel
- Bakterien
- Regenwurm
- Bildung von Ton-Humus-Komplexen
- Pilze

2 Kleinstlebewesen zersetzen Laubstreu.

Durchführung Suche in der Laubstreu unterschiedlich stark zersetzte Blätter. Säubere sie vorsichtig und trockne sie zwischen Zeitungspapier.

Auswertung Fertige ein Schaubild mit möglichst allen Zersetzungsstadien an. Beschrifte dein Schaubild anhand von Bild 2 und ordne jedem Blatt zwei typische Kleinstlebewesen zu. Zeichne je eines von ihnen neben das Schaubild.

C Abbauprozesse im Waldboden

Material Waldboden, Sand, 2 Bechergläser, Löschpapierstreifen, Wasser, Zeichenmaterial, Fotoapparat

Durchführung Baue den Versuch wie in Bild 3 gezeigt auf. Achte darauf, dass die Löschpapierstreifen an der Innenseite der Bechergläser gut zu sehen sind. Halte den Waldboden und den Sand während der Versuchsdauer leicht feucht. Du kannst diesen Versuch mit Bodenproben verschiedener Standorte parallel durchführen. Notiere wöchentlich den Zustand der Löschpapierstreifen. Fertige jeweils eine Zeichnung der Löschpapierstreifen an. Du kannst auch Fotos machen.

Auswertung
1 Vergleiche den Zustand der Löschpapierstreifen je Becherglas im Verlauf von drei Wochen. Beschreibe deine Beobachtungen.
2 Recherchiere im Lexikon oder im Internet, welche Mikroorganismen für die Abbauprozesse im Waldboden verantwortlich sind. Nenne drei Beispiele.

D Mikroorganismen des Waldbodens

Material Waldboden, Löffel, Becherglas, Wasser, Pipette, Mikroskop, Objektträger, Deckglas, Zeichenmaterial, Bestimmungsbücher

Durchführung Gib 3 Esslöffel des Waldbodens in ein Becherglas und fülle dies mit 50 ml Wasser auf. Rühre kräftig und lass das Gemisch 5 Minuten stehen. Entnimm mit einer Pipette etwas Flüssigkeit. Achte darauf, dass du nicht zu viele Bodenteilchen mit aufnimmst. Fertige einige Frischpräparate an und mikroskopiere sie.

Auswertung Betrachte die in den Frischpräparaten gefundenen Mikroorganismen und versuche sie zu bestimmen. Benutze Bestimmungsbücher und nimm Bild 4 zu Hilfe. Wähle ein Lebewesen aus und fertige eine mikroskopische Zeichnung an.

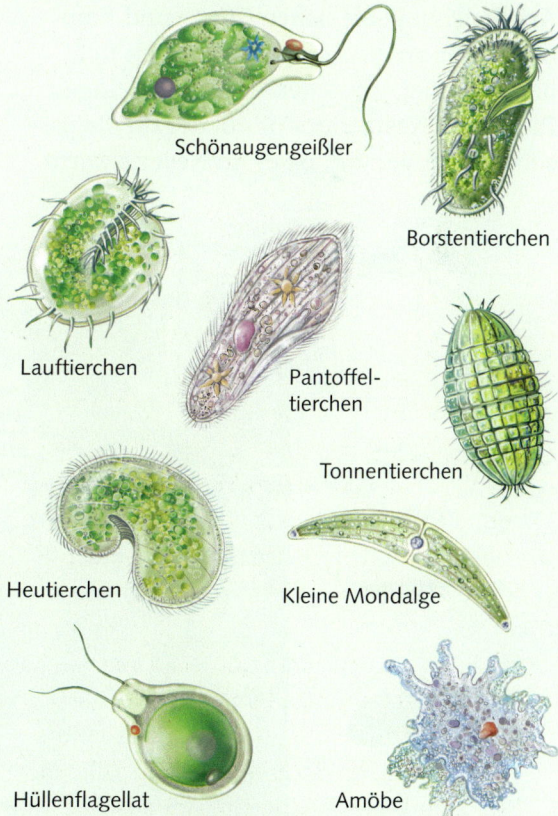

Schönaugengeißler

Borstentierchen

Lauftierchen

Pantoffeltierchen

Tonnentierchen

Heutierchen

Kleine Mondalge

Hüllenflagellat

Amöbe

Filter- oder Löschpapierstreifen

WASS

mit Bodenprobe   mit Sand

3 Versuchsaufbau

4 Einige Mikroorganismen des Waldbodens

Die Rote Waldameise

Am Waldrand entdeckst du einen Hügel aus Nadeln, kleinen Zweigen und Erde: einen Bau der Roten Waldameise. Erst beim Näherkommen siehst du, dass der Hügel »lebt«.

1 Ameisenhügel

Nest im Ameisenhügel
Der bis zu einem Meter hohe Ameisenhügel macht nur einen Teil der Nestanlage der Großen Roten Waldameise aus. Meist reicht das Nest bis tief in den Boden. Es dient einem ganzen Ameisenvolk über viele Jahre als Wohnung, Winterquartier und Brutraum.

Leben im Ameisenstaat
Ameisen sind Insekten und gehören wie Bienen zu den Hautflüglern.

Ein Ameisenvolk besteht aus bis zu 2 Millionen Tieren, überwiegend *Arbeiterinnen*. Das sind Weibchen mit verkümmerten Geschlechtsorganen. Zwischen ihnen herrscht Arbeitsteilung: Sie bauen Gänge und Kammern, füttern die Königin, entfernen Kot, betreuen Eier, versorgen Larven und tragen Puppen in Nestkammern mit der für sie passenden Temperatur. Ist es im Nest zu warm, öffnen die Arbeiterinnen Lüftungsschächte am Hügel. Bei Regen oder Kälte schließen sie die Öffnungen. Alle Ameisen eines Volkes stammen von mehreren *Königinnen* ab. Vom Frühjahr bis tief in den Herbst legen diese täglich jeweils bis zu 300 Eier. Aus den Eiern schlüpfen Larven. Diese verpuppen sich nach mehreren Häutungen. Aus den Puppen schlüpfen dann ab April die Jungameisen. Im Frühsommer sind auch geflügelte Geschlechtstiere darunter. Sie schwärmen an warmen Tagen aus. Die Männchen begatten die Weibchen während dieses *Hochzeitsflugs*. Bald darauf werfen die Weibchen ihre Flügel ab und bilden als Königinnen neue Staaten.

Arbeiterin

Puppen

Larven

Eier

Männchen

Königin

2 Nestanlage der Roten Waldameise

3 Ameisen transportieren gemeinsam eine Raupe.

Kiefern-spanner   Forleule   Nonne   Kiefern-spinner

Kiefern-buschhorn-blattwespe   Eichen-wickler

4 Beutetiere der Roten Waldameise

Vielfältige Nahrung

Die Arbeiterinnen schaffen die Nahrung für das Ameisenvolk herbei. Ihre häufigste Beute sind Schmetterlingsraupen. Diese werden von mehreren Ameisen mit den Kieferzangen angegriffen. Ein großes Ameisenvolk trägt an einem Sommertag bis zu 100 000 Insekten ein. Die zweite wichtige Nahrungsquelle der Waldameisen ist zucker- und eiweißhaltiger Honigtau. Das sind Ausscheidungen von Rinden- und Blattläusen. Die Ameisen beklopfen die Läuse mit ihren Fühlern, worauf diese Honigtau ausscheiden. Im Kropf tragen ihn die Arbeiterinnen in ihren Bau. Im Gegenzug verteidigen die Ameisen die Blattläuse vor Fressfeinden. Daneben ernähren sich Ameisen von den öligen Samenanhängseln einiger Kräuter. Beim Transport der Samen tragen sie zur Verbreitung dieser Pflanzen bei.

Schutz vor Feinden

Ameisen wehren Angriffe auf ihr Nest gemeinsam ab. Sie verbeißen sich in den Körper des Angreifers und verspritzen aus dem Hinterleib Ameisensäure. Gegen die meisten Insekten und gegen kleine Säugetiere ist diese Verteidigung wirksam. Dagegen werden Vögel durch die Ameisensäure nicht abgewehrt. Die Rote Waldameise steht auf der *Roten Liste* der gefährdeten Arten, daher schützen Förster ihre Hügel oft durch Drahtgitter vor Wildschweinen.

Ökologische Bedeutung

Ameisen sind Schädlingsbekämpfer. Sie fressen Forstschädlinge wie Kiefernspinner, Forleule oder Nonne. So bleiben meist grüne Inseln belaubter Bäume um die Nester der Waldameisen erhalten, selbst wenn ringsum der ganze Wald von den Schädlingen kahl gefressen wurde. Die Ameisen können die Massenentwicklung der Schädlinge zwar nicht verhindern, aber erheblich einschränken. Außerdem lockern sie durch ihre Nestanlagen den Waldboden und verbreiten in Mitteleuropa die Samen von etwa 80 Pflanzenarten.

In Kürze

Die Rote Waldameise bildet Staaten. Diese werden von weiblichen Geschlechtstieren, den Königinnen, gegründet. Den größten Anteil des Volkes stellen die Arbeiterinnen, die vielfältige Aufgaben erfüllen.

Aufgaben

1 ☐ Beschreibe die Bedeutung der Ameisen für die Lebensgemeinschaft Wald.

2 ☑ »Emsen« ist ein altes deutsches Wort für Ameisen. Zähle einige Wörter auf, in denen es enthalten ist. Welche Eigenschaft weist der Mensch den Ameisen damit zu? Nimm hierzu Stellung.

Der Fuchs

Unter dem Namen »Reineke« wird der Fuchs in zahlreichen Märchen und Fabeln als schlau und listenreich geschildert. Das liegt möglicherweise daran, dass Füchse zwar häufig in der Nähe von Menschen leben, man sie aber kaum zu Gesicht bekommt. Das rätselhafte Verhalten gleicht in vielem unseren Hunden oder ihren Ahnen, den Wölfen. Andererseits erinnert es aber auch an Katzen. So kann man Füchse ausgiebig ruhend auf Bäumen beobachten.

1 Der Fuchs – eher ein Hund oder eine Katze?

Wie man einen Fuchs erkennt

Ein ausgewachsener Fuchs entspricht in Größe, Gewicht und Gestalt etwa einem mittelgroßen Hund. Entdeckt man die Spur eines Fuchses, so fällt auf, dass sie »wie an einer Schnur gezogen« ist. Daher nennt man die fuchstypische Fortbewegung auch schnüren. Dabei bewegt sich das Tier in mittlerem Tempo fort und setzt die Hinterpfoten genau in die Tritte der Vorderpfoten. Die kräftigen Krallen zeichnen sich deutlich ab. Wie bei Hunden können sie nicht eingezogen werden.

2 Spur eines schnürenden Fuchses

Füchse besitzen ein typisches Raubtiergebiss mit großen Fangzähnen und den Backenzähnen, die eine Brechschere bilden. Die lange Schnauze weist auf die Zugehörigkeit zu den Hunden hin. Darin findet die Riechschleimhaut reichlich Platz. Dies verleiht dem Tier einen ausgezeichneten Geruchssinn. Auch das Gehör ist sehr empfindlich. Es nimmt hohe Töne, die wir Menschen nicht hören können, wahr. Der Sehsinn ist auf das Dämmerungssehen und die Wahrnehmung von Bewegungen spezialisiert. Tasthaare am Kopf und an den Vorderläufen geben dem Fuchs selbst bei völliger Dunkelheit Orientierung.

Wie sich Füchse ernähren

Trotz seines Raubtiergebisses ist der Fuchs ein Allesfresser. Er jagt alleine und frisst jede Nahrung, die ihm sein Lebensraum zur jeweiligen Jahreszeit bietet. Entdeckt er auf seinen Streifzügen eine Maus, so hält er kurz inne und wartet ab, wohin sie sich bewegt. Dann springt er im hohen Bogen auf sein Opfer und hält es mit den Krallen der Vorderpfoten fest. Kaninchen oder junge Hasen sowie Vögel sind eben-

3 Erbeuten einer Maus: Suchen – Abwarten – Mäuselsprung – Wegtragen der Beute

4 Der Fuchs – ein Allesfresser mit Raubtiergebiss

5 Jungfüchse

falls begehrte Nahrung. Da sie aber schwer zu erbeuten sind, ergänzen Aas, Regenwürmer und Insekten seine Speisekarte. Im Sommer und Herbst bilden süße Früchte wie Pflaumen, Kirschen oder Beeren den Hauptteil der Nahrung.

Fortpflanzung

Während des Winters ist Ranzzeit. Für die Fortpflanzung geben die Füchse ihr Leben als Einzelgänger auf. Das Männchen, der Rüde, wirbt ausgiebig um ein Weibchen, die Fähe. Die Paarung findet im Januar oder Februar statt. Im Frühjahr wirft die Fähe vier bis sechs Welpen. Sie sind blind, fast schwarz gefärbt und werden von der Mutter gut umsorgt. Die

Augen öffnen sich nach zwei Wochen. Die ersten vier Wochen verbringen die Welpen zusammen mit der Fähe im unterirdischen Fuchsbau. Die Versorgung übernimmt dann der Rüde. Nach neun Monaten werden die Jungen geschlechtsreif und wandern in ein eigenes Revier ab.

Revier

Füchse sind Meister der Anpassung. Weil sie sehr wenige Ansprüche an den Lebensraum haben, findet man sie überall. Selbst in Großstädten besetzen sie Reviere. Diese werden durch Harn und Kot markiert. Als Fuchsbau dient häufig ein verlassener Dachsbau. Er besteht aus mehreren Röhren und Kesseln und dient als Aufzucht- und Wohnstätte.

In Kürze

Füchse gehören zu den hundeartigen Raubtieren und sind Allesfresser. Da sie sehr anpassungsfähig sind, findet man sie in unterschiedlichen Lebensräumen. Nur während der Fortpflanzungszeit leben Füchse in einer Gemeinschaft.

Aufgaben

1 ☐ Nenne zwei körperliche Merkmale, die zeigen, dass der Fuchs den Hunden ähnlich ist.
2 ☑ Begründe, warum der Fuchs trotz seines Raubtiergebisses als Allesfresser gilt.
3 ☑ Füchse leben in der Stadt und im Wald. Vergleiche die Zusammensetzung der Nahrung in den beiden Lebensräumen.

Der Buntspecht

Ein lautes Trommeln hallt durch den Wald. Du hast aber Mühe, den Verursacher auszumachen. Schließlich entdeckst du den Buntspecht, der hoch oben in einer alten Buche mit dem Schnabel gegen das Holz hämmert.

Körperbau und Lebensweise

Die Federn des Buntspechts sind teils schwarz, teils weiß gefärbt. Die Unterseite des Schwanzes leuchtet auffällig rot. Buntspechte haben einen meißelartigen *Hackschnabel,* den sie zum Zimmern und Bohren im Holz benutzen. Beim Hämmern sind der Schädel und das Gehirn Erschütterungen ausgesetzt. Diese werden von starken Muskeln abgefangen. Buntspechte sind geschickte Kletterer. Spitze, gekrümmte Krallen verankern ihren *Kletterfuß* in der Borke der Bäume. Die zugespitzten Schwanzfedern bilden einen kräftigen *Stützschwanz.*

Auf Nahrungsfang im Holz

Der Buntspecht ernährt sich vorwiegend von Insekten und deren Larven, die unter der Borke im Holz leben. Mit seinem Schnabel klopft er den Baum ab. Am Klang erkennt er, ob Beute zu erwarten ist. Mit kräftigen Schlägen entfernt er die Borke und schiebt seine lange, klebrige Zunge in die Fraßgänge der Insekten.

1 Buntspechtmännchen an der Bruthöhle

Die tief in den Kopf reichende Zunge kann durch Zusammenziehen eines Muskels weit aus dem Schnabel gestreckt werden. Die verhornte Zungenspitze trägt Borsten und wirkt wie eine Harpune. Auf diese Weise vertilgen Buntspechte unzählige Schadinsekten.

Nestbau und Fortpflanzung

Der Buntspecht hackt und bohrt geräumige Höhlen in die Stämme alter und geschwächter Bäume. Darin übernachtet er und hier zieht er auch seine Jungen auf. Eine solche Bruthöhle hat eine Tiefe von etwa 30 Zentimetern. Das Weibchen legt dort bis zu 8 Eier hinein, die sowohl vom Männchen als auch vom Weibchen bebrütet werden. Nach etwa 12 Tagen schlüpfen die nackten und blinden Jungen. Nach weiteren 23 Tagen werden sie flügge und verlassen die Bruthöhle.

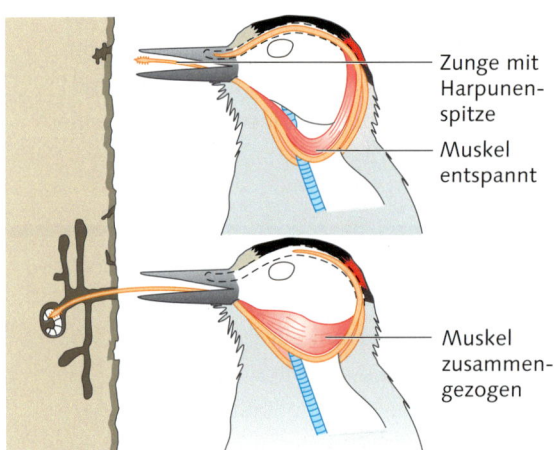

Zunge mit Harpunenspitze

Muskel entspannt

Muskel zusammengezogen

2 Funktion der Zunge des Buntspechts

In Kürze

Mit seinem Hackschnabel, dem Stützschwanz und dem Kletterfuß kann der Buntspecht hervorragend auf Bäumen leben. Er ernährt sich vorwiegend von Insekten, die er durch Klopfen im Holz aufspürt.

Aufgaben

1 ☐ Nenne Gründe, weshalb der Buntspecht eine wichtige Funktion im Wald erfüllt.

2 ☐ Begründe, weshalb der Specht beim Hämmern keine »Kopfschmerzen« bekommt.

Ökologische Nische

Du beobachtest in einem waldnahen Garten einen Buntspecht und einen Grünspecht, wie sie sich lautstark bemerkbar machen. Sie bewohnen denselben Lebensraum, stören sich jedoch gegenseitig nicht. Wie ist das möglich?

Vermeiden von Nahrungskonkurrenz

In einem Wald leben oft mehrere Spechtarten auf relativ engem Raum. Neben Aussehen und Körperbau unterscheiden sie sich auch in ihren Fressgewohnheiten. So sucht der Buntspecht meist an den Ästen der Baumkrone nach Nahrung. Dort schlägt er Löcher in die Rinde und holt mit seiner langen, harpunenartigen Zunge Käferlarven heraus. Der Grünspecht dagegen ist häufig am Boden anzutreffen, wo er aus Ameisenhaufen und morschen Baumstümpfen mit seiner klebrigen, löffelartigen Zunge Ameisen und deren Larven absammelt. Die beiden Spechtarten konkurrieren also nicht um die gleiche Nahrung. So ist es möglich, dass sie im gleichen Gebiet leben können, ohne einander zu stören.

Jede Art hat ihre Nische

Man sagt, die Bewohner teilen sich ihren Lebensraum auf. Sie haben beispielsweise unterschiedliche Nahrungsvorlieben, unterschiedliche Brutplätze oder kommen zu unterschiedlichen Zeiten im Jahr vor. Die Gesamtheit aller Beziehungen einer Art zu ihrer Umwelt bezeichnet man als deren *ökologische*

1 Grünspecht und Buntspecht

Nische. Da jede Art eine charakteristische Nische ausbildet, verringert sich die Konkurrenz untereinander. Dies ermöglicht das Vorkommen ähnlicher Lebewesen im selben Lebensraum.

In Kürze

Zwei Arten, die den gleichen Lebensraum besiedeln, unterscheiden sich in einigen charakteristischen Beziehungen zu biotischen und abiotischen Faktoren voneinander. Die Gesamtheit dieser Beziehungen einer Art ist ihre ökologische Nische.

Aufgaben

1 ☐ Beschreibe mit Hilfe von Bild 2, was man unter einer ökologischen Nische versteht.
2 ◪ Begründe, inwiefern die Zungenform das Nahrungsspektrum bedingt.

2 Nahrungsspektren: A Buntspecht; B Grünspecht

Nüsse und Samen
Vogeleier und Jungvögel
A
Insektenlarven
Insekten und andere Wirbellose
Früchte und Samen
Schnecken
Spinnen
Ameisen und deren Larven
Würmer
B

Nahrungsbeziehungen im Wald

Zwei Eichenwicklerraupen fressen an einem Eichenblatt. Langsam schneiden sie Löcher in das frische Grün. Ein unbedeutendes Ereignis, denkst du? Obwohl diese Tiere nur klein sind, sind sie im Ökosystem Wald von großer Bedeutung.

Nahrungsketten

In einem Wald gibt es vielfältige Nahrungsbeziehungen. Eine Eiche beispielsweise produziert bei der Fotosynthese organische Stoffe. Man bezeichnet die Pflanze daher als *Produzenten*. Die Blätter der Eiche werden von einer Raupe gefressen. Die Raupe ist *Konsument*

1 Eichenwicklerraupe auf einem Eichenblatt

1. Ordnung. Die Raupe wiederum dient dem Dompfaff als Nahrung für seine Jungen. Er ist *Konsument 2. Ordnung*. Zugleich ist er aber auch Beute für den Habicht, den *Konsumenten 3. Ordnung*. Da der Habicht keinen natürlichen Fressfeind hat, bezeichnet man ihn als *Endkonsumenten* in dieser Nahrungskette. In der Regel bestehen Nahrungsketten aus höchstens fünf Gliedern.

Nahrungsnetze

In der Natur sind die Nahrungsbeziehungen nie kettenförmig, da viele Tiere nicht nur eine, sondern verschiedene Nahrungsquellen haben. So fressen sowohl die Raupen des Eichenwicklers als auch die Maikäfer von den Eichenblättern.

Nicht nur der Dompfaff macht Jagd auf die Raupen und den Maikäfer, sondern auch die Kohlmeise. So sind viele Nahrungsketten zu *Nahrungsnetzen* verknüpft.

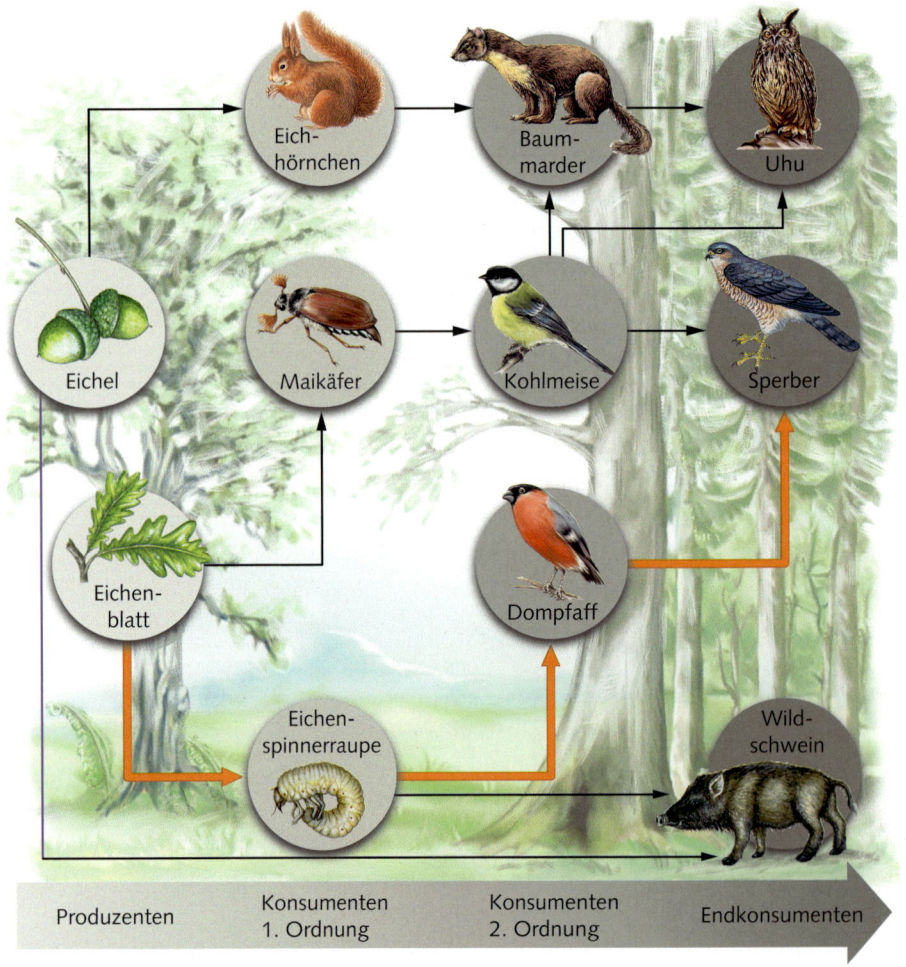

2 Nahrungsketten und Nahrungsnetz im Wald

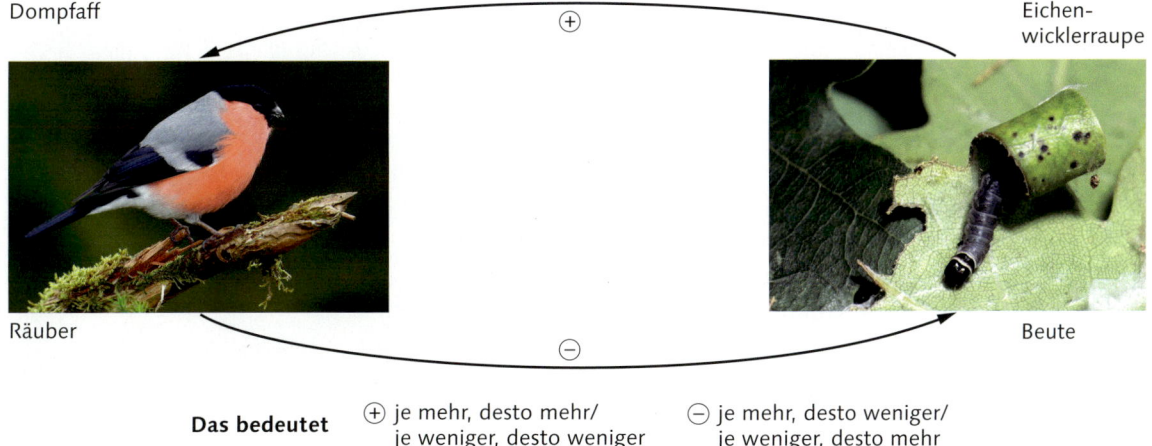

Dompfaff

Räuber

Eichen-
wicklerraupe

Beute

(+) je mehr, desto mehr/
je weniger, desto weniger

(–) je mehr, desto weniger/
je weniger, desto mehr

Das bedeutet

3 Beispiel für ein vereinfachtes Räuber-Beute-Schema

Räuber-Beute-Beziehungen

Im Wald herrscht ein ständiges Fressen und Gefressenwerden. Dadurch reguliert sich die Anzahl der Tiere. In einem Jahr, in dem es wenige Raupen gibt, kann beispielsweise ein Dompfaffenpaar nur wenige Jungen aufziehen. Das hat zur Folge, dass im nächsten Jahr mehr Raupen überleben, weil es weniger Dompfaffen gibt. Mehr Raupen aber bedeutet, dass jetzt mehr junge Vögel ernährt werden können und es wieder mehr Dompfaffen gibt. Die Beziehung zwischen Räuber und Beute ist also stetigen Schwankungen unterworfen. Allerdings darf diese Beziehung nicht isoliert betrachtet werden. Da die Tiere noch andere Nahrung aufnehmen, hat auch das weitere Nahrungsangebot Einfluss auf ihre Anzahl.

Beeinflussung der Wechselwirkungen

Wenn in einem besonders feuchten und kalten Frühjahr der gesamte Nachwuchs der Dompfaffen stirbt, hat dies auch Auswirkungen auf weitere Glieder des Nahrungsnetzes. So können sich beispielsweise die Raupen des Eichenwicklers besonders stark vermehren, sodass die Eichen des Waldes bald kahl gefressen sein können und teilweise absterben. Dadurch haben auch Maikäfer weniger Nahrung. Durch die geringe Anzahl an Dompfaffen wird das Nahrungsangebot für die Habichte knapp. Sie können kaum ihre Jungen großziehen.

Menschliche Eingriffe

Aus unterschiedlichen Gründen greift der Mensch in die Nahrungsketten und Nahrungsnetze der Wälder ein. So vernichtet er beispielsweise Forstschädlinge mit Insektenvernichtungsmitteln, wodurch jedoch auch zahlreiche nützliche Insektenarten zugrunde gehen. Darüber hinaus werden viele natürlich gewachsene Wälder abgeholzt, um gewinnträchtige Holzplantagen anzulegen. Wichtige Endverbraucher wie Wolf und Luchs hat der Mensch nahezu ausgerottet, wodurch das Rotwild keine natürlichen Feinde mehr hat.

In Kürze

Pflanzen bezeichnet man als Produzenten. Pflanzenfresser nennt man Konsumenten 1. Ordnung. Fleischfresser sind – je nach Stellung in der Nahrungskette – Konsumenten 2., 3. oder 4. Ordnung. Ein Nahrungsnetz besteht aus vielfach miteinander verknüpften Nahrungsketten.

Aufgaben

1 ☐ Stelle mit folgenden Lebewesen drei getrennte Nahrungsketten zusammen: Ameisen, Moos, Fuchs, Meiseneier, Eiche, Hase, Hirschkäfer, Eichhörnchen, Bussard, Baummarder. Versuche die drei Nahrungsketten zu einem Nahrungsnetz zu verbinden.

2 ☑ Begründe, weshalb Pflanzen als Produzenten bezeichnet werden.

Stoffkreisläufe und Energiefluss

In einem Mischwald kannst du im Sommer nur selten Sonnenstrahlen am Boden sehen. Umso magischer erscheint ein solcher Moment. Das Licht, das nicht bis zum Boden durchkommt, wird meist von den Blättern der Bäume »eingefangen«. Sie wandeln Sonnenenergie in chemische Energie um.

1 Sonnenstrahlen im Wald

Kreislauf der Stoffe

Die Pflanzen im Wald nehmen über die Spaltöffnungen der Blätter das Element Kohlenstoff in Form von Kohlenstoffdioxid auf. Aus Kohlenstoffdioxid und Wasser bilden sie bei der Fotosynthese mit Hilfe der Sonnenenergie energiereiche Glucose und Sauerstoff. Als Energieträger liefert Glucose den Pflanzen die Energie für ihre Stoffwechselprozesse. Außerdem wird sie zusammen mit Mineralstoffen zum Aufbau von Baustoffen verwendet.

Alle Tiere im Wald sind auf diese Stoffe angewiesen: Der Borkenkäfer, der sich vom Holz der Fichte ernährt, genauso wie der Specht, der den Borkenkäfer unter der Rinde herauspickt. Sie bauen einen Teil der von den Pflanzen erzeugten Stoffe als Baustoffe in ihren Körper ein. Einen anderen Teil benötigen sie für die Zellatmung. Auch wenn Pflanzen ständig Stoffe herstellen, die die Tiere konsumieren, gehen ihnen nie die Rohstoffe aus und es häufen sich keine Abfallstoffe an. Denn Pflanzen und Tiere stehen über Stoffkreisläufe in Verbindung.

Den Sauerstoff, der als Nebenprodukt bei der Fotosynthese freigesetzt wird, benötigen Borkenkäfer, Specht sowie alle anderen Tiere und Pflanzen im Wald zur Atmung. Dabei scheiden sie Kohlenstoffdioxid aus, das die Pflanzen aufnehmen und daraus wieder Glucose herstellen.

Auch die in toten Tieren und abgestorbenen Pflanzen enthaltenen Baustoffe gelangen wieder in den Kreislauf: Destruenten zersetzen diese Stoffe in Kohlenstoffdioxid, Wasser und Mineralstoffe.

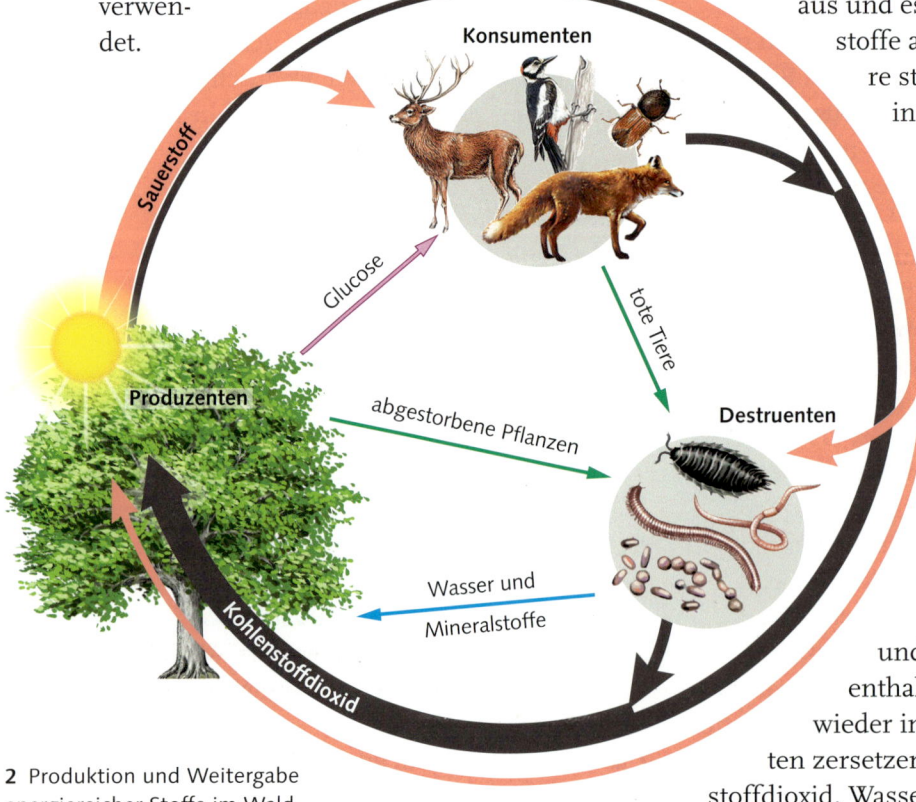

Konsumenten

Sauerstoff

Glucose

tote Tiere

Produzenten

abgestorbene Pflanzen

Destruenten

Wasser und Mineralstoffe

Kohlenstoffdioxid

2 Produktion und Weitergabe energiereicher Stoffe im Wald

			Abnahme der Biomasse	Abnahme der Energie	Abnahme der Individuenzahl
Endkonsumenten (Fleischfresser)		→ Wärme			
Konsumenten 2. Ordnung (Fleischfresser)		→ Wärme			
Konsumenten 1. Ordnung (Pflanzenfresser)		→ Wärme			
Produzenten (Pflanzen)		→ Wärme			

3 Nahrungspyramide

Einbahnstraße der Energie

Damit die Stoffkreisläufe nicht zum Stillstand kommen, ist Energie notwendig. Diese Energie stammt aus dem Sonnenlicht. Bei der Fotosynthese wird sie in Form energiereicher Stoffe wie Glucose und Stärke gespeichert. Einen Teil davon nehmen die Konsumenten auf. Wenn die Destruenten die Körper von toten Lebewesen in ihre Ausgangsstoffe zersetzen, wird die darin enthaltene Energie als Wärme frei und verlässt den Stoffkreislauf. Energie durchläuft Nahrungsketten also immer nur in einer Richtung. Die Energie der Sonne hält die Lebensvorgänge in einem Ökosystem in Gang.

Nahrungspyramide

Aufgrund ihrer Ernährungsweise ordnet man Lebewesen der Nahrungspyramide zu. Die erste Stufe bilden die Pflanzen als Produzenten. Die einzelnen Stufen der Konsumenten schließen sich an. Auf der obersten Stufe stehen die Endkonsumenten.

Die Masse, die die Lebewesen in einer Stufe bezogen auf eine bestimmte Fläche im Wald haben, bezeichnet man als *Biomasse*. Sie nimmt mit der darin enthaltenen Energie von Stufe zu Stufe ab, da auf dem Weg über Produzenten und Konsumenten jeweils nur ein Teil der Nahrung für den Aufbau neuer Biomasse verwendet wird. Ein großer Teil wird für die Atmung genutzt und dabei schließlich in Wärme umgewandelt und abgegeben. Für die Endverbraucher stehen am Gipfel der Nahrungspyramide also nur begrenzte Nahrungs- und Energiemengen zur Verfügung.

In Kürze

Pflanzen erzeugen mit Hilfe von Sonnenlicht energiereiche Stoffe. Tiere setzen diese Stoffe um. Destruenten zersetzen sie erneut in ihre Ausgangsstoffe. Kohlenstoffdioxid und Sauerstoff bleiben im Stoffkreislauf erhalten, die Energie wird hingegen freigesetzt.

Aufgaben

1 ☐ Beschreibe den Kreislauf von Kohlenstoffdioxid und Sauerstoff mit Hilfe von Bild 2.

2 ☑ Begründe aus energetischer Sicht, weshalb große Beutegreifer wie der Luchs in Wäldern sehr selten vorkommen.

3 ☑ Diskutiert in der Gruppe, ob eine fleischreiche Ernährung ökologisch sinnvoll ist.

Der Wald – ein Ökosystem

1 Räuber-Beute-Schema

In einem Waldgebiet wurden über einen Zeitraum von zehn Jahren die Zahl der Buntspechte je Hektar sowie die Zahl der vom Borkenkäfer befallenen Bäume bestimmt. In der Tabelle in Bild 1 sind die Ergebnisse dieser Untersuchung zusammengefasst:

Untersuchungsjahr	Befallene Bäume	Spechte je Hektar
U 1	2000	0,40
U 2	3200	0,35
U 3	3000	0,50
U 4	2500	0,78
U 5	1000	0,65
U 6	1200	0,67
U 7	5000	1,08
U 8	4000	1,10
U 9	4500	0,90
U 10	10300	1,35

1 Zahl der »Käferbäume« und Spechte im Vergleich

a ☑ Stelle die ermittelten Werte in Form eines Verlaufsdiagramms dar. Die unten abgedruckte Vorlage soll als Muster dienen. Verwende unterschiedliche Farben.

b ☑ Beschreibe und begründe die beiden Kurvenverläufe.

c ☑ Erläutere, welcher Zusammenhang zwischen der Anzahl der »Käferbäume« und der Anzahl der Spechte besteht.

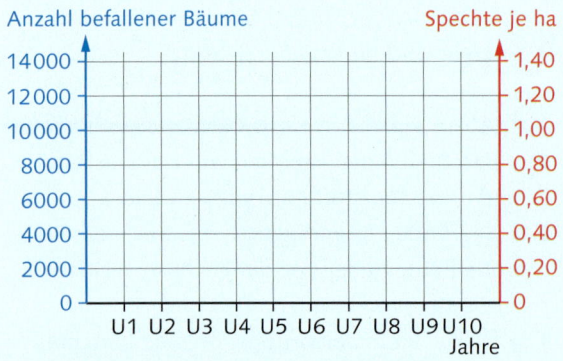

2 Borkenkäferbefall und Anzahl der Spechte

2 Nahrungspyramide

3 Ernährungsebenen in einer Nahrungspyramide

a ☐ Benenne die Ernährungsebenen mit den Begriffen für die Nahrungskettenglieder.

b ☑ Beschreibe, wie sich die Anzahl der Lebewesen in den Ebenen von unten nach oben verändert. Begründe dein Ergebnis.

c ☑ Begründe, weshalb reine Fleischfresser auf die Existenz von Pflanzen angewiesen sind.

d ■ Suche nach einer Erklärung, weshalb Tiere, die ganz oben in der Nahrungspyramide stehen, meist ein großes Jagdrevier haben.

3 Ökologische Nische

Waldkauz und Kohlmeise sind Waldbewohner, die im selben Stockwerk leben.

a ☑ Stelle dar, wie die beiden Tiere eine gegenseitige Konkurrenz vermeiden.

b ☑ Erläutere die Aussage: »Verschiedene Arten mit gleichen Ansprüchen können nicht dieselbe ökologische Nische beanspruchen.«

4 Nahrungsbeziehungen

Luchs

Wanderfalke

Kreuzspinne

Blaumeise

Waldmaus

Eichenwicklerraupe

Rehbock

Eicheln

Eichenblätter

4 Lebewesen im Ökosystem Wald

a ☑ Zähle möglichst viele einzelne Nahrungsketten in Bild 4 auf.

b ☑ Schreibe die Namen der Lebewesen wahllos
auf ein DIN-A4-Blatt. Füge sechs weitere
Pflanzen und Tiere des Ökosystems Wald
hinzu. Verbinde sie biologisch sinnvoll durch
Striche so miteinander, dass ein möglichst
engmaschiges Nahrungsnetz entsteht.

c ■ In einem Nationalpark der USA wurden vor
etwa 100 Jahren die letzten Wölfe ausgerottet.
Daraufhin wuchsen in dem Gebiet deutlich
weniger Nadel- und Laubbäume. Suche nach
einer Erklärung hierfür. Trage dazu in dein
Nahrungsnetz oben auch Wolf und Hirsch
ein. Seit 1995 erholen sich die Wälder im
Nationalpark wieder. Welche Ursachen könnten dafür verantwortlich sein? Verwende
bei deinen Erläuterungen auch den Begriff
»Nahrungskette«.

5 Energienutzung aus der Nahrung

Von der mit der Nahrung aufgenommenen Energie
können Lebewesen unterschiedlich viel nutzen.

Genutzte Energie	für die Atmung	für den Aufbau von Körpersubstanz	Ausscheidung über Kot
Erdkröte	35 %	45 %	20 %
Ratte	80 %	2 %	18 %

5 Energienutzung aus der Nahrung

a ☑ Vergleiche die Energienutzung für Atmung
und Wachstum von Erdkröte und Ratte
miteinander. Berichte über das Ergebnis.

b ■ Suche nach einer Begründung für die unterschiedliche Energienutzung der beiden Tiere.
Beachte dabei die Unterschiede der Tiere,
zum Beispiel Größe, Verhalten und ihre
Stellung in der Nahrungspyramide.

6 Regulation innerhalb einer Art

☑ In einem abgegrenzten Lebensraum regelt sich
die Anzahl der Tiere auch innerhalb einer Art.
Erläutere dies mit Hilfe der folgenden Darstellung:

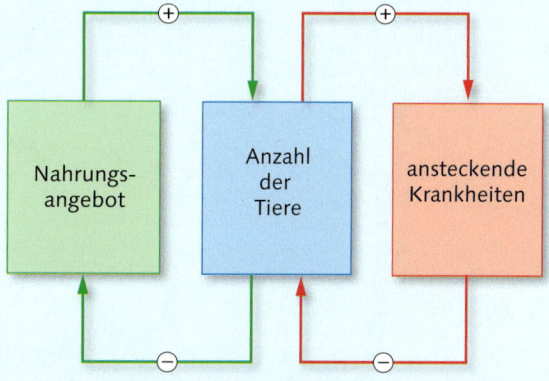

⊕ je mehr, desto mehr/je weniger, desto weniger

⊖ je mehr, desto weniger/je weniger, desto mehr

Der Wald
im Jahresverlauf

Wenn du im Frühjahr und im Herbst durch den Wald spazierst, erkennst du zwar, dass die Bäume an derselben Stelle stehen. Trotzdem sieht der Wald im Herbst ganz anders aus. Das Licht, die Farben und auch der Geruch haben sich stark verändert. Im Verlauf eines Jahres ändern sich die Lebensbedingungen im Wald.

Der Wald im Frühling
Im Frühling ist der Boden eines Mischwaldes von besonders vielen Pflanzen bedeckt. Frühblüher wie Scharbockskraut und Buschwindröschen wachsen und blühen nur im Frühjahr, weil dann die Bäume noch kein Laub gebildet haben. Dadurch gelangt sehr viel Licht auf den Waldboden. Somit erwärmt sich der Boden stärker als die Luft darüber. Die Laubstreu kann bis zu 20 °C warm werden. Im Frühjahr regnet es außerdem relativ häufig, sodass die Pflanzen ausreichend Wasser erhalten.

1 Der Wald verändert sich im Jahresverlauf.

Der Wald im Sommer
Bis zum Sommer haben die Laubbäume ihre Blätter entfaltet. Dadurch verändern sich die Lichtverhältnisse stark. Die Blätter lassen nur noch wenig Sonnenlicht bis zum Waldboden durch. In einem Buchenwald gelangen im Sommer nur 10 Prozent des Sonnenlichts auf den Waldboden. Dann können dort nur noch Schattenpflanzen wie Sauerklee sowie Farne

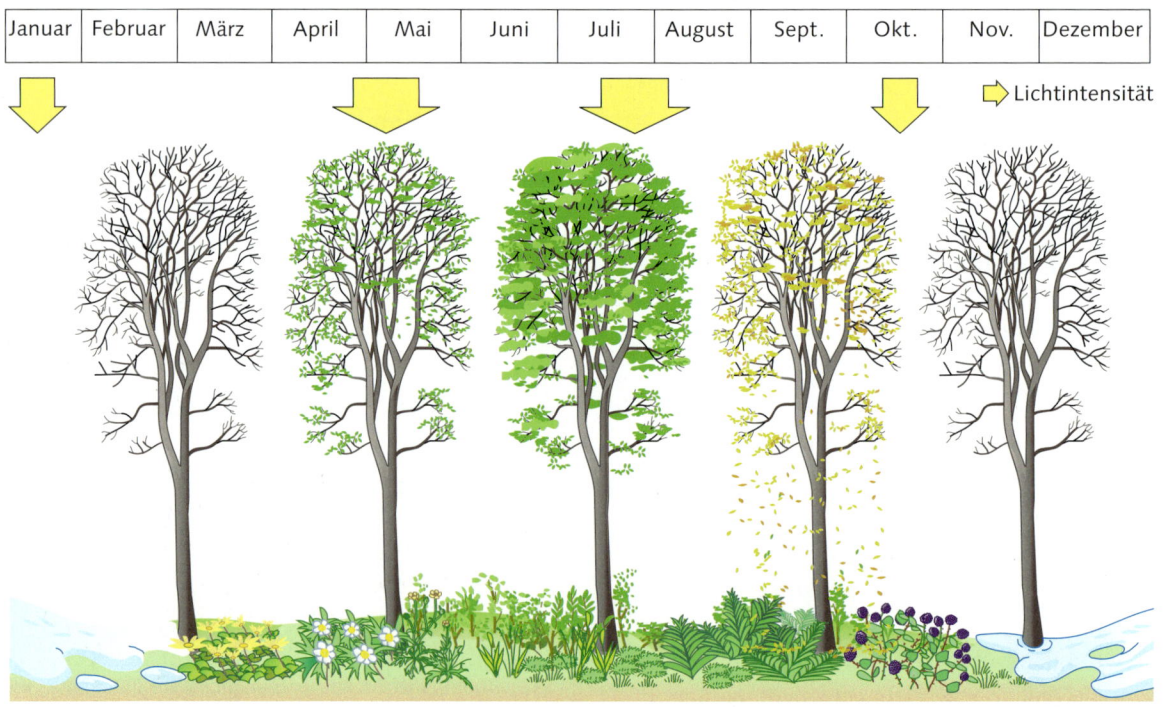

Januar	Februar	März	April	Mai	Juni	Juli	August	Sept.	Okt.	Nov.	Dezember

⇨ Lichtintensität

2 Der Wald im Jahresverlauf

3 Im Herbst färben sich die Blätter.

und Moose wachsen. Im schattigen Wald ist es im Sommer zudem kühler. Der Wassergehalt des Bodens ist nicht mehr so hoch wie im Frühling, da die Kronenregion nur etwa 70 Prozent des Regenwassers zum Boden weiterleitet. Der Rest verdunstet auf den Blattoberflächen.

Der Wald im Herbst

Im Herbst reifen die Früchte der Bäume, Sträucher und Kräuter heran. Tiere finden nun ausreichend Nahrung und fressen sich für den Winter Fettreserven an. Durch weniger Licht und niedrige Temperaturen wird das Chlorophyll der Blätter zerlegt und die Abbauprodukte werden im Stamm gespeichert. Die Blätter verfärben sich und fallen ab. Danach gelangt wieder mehr Sonnenlicht auf den Waldboden. Das Laub wird dort von Kleinstlebewesen, Pilzen und Bakterien zu fruchtbarem Humus abgebaut. Dieser liefert den Pflanzen im nächsten Frühjahr ausreichend Mineralstoffe für ihr Wachstum.

Der Wald im Winter

Da im Winter die Tage kürzer werden, nehmen sowohl die Temperaturen als auch der Lichteinfall ab. Viele Lebewesen des Waldes legen eine Ruhepause ein und die Lebensfunktionen werden auf ein Minimum begrenzt.

Zeigerpflanzen des Waldes

Jede Pflanze ist auf eine gewisse Menge an Feuchtigkeit im Boden, auf bestimmte Mineralstoffe und auf eine notwendige Lichtmenge angewiesen. Welche Bedingungen an einem Standort herrschen, kann man daher auch an den Pflanzen sehen, die dort wachsen. Diese *Zeigerpflanzen* zeigen Umweltbedingungen an. Wachsen zum Beispiel größere Mengen Brennnesseln, ist der Boden reich an Stickstoff. Heidelbeere und Heidekraut zeigen sauren Boden an.

In Kürze

Licht, Temperatur, Wasserversorgung und Zusammensetzung des Bodens sind wichtige Faktoren, die Einfluss auf das Pflanzenwachstum haben. Viele Faktoren ändern sich im Jahresverlauf in einem Laubwald.

Aufgaben

1 ☐ Stelle in einer Tabelle die abiotischen Faktoren zusammen, die sich in den Jahreszeiten in einem Laubwald verändern.
2 ☐ Beschreibe die Veränderungen des Waldes im Jahresverlauf.
3 ◢ Stelle begründete Vermutungen an, ob es bei tropischen Bäumen einen Laubfall gibt.

Bedeutung der Wälder

Der Wald liefert uns den wichtigen Rohstoff Holz. Wenn du dich im Raum umsiehst, findest du bestimmt viele Holzprodukte. Aber der Wald bietet viel mehr: Er ist für viele Tiere und Pflanzen sowie für nahezu alle Bereiche unseres Lebens von Bedeutung.

Wälder beeinflussen die Erdatmosphäre

Grüne Pflanzen bilden als Nebenprodukt der Fotosynthese Sauerstoff. Eine Buche produziert pro Jahr etwa 4600 Kilogramm Sauerstoff. Davon könnte ein Erwachsener mehr als 13 Jahre lang leben. Gleichzeitig entziehen die Bäume der Atmosphäre Kohlenstoffdioxid. Dieses Gas entsteht bei der Atmung, aber auch vermehrt durch Verbrennungsprozesse, beispielsweise bei Autos oder Fabriken. Es wirkt in großen Mengen klimaschädlich. Die Wälder dienen als *Kohlenstoffspeicher* und tragen so zur Milderung des Klimawandels bei.

Der Wald dient als Wasserspeicher

Im Waldboden können bei heftigen Niederschlägen auf einem Quadratmeter Boden bis zu 200 Liter Wasser versickern. Das Wasser

1 Der Wald hat vielfältige Funktionen.

wird anschließend langsam wieder abgegeben. Der Wald trägt so zum Hochwasserschutz in gefährdeten Gebieten bei. Beim Versickern wird das Wasser zudem von Schadstoffen gereinigt.

Schutz von Mensch und Umwelt

Die Bäume festigen durch ihre Wurzeln den Boden und schützen ihn vor Abtragungen durch Wind und Regen. Staub- und Rußteilchen bleiben an den Blättern hängen. Blätter wirken auch als Wasserfilter. Bäume verringern außerdem die Lärmbelastung und verhindern die Entstehung von Schneelawinen.

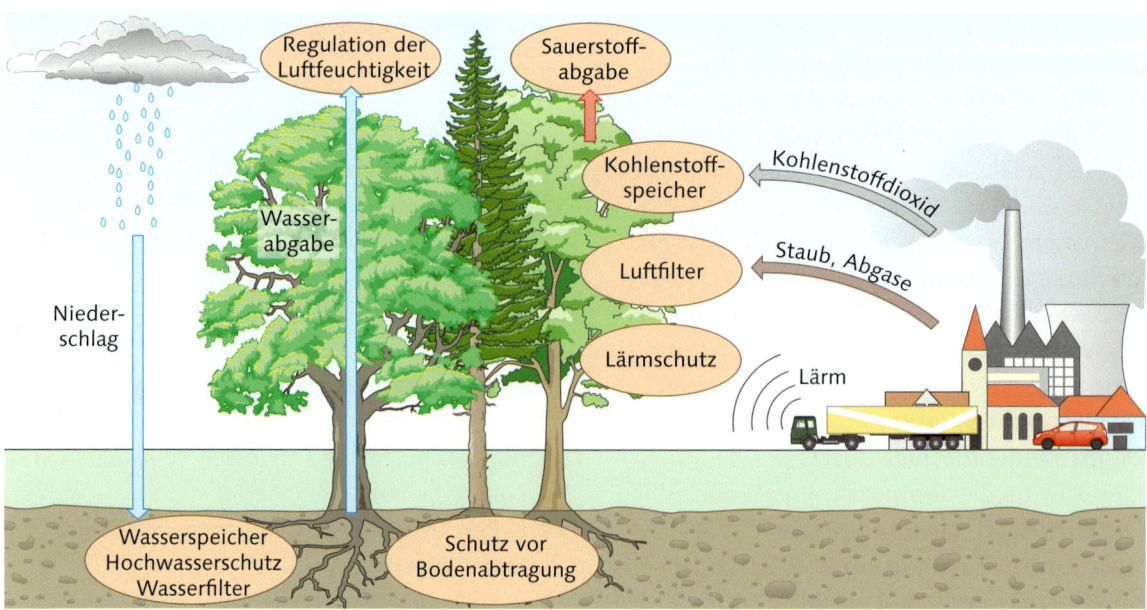

2 Schutzfunktionen des Waldes

3 Der Wald als Lebensraum

Lebensraum für Pflanzen und Tiere
Weltweit beherbergen Wälder den Großteil der an Land lebenden Pflanzen- und Tierarten. Jede von ihnen hat ihren Platz im Ökosystem Wald und trägt zu dessen Stabilität bei. Diese *biologische Vielfalt* ist ein wichtiges Naturerbe und muss geschützt werden.

Wirtschaftliche Bedeutung
Ungefähr 40 Millionen Kubikmeter Holz werden pro Jahr in den Wäldern Deutschlands geerntet. Holz ist ein unverzichtbarer Rohstoff, der durch das Nachpflanzen der Bäume umweltfreundlich erzeugt wird. Er dient als Baustoff für alltägliche Gegenstände, Möbel und Häuser. Zerkleinertes Holz kann zu Papier weiterverarbeitet werden.

Gleichzeitig ist Holz ein wichtiger Brennstoff, der eine umweltfreundliche Alternative zu fossilen Brennstoffen wie Erdöl, Erdgas oder Kohle darstellt. Holzspäne werden zu Pellets gepresst, die ebenfalls als Brennstoff verwendet werden. Das Abfallprodukt der Sägewerke wird somit sinnvoll verwertet.

Zudem nutzt der Mensch die biologische Vielfalt der Pflanzen, Tiere und Pilze in vielerlei Hinsicht. Viele Medikamente werden zum Beispiel durch die Erforschung von Pflanzen und Tieren gewonnen.

Ort der Erholung und Entdeckungen
Viele Menschen kommen in den Wald, um dort die Ruhe und die reine Luft zu genießen. Durch das Verdunsten von Wasser liegt die Temperatur im Wald an heißen Sommertagen um bis zu 4 °C niedriger als in der Umgebung und verschafft Spaziergängern eine Abkühlung. Der Wald bietet den Menschen aber noch mehr. Mit Fernglas, Lupe und Bestimmungsbuch können sie sich auf eine Entdeckungsreise in den Wald begeben.

> **In Kürze**
>
> Die Wälder liefern den Rohstoff Holz. Sie übernehmen Schutzfunktionen für Mensch und Umwelt. Viele Tier-, Pflanzen- und Pilzarten haben hier ihren Lebensraum.

Aufgaben
1. ☐ Sieh dich in deinem Zimmer, der Küche und dem Wohnzimmer um. Notiere alle Holzprodukte.
2. ☐ Erstelle ein Plakat zur Bedeutung des Waldes.
3. ◪ Erläutere die Schutzfunktion der Wälder anhand von Bild 2.

4 Holz – Rohstoff und Energieträger

Wald in Gefahr

Die Klasse 7a macht einen Wanderausflug in die Umgebung. Vivien fällt auf, dass die Bäume großer Waldflächen wie umgeknickte Streichhölzer am Boden liegen. Die Lehrerin erklärt, dass das die Folgen eines Sturms sind. Aber warum können nicht alle Bäume solchen Belastungen standhalten?

1 Baumschäden im Wald

Der Patient Wald
Einmal im Jahr wird der Zustand der deutschen Wälder überprüft. Anzeichen für einen kranken Baum sind zum Beispiel Verfärbungen oder Verlust der Nadeln oder Blätter. Waldschäden können biotische oder abiotische Ursachen haben, die zum Teil durch den Menschen hervorgerufen werden.

Insekten richten große Schäden an
Insekten wie die Raupen des Eichenprozessionsspinners sind eine ernst zu nehmende Gefahr für viele Wälder. Die Raupen ernähren sich hauptsächlich von Eichenblättern. In reihenförmigen Kolonnen befallen sie die Bäume und können bei mehrjährigem Befall den Baum zerstören.

Die feinen Haare der Raupen können beim Menschen Allergien auslösen. Deshalb werden sie häufig in der Nähe von Siedlungen mit Hilfe von Insektiziden wie Bt-Toxinen bekämpft.

Verbiss junger Triebe
Die natürlichen Feinde der Wildtiere wie Bär, Luchs und Wolf sind fast ausgerottet. Dadurch konnten sich deren Beutetiere stark vermehren. Hasen, Rehe oder Damwild fressen die Triebe oder die Rinde junger Bäume. Dieser Wildverbiss verhindert die natürliche Verjüngung des Waldes. Nur durch die Jagd lassen sich die Wildbestände noch regulieren.

Extreme Wetterereignisse
Vor allem wenn Bäume bereits durch Wildverbiss oder Insektenfraß geschwächt sind, können Stürme große Waldflächen zerstören. Vom Menschen geschaffene Fichtenmonokulturen sind besonders anfällig. Auch Trockenperioden bedeuten Stress für die Bäume und bieten zudem ideale Fortpflanzungsbedingungen für Schadinsekten.

Schädigungsgrad	Ohne Schadmerkmal	Schwach geschädigt	Mittelstark geschädigt	Stark geschädigt	Abgestorben
Schadstufe	0	1	2	3	4
Nadel-/ Blattverlust	0–10 %	11–25 %	26–60 %	61–99 %	tot (100 %)
Erscheinungsbild					

2 Baumschäden teilt man in Schadstufen ein.

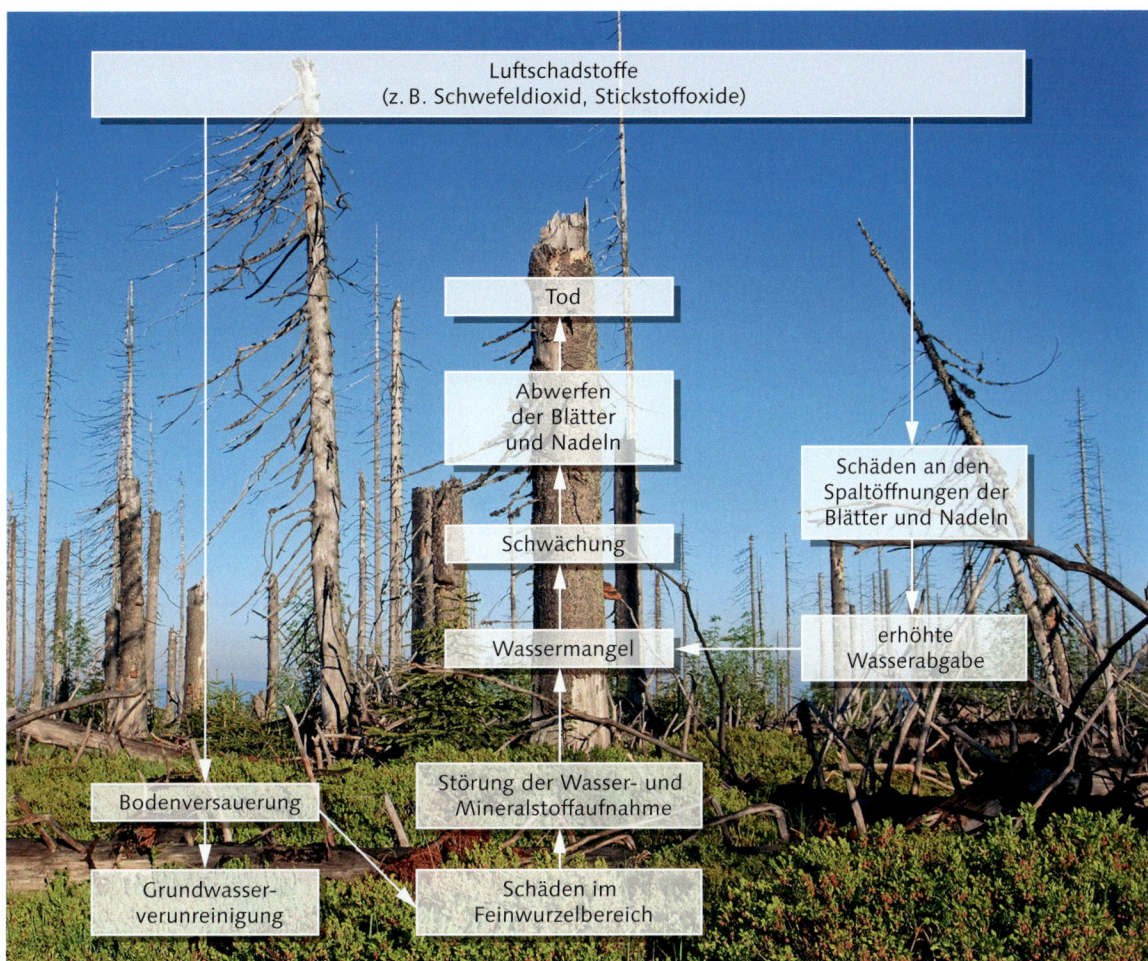

Luftschadstoffe
(z. B. Schwefeldioxid, Stickstoffoxide)

Tod

Abwerfen
der Blätter
und Nadeln

Schäden an den
Spaltöffnungen der
Blätter und Nadeln

Schwächung

Wassermangel

erhöhte
Wasserabgabe

Bodenversauerung

Störung der Wasser- und
Mineralstoffaufnahme

Grundwasser-
verunreinigung

Schäden im
Feinwurzelbereich

3 Luftschadstoffe schädigen Bäume dauerhaft.

Luftschadstoffe schädigen die Bäume

Luftschadstoffe aus Industrie, Verkehr, Haushalt oder Landwirtschaft haben einen beträchtlichen Anteil an der Zerstörung von Waldgebieten. Schwefeldioxid und Stickstoffoxide beispielsweise bilden mit Wasserdampf *sauren Regen*. Die Säure greift die Spaltöffnungen der Blätter und Nadeln an. Sie können sich daraufhin nicht mehr schließen. Der Baum verdunstet ohne diesen Schließmechanismus zu viel Wasser und wirft die Blätter ab.

Die Schadstoffe werden mit dem Niederschlag in den Boden geschwemmt. In der Folge werden die Pilze geschädigt, die den Baum normalerweise bei der Mineralstoffversorgung unterstützen. Derart geschädigte Bäume sind wiederum weniger widerstands-

fähig gegenüber Frost, Sturm, Hitze und dem Befall von Schadinsekten.

In Kürze

Waldschäden können biotische oder abiotische Ursachen haben, die teilweise vom Menschen hervorgerufen werden. Insektenfraß und Wildverbiss schwächen die Bäume. Luftschadstoffe greifen Spaltöffnungen und die Pilze im Wurzelgeflecht der Bäume an. Geschädigte Bäume sind anfälliger für Stürme und Frost.

Aufgaben

1 ☐ Nenne Merkmale eines kranken Baumes.
2 ☑ Erläutere die Bedeutung der Jagd für den Gesundheitszustand des Waldes.
3 ☑ Erkläre, weshalb ein kranker Baum die Blätter abwirft.

Ökosystem Wald

1 Der Wald als Lebensraum

1 Der Wald als Lebensraum

a ☐ Benenne die in Bild 1 dargestellten Stockwerke des Waldes. Gib für jedes Stockwerk Beispiele von Pflanzen an, die dort wachsen.

b ☐ Jeder Wald ist ein »Ökosystem« und besteht aus »Biotop« und »Biozönose«. Gib die Definitionen für die drei Begriffe wieder.

c ☑ Erläutere an einem Beispiel biotische und abiotische Faktoren im Wald.

d ■ Früher wurden von der Forstwirtschaft vor allem Fichtenmonokulturen angelegt, heute dagegen meist Mischkulturen. Begründe.

2 Fotosynthese und Zellatmung

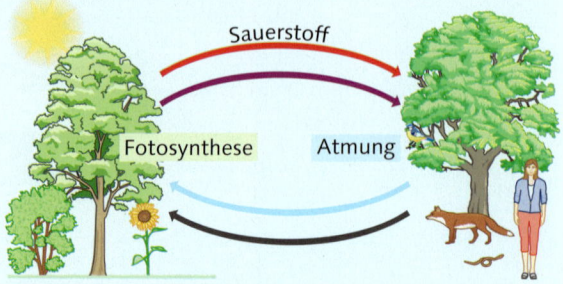

3 Fotosynthese und Zellatmung

a ☐ Benenne die Orte und die Funktion der Fotosynthese und der Zellatmung.

b ☑ Stelle die Wortgleichungen für die Fotosynthese und für die Zellatmung auf.

c ☑ Übertrage Bild 3 in dein Heft. Beschrifte die Pfeile. Beschreibe den Zusammenhang zwischen Zellatmung und Fotosynthese.

3 Nahrungsbeziehungen

a ☑ Erstelle aus der Nahrung der Konsumenten aus Tabelle 2 mindestens drei Nahrungsketten und verbinde sie zu einem Nahrungsnetz.

b ☑ Erläutere die Rolle von Produzenten, Konsumenten und Destruenten im Wald.

c ■ Begründe, weshalb die Biomasse der Produzenten größer ist als die der Konsumenten.

Tierart	Nahrung
Wildschwein	Eicheln, Bucheckern, Pilze, Wurzelknollen, Früchte, Eidechsen, Schlangen, Frösche, Regenwürmer
Eichelhäher	Tannen- und Fichtensamen, Eicheln, Früchte, Beeren, Raupen
Buntspecht	Raupen, Würmer, Knospen, Fichten- und Tannensamen
Buchfink	Fichten- und Tannensamen, Beeren, Früchte, Würmer, Raupen
Waldmaus	Grassamen, Früchte, Bucheckern, Eicheln, Pilze, Wurzelknollen
Eichhörnchen	Bucheckern, Eicheln, Pilze, Haselnüsse, Vogeleier, Fichten- und Tannensamen, Früchte, Knospen
Baummarder	Mäuse, kleinere Vögel, Insekten, Obst, Nüsse, Bucheckern, Beeren
Waldkauz	Kleine Säugetiere von Maus- bis Rattengröße, Vögel bis zur Größe von Tauben, Eidechsen, größere Insekten, Regenwürmer
Habicht	Kleintiere von Maus- bis Hasengröße, Wiesel, kleinere und größere Vögel und Greifvögel (wie Specht, Waldkauz, Kleiber, Singdrossel)

2 Nahrungsspektrum verschiedener Waldtiere

4 Die Bedeutung des Waldes

Der Wald bietet nicht nur Lebensraum für viele Lebewesen, er wirkt auch auf unser Klima und hat vielfältigen Nutzen für den Menschen.

a ☐ Benenne die Funktionen des Waldes.

b ☐ Beschreibe Möglichkeiten, wie du den Wald zur Erholung nutzen kannst.

c ☐ Nenne Möglichkeiten der wirtschaftlichen Waldnutzung.

d ☑ Erläutere die Wirkung der Wälder auf die Erdatmosphäre und den Boden.

5 Schädigung des Waldes

Jedes Jahr wird der Zustand der Wälder in Deutschland in einem Waldzustandsbericht beurteilt. Darin wird der Schädigungsgrad der Wälder dokumentiert. Danach wies 2012 jeder 4. Baum deutliche Kronenschäden auf.

a ☐ Nenne Ursachen für die Schädigung der Wälder.

b ☑ Beschreibe Ursachen und Wirkungen der Luftverschmutzung. Nutze dazu Bild 4.

c ☑ »Der Mensch ist Verursacher der meisten Waldschäden.« Begründe diese Aussage.

d ■ Stelle Vermutungen an, wie sich der Klimawandel auf die Wälder auswirken könnte.

4 Ursachen und Folgen des sauren Regens

Ökosystem Wald

■ Unter einem Biotop versteht man den Lebensraum, der von den abiotischen Faktoren gebildet wird. Die Biozönose ist eine Lebensgemeinschaft aus Pflanzen und Tieren. Biotop und Biozönose bilden gemeinsam ein Ökosystem.

■ Bei der Fotosynthese wandeln Pflanzen Sonnenenergie in chemische Energie um und speichern sie in Form von Glucose. Dabei entsteht Sauerstoff. Durch Zellatmung wird aus der Glucose unter Verwendung von Sauerstoff Energie und Kohlenstoffdioxid freigesetzt.

■ Naturnahe Laubmischwälder sind in Stockwerke gegliedert. Durch die Änderung der abiotischen Faktoren verändern die Wälder ihr Aussehen im Jahresverlauf.

■ Unterschiedliche Pflanzen, Tiere und Pilze besetzen im Lebensraum Wald unterschiedliche ökologische Nischen.

■ Zwischen den Lebewesen bestehen vielfältige Nahrungsbeziehungen. Sie stehen durch Stoffkreisläufe in Verbindung.

■ Der Wald hat viele Funktionen und beeinflusst seine Umwelt. Durch Klimawandel, Umweltverschmutzung und zu starke Nutzung ist er bedroht.

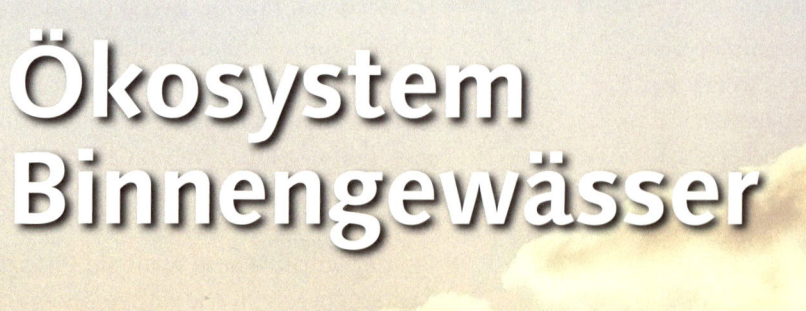

Ökosystem
Binnengewässer

Gewässervielfalt

»Oh mein Gott! Hier geht die Erde auf. Wow, ist das schön!« Diese begeisterten Worte stammen von Frank Borman, der 1968 an Bord von Apollo 8 als einer der ersten Menschen den Mond umkreiste. Er sah die Erde als Blauen Planeten. Fast drei Viertel ihrer Oberfläche ist von Wasser bedeckt. Wasser ist die Grundlage allen Lebens auf unserem Planeten.

Süßwasser und Salzwasser

Der weitaus größte Teil des Wassers auf der Erde ist als Salzwasser in den *Meeren* und *Ozeanen* zu finden. Nur ein sehr geringer Teil ist Süßwasser. Davon ist das meiste als Eis in den Polarregionen gebunden oder als Grundwasser im Boden verborgen. Nur ein Bruchteil des Süßwassers bietet als *Oberflächenwasser* in Bächen, Flüssen und Seen einer Vielzahl von Lebewesen einen Lebensraum.

Im natürlichen Fluss

Fließgewässer sind natürliche oder künstliche Wasserläufe, die ein *Gefälle* aufweisen. Durch das Gefälle entsteht eine Strömung, die bestimmt, welche Lebewesen dort vorkommen. Ausgangspunkt eines Fließgewässers sind Orte, an denen Grundwasser zutage tritt. Diese *Quellen* sind der Beginn von Rinnsalen. Vereinigen sich mehrere Rinnsale zu einem schmalen Gewässer mit einer Breite von bis

1 Der Blaue Planet

zu zwei Metern, so spricht man von einem *Bach*. Bäche besitzen oft eine hohe Strömungsgeschwindigkeit. Auch *Flüsse* sind natürliche Wasserläufe, jedoch breiter als Bäche und mindestens einen halben Meter tief. Im Unterlauf vereinigen sich mehrere Flüsse zu über hundert Meter breiten, tiefen und träge dahinfließenden *Strömen*, die schließlich in das Meer münden.

Fließgewässer aus Menschenhand

Kanäle sind vom Menschen gebaute Wasserleitungen, die einem bestimmten Zweck dienen: dem Schiffsverkehr, der Entwässerung oder der Energieversorgung. Sie unterscheiden sich beispielsweise durch die Gestaltung der Ufer stark von natürlichen Gewässern.

2 Bach

3 Strom

Wasservorkommen auf der Erde	
Weltmeere (Salzwasser)	97,39%
Süßwasser	2,61%
Nur Süßwasser:	
Polareis, Gletscher, Schnee	68,7%
Grundwasser	30,1%
Atmosphäre (Wolken)	0,04%
Organismen	0,003%
Süßwasserseen, Moore, Sümpfe	0,29%
Fließgewässer	0,0006%

Vielfalt der stehenden Gewässer

Allen stehenden Gewässern ist gemeinsam, dass sie Wasser speichern und über einen unbewegten, freien Wasserkörper verfügen. Neben der Ausdehnung ist die Wassertiefe ein wichtiges Einteilungskriterium. Stehende Gewässer können natürlich entstanden oder vom Menschen erschaffen worden sein.

Pfützen sind kleine flache Gewässer, die nach heftigen Regenfällen entstehen und bald wieder austrocknen. Natürliche *Tümpel* und von Menschenhand erschaffene *Teiche* sind ebenfalls klein und flach. Auch sie können austrocknen oder werden je nach Nutzung bisweilen abgelassen. Große flache, das heißt weniger als fünf Meter tiefe Gewässer nennt man *Weiher*. Aufgrund der geringen Tiefe kann ihr Grund vollständig von Pflanzen bewachsen werden. Große und meist eher tiefe

Gewässer sind die *Seen*. Neben natürlichen Seen gibt es auch Baggerseen und Stauseen. Sie sind durch den Menschen entstanden.

Gewässer verändern sich

Gewässer sind von jahreszeitlichen und wetterabhängigen Veränderungen geprägt. Die Schneeschmelze im Frühjahr oder lang anhaltende Regenfälle lassen Pfützen entstehen. Die Wasserstände der Seen steigen und Flüsse führen Hochwasser. In früheren Zeiten haben sich Flüsse durch ein Hochwasser mitunter ein neues Flussbett gegraben. Manche alte Flussarme sind heutige Zeugen davon.

In Kürze

Wasser ist die Grundlage allen Lebens auf der Erde. Das Süßwasser auf der Erdoberfläche macht nur einen sehr geringen Teil der Gesamtwassermenge aus. Es lässt sich in Fließgewässer und stehende Gewässer unterteilen. Gewässer verändern sich im Jahresverlauf oder bei Wetterveränderungen.

Aufgaben

1 ☐ Erstelle eine Tabelle nach folgendem Vorbild:

Stehende Gewässer	groß	klein
tiefer als 5 m		
flacher als 5 m		

2 ◩ Fertige ein Flussdiagramm an, das den Verlauf eines Fließgewässers von der Quelle bis zur Mündung zeigt.

4 Natürlicher See

5 Gartenteich

Der See – ein Ökosystem

Endlich Sommerwetter! Du beschließt, an einen See zu fahren. Dort springst du gleich in das kühle Nass. Ufer, Untergrund und Wasser sind ganz anders als im Schwimmbad. Was für dich ein Ort für Freizeitspaß ist, bildet den Lebensraum für viele Tiere und Pflanzen.

1 Ausflugsziel See

Viele Faktoren bilden einen Lebensraum

Zu den charakteristischen Umweltfaktoren eines Sees zählen unter anderem die Beschaffenheit des Seegrunds, die Temperatur oder die Windverhältnisse. Sämtliche Faktoren der unbelebten Umwelt beeinflussen das Leben im See. Die Gesamtheit dieser *abiotischen Faktoren* prägen den Lebensraum oder das *Biotop*.

Die Temperatur des Wassers

Nicht nur das herrschende Klima, sondern auch die Wassertiefe und der Untergrund bestimmen die Temperatur des Sees. Da fast alle Wasserbewohner wie Fische oder Insekten wechselwarm sind, hängt ihr Stoffwechsel von der Umgebungstemperatur ab. Mit steigender Temperatur atmen sie schneller. Bei Pflanzen erhöht sich die Fotosyntheserate.

Seen sind tief

Während die Temperatur in flachen Weihern weitgehend einheitlich ist, bilden sich aufgrund der Tiefe von Seen im Sommer mehre-

re Wasserschichten: die warme Oberflächenschicht und die kalte Tiefenschicht. Zwischen ihnen ist der Stoffaustausch eingeschränkt.

Nicht jeder See hat klares Wasser

Schwebstoffe und Algen bestimmen die Sichttiefe des Sees. Wärme und Helligkeit lassen die Algen vor allem während der Sommermonate gedeihen. Ab einer bestimmten Tiefe ist es in einem See dunkel.

Der Sauerstoffgehalt im Wasser

Kaltes Wasser ist sauerstoffreicher als warmes Wasser. Das kommt daher, dass sich Sauerstoff in kaltem Wasser besser löst. Wassertiere nehmen ihn über ihre Kiemen auf und geben Kohlenstoffdioxid an das Wasser ab. In der lichtdurchfluteten Oberflächenschicht produzieren Algen sehr viel Sauerstoff, am dunklen Grund fehlt er dagegen meist.

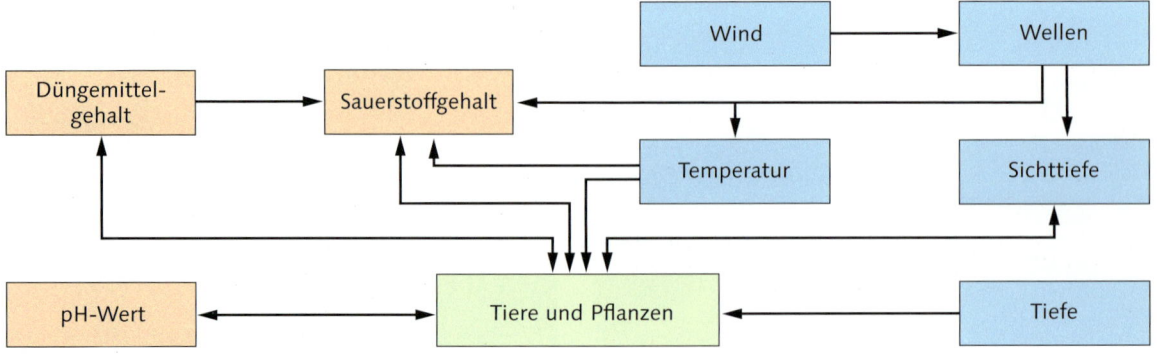

2 Zusammenwirken der Umweltfaktoren

Säure oder Lauge: der pH-Wert

Der pH-Wert gibt den Säuregehalt an. Er ist bei Säuren kleiner als 7. Steigt er über 7, so handelt es sich um das Gegenteil von Säuren, um Basen. Reines Wasser ist neutral, es hat einen pH-Wert von genau 7. Im See reagiert Kohlenstoffdioxid mit Wasser. Dadurch entsteht Kohlensäure. Sie bewirkt, dass der pH-Wert sinkt. Bei einer hohen Fotosyntheserate wird viel Kohlenstoffdioxid umgesetzt, der pH-Wert steigt an.

Mineralstoffe werden eingeschwemmt

Über Zuflüsse werden Mineralstoffe wie Phosphat oder Nitrat in den See geschwemmt. Der steigende Mineralstoffgehalt wirkt als Pflanzendünger. Dies führt zu einem verstärkten Wachstum von Algen.

Der See – eine Lebensgemeinschaft

Ein See wird von einer Vielzahl von Tieren und Pflanzen bewohnt. Mikroskopisch kleine Algen stehen am Anfang fast aller Nahrungsketten eines Sees. Am Seegrund werden tote Lebewesen von Bakterien und Pilzen abgebaut. Alle Bewohner eines Sees bilden eine Lebensgemeinschaft oder *Biozönose*. Die Lebewesen bezeichnet man als *biotische Faktoren*.

Ökosystem See

Biotop und Biozönose bilden das Ökosystem See. Pflanzen wachsen nur bei ausreichend Licht und Fische benötigen einen bestimmten Sauerstoffgehalt. Dieser ist von den Temperaturverhältnissen abhängig. Die biotischen und abiotischen Faktoren sind stark miteinander vernetzt. Ein See ist aber kein abgeschlossenes System. Über seine Ufer, die Zu- und Abflüsse sowie über wandernde Tiere steht er ständig mit anderen Ökosystemen in Verbindung.

In Kürze

Das Biotop eines Sees wird durch viele abiotische Faktoren bestimmt. Diese haben Einfluss auf die Tiere und Pflanzen, die biotischen Faktoren. Zusammen bilden sie eine Biozönose und beeinflussen sich gegenseitig. Biotop und Biozönose ergeben das Ökosystem See.

Aufgaben

1 ☐ Stelle die Beziehungen zwischen den abiotischen Faktoren von Bild 2 in Einzelaussagen dar, zum Beispiel: »Der Wellengang ist abhängig vom Wind.«

2 ◩ Begründe folgende Aussage: »Ohne Algen gäbe es in einem See keine Fische.«

3 Biotop

4 Biozönose

Ein See im Jahresverlauf

In einem Weihnachtslied heißt es: »Leise rieselt der Schnee, still und starr ruht der See.« In der Adventszeit, im Dezember, können die Temperaturen weit unter den Gefrierpunkt fallen. Dann sinkt auch die Wassertemperatur eines Sees rasch ab und er beginnt zuzufrieren. Schließlich bedeckt ihn eine dicke Eisschicht und der See ruht tatsächlich still und starr.

Typisch See

Ab einer Wassertiefe von mindestens fünf Metern bildet sich die für einen See typische Wasserschichtung aus. Diese hängt stark mit der Dichte des Wassers bei verschiedenen Temperaturen zusammen. Die größte Dichte besitzt Wasser bei 4 °C. Wasser mit dieser Temperatur ist am schwersten und sinkt auf den Seegrund. Wärmeres und kälteres Wasser sind leichter. Friert Wasser zu Eis, ist es so leicht, dass es an der Oberfläche schwimmt.

Durchmischung im Frühjahr

Wenn im Frühjahr die Eisdecke schmilzt, erwärmt sich der See von oben nach unten auf einen einheitlichen Wert von etwa 4 °C. Kräftige Frühjahrsstürme können das Wasser dann vollständig durchmischen. Man spricht von der *Frühjahrszirkulation*.

Ruhiger Sommer

Die Sommersonne erwärmt das Wasser weiter. Während der *Sommerstagnation* gliedert sich der See in drei Schichten. Die warme *Oberflächenschicht* reicht in eine Tiefe von bis zu zehn Metern. Darunter liegt die schmale *Sprungschicht*. Hier fällt die Temperatur schlagartig ab. In der gesamten *Tiefenschicht* steigt die Temperatur nicht über 4 °C. Durch die unterschiedliche Dichte entstehen zwei unabhängige

1 See im Winter

Wasserkörper, die durch Sommerwinde nicht durchmischt werden. So werden zwischen den Schichten kaum Stoffe ausgetauscht. Die Oberflächenschicht ist durch die Fotosyntheseaktivität der Algen sauerstoffreich. Sie wird als *Nährschicht* bezeichnet. Totes Plankton, Ausscheidungen der Wassertiere und eingeschwemmtes Material sinken ab und sammeln sich auf dem Seegrund. Dort werden sie von Bakterien und Pilzen abgebaut. Zunächst überwiegen Abbauprozesse, bei denen Sauerstoff benötigt wird. Da kein Austausch mit dem Oberflächenwasser möglich ist, wird die Tiefenschicht zunehmend sauerstoffärmer. Sie wird daher als *Zehrschicht* bezeichnet. Ist gar kein Sauerstoff mehr vorhanden, entstehen durch Fäulnisprozesse giftige Abfallstoffe.

2 Herbststürme an einem See

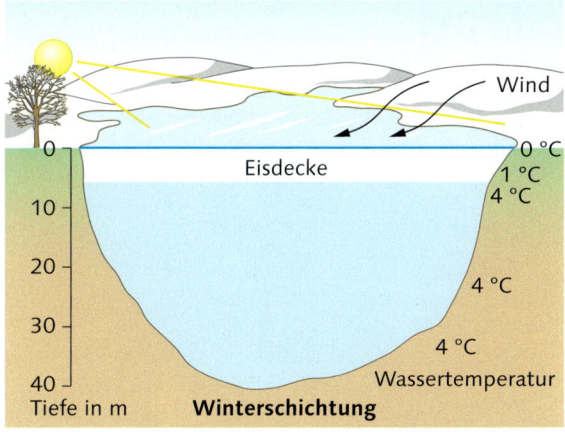

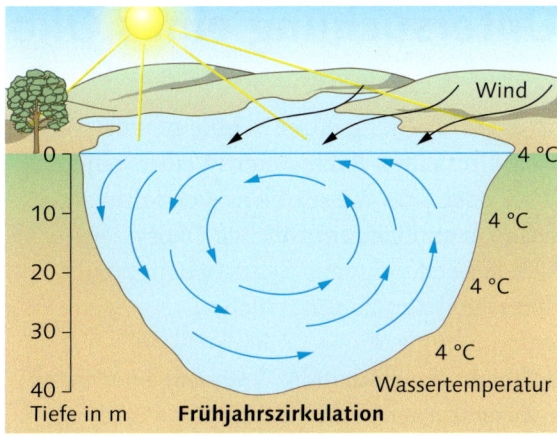

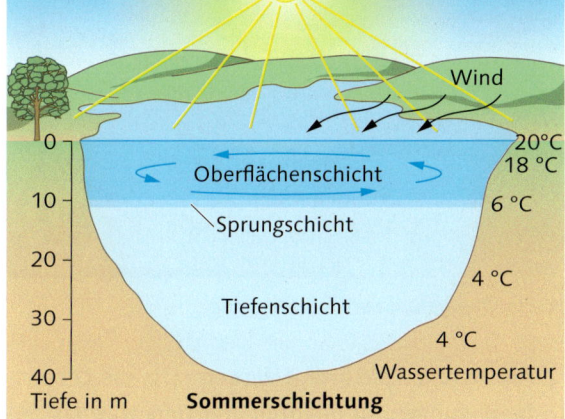

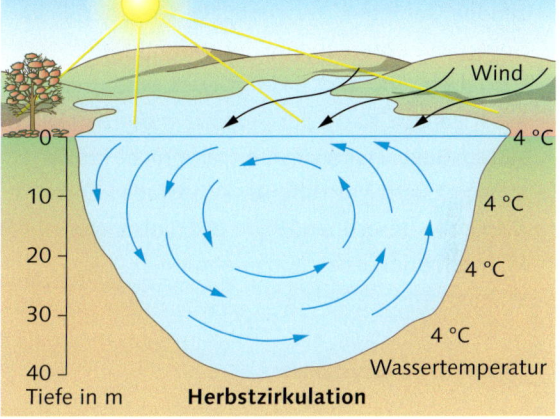

3 Ein See im Jahresverlauf

Stürmischer Herbst

Die ersten kalten Herbstnächte kühlen das Wasser an der Oberfläche des Sees stark ab. Das abgekühlte Wasser sinkt in Richtung Seegrund ab. Bald hat sich die Temperatur in allen Tiefen auf einen einheitlichen Wert von etwa 4 °C angeglichen. Die heftigen Herbststürme ermöglichen eine vollständige Durchmischung des Gewässers. Durch die *Herbstzirkulation* gelangt wieder Sauerstoff in das Tiefenwasser.

Der See in Winterruhe

Im Winter kühlt das Oberflächenwasser weiter ab. Bei anhaltendem Frost bildet sich auf der Oberfläche eine Eisschicht. Während der *Winterstagnation* bewegt sich das Wasser kaum. Im Tiefenwasser sinkt die Temperatur nicht unter 4 °C. Hier finden Wassertiere Überwinterungsmöglichkeiten.

In Kürze

Im Frühling und Herbst besitzt ein See in allen Tiefen eine annähernd gleiche Temperatur. Durch Winde wird der gesamte Wasserkörper durchmischt. Im Sommer und Winter unterbleibt die Durchmischung und somit der Stoffaustausch.

Aufgaben

1 ☐ Erstelle in deinem Heft eine Tabelle nach folgendem Muster und ergänze sie:

Temperatur	Frühling/Herbst	Sommer	Winter
Oberflächen-wasser			
Tiefenwasser	*kalt*		

2 ◪ Begründe, warum der Sturm eines Sommergewitters einen See nicht vollständig durchmischen kann.

Untersuchung eines Ökosystems

In der Umgebung eurer Schule gibt es bestimmt einen Bach, einen Weiher, einen Wald oder eine Wiese, die es sich lohnt zu erforschen. Egal, um welches Ökosystem es sich handelt, folgende Schritte helfen euch, dieses genauer zu untersuchen.

1 **Überblick verschaffen** Während einer ersten Exkursion verschafft ihr euch einen Eindruck von der Art des Ökosystems und den angrenzenden Gebieten. Verwendet einen Überblicksbogen wie unten abgebildet und füllt ihn, soweit es geht, aus. Besorgt euch eine möglichst genaue Karte der Region, in der das Ökosystem liegt. Der Maßstab sollte nicht größer als 1 : 25 000 sein. Mit Hilfe des Maßstabs könnt ihr die Größe berechnen. Plant ein, Fotos von Pflanzen und Tieren aufzunehmen.

1 Ein Ökosystem zur Untersuchung

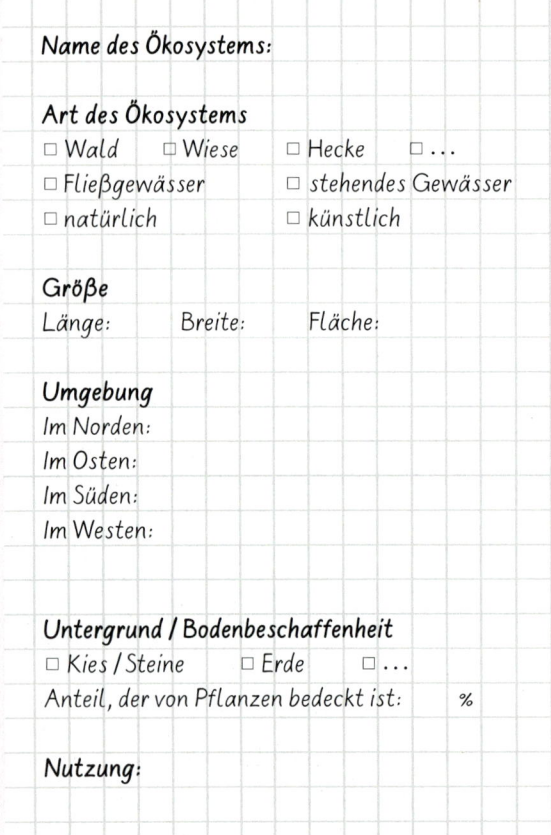

2 Überblicksbogen

2 **Abiotische Faktoren erfassen** Um die Lebensbedingungen für Pflanzen und Tiere zu erfassen, werden abiotische Faktoren gemessen. Welche Faktoren ausschlaggebend sind, ist von Lebensraum zu Lebensraum unterschiedlich. In einem Wald, einer Hecke und auf einer Wiese spielen die Bodenbeschaffenheit, die Luftfeuchtigkeit, die Lichtintensität und die Windgeschwindigkeit eine wichtige Rolle. Die Temperatur sollte man am Boden und in einem Meter Höhe messen. Bei Gewässern sind neben der Temperatur der Sauerstoff-, der Nitrat- und der Phosphatgehalt sowie die Sichttiefe wichtige Faktoren.

3 **Pflanzen bestimmen** Bestimmungsbücher helfen euch, die Namen der Pflanzen herauszufinden, die in dem Ökosystem typisch sind. Um von wenigen Pflanzen eine Aussage über das gesamte Ökosystem treffen zu können, muss man die Gegebenheiten des Ökosystems berücksichtigen und entsprechende Untersuchungsflächen festlegen:

A Das Ökosystem ist hinsichtlich der abiotischen Faktoren weitgehend einheitlich:

Untersucht wird eine quadratische Fläche. Ihre Größe hängt von dem Ökosystem ab. Auf einer Wiese reicht ein Quadrat von einem Meter Kantenlänge, im Wald sollte die Fläche mindestens 10×10 Meter groß sein. Um die Untersuchungsfläche abzugrenzen, wird das Quadrat mit Hilfe einer Schnur markiert. Teilt euch in mehrere Gruppen auf, um die unterschiedlichen Bereiche des Ökosystems zu erfassen. Bestimmt möglichst alle Pflanzen innerhalb des Quadrats und schätzt ihre Häufigkeit ab. Eine maßstabsgetreue Skizze auf kariertem Papier, auf der die Pflanzen in unterschiedlichen Farben eingezeichnet werden, hilft euch dabei.

B Ein Ökosystem weist große Unterschiede auf oder es geht in ein anderes über, zum Beispiel ein Seeufer: Man bestimmt die Pflanzen links und rechts einer festgelegten Linie. Hierzu wird ein bis zu 10 Meter langes Seil vom Wasser aus im rechten Winkel in Richtung Uferbereich gespannt. Legt einen etwa 2 Meter langen Zollstock quer über das Seil und bestimmt alle Pflanzen, die der Zollstock berührt. Dieser Schritt wird in Abständen von ein bis zwei Metern wiederholt. Auch bei dieser Methode hilft die Erstellung einer maßstabsgetreuen Skizze bei der Auswertung.

4 Schülerinnen untersuchen ein Gewässer.

4 **Bestandsaufnahme von Tieren** Die exakte Bestimmung von Tieren ist nicht immer einfach. Wichtiger ist, dass ihr die Tiere in eine Tiergruppe einordnen könnt, zum Beispiel »Laufkäfer« oder »Steinfliegenlarve«. Beschreibt den Fundort der Tiere und gebt die Häufigkeit an: selten, regelmäßig, häufig oder massenhaft.

5 **Untersuchungen auswerten** Zurück im Klassenzimmer werden alle Ergebnisse der Exkursion zusammengetragen. Nun könnt ihr wichtige Aussagen über das Ökosystem ableiten. Für Gewässer kann die Wassergüte bestimmt werden. Erstellt Diagramme der Messwerte und wählt geeignete Fotos aus.

6 **Präsentieren** Die Ergebnisse der Untersuchungen können auf Plakaten zusammengefasst werden, die sich mit unterschiedlichen Aspekten des Ökosystems befassen. In einer Ausstellung im Schulgebäude könnt ihr die Plakate präsentieren. Auch die Erstellung einer Präsentation für einen Elternabend oder eine Seite im Intranet eurer Schule sind Möglichkeiten, eure Arbeiten anderen zu zeigen.

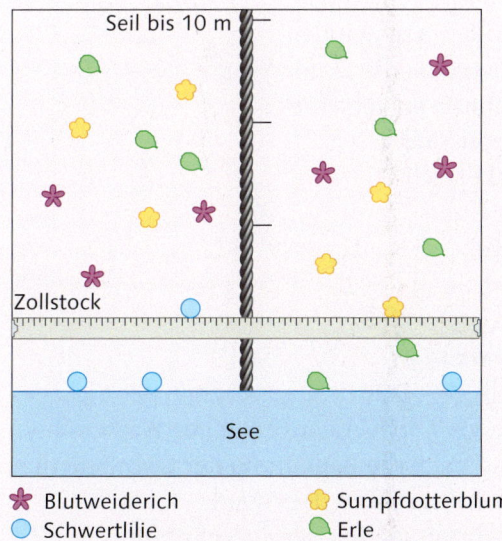

Seil bis 10 m

Zollstock

See

★ Blutweiderich ★ Sumpfdotterblume
○ Schwertlilie ● Erle

3 Untersuchung eines Seeufers

Aufgaben

1 ☐ Nenne wesentliche Umweltfaktoren, die in einem Ökosystem wirken.

2 ◪ Untersuche zur Übung ein »Miniökosystem« (20 cm × 20 cm) auf dem Schulgelände.

Lebensbedingungen in einem See

A Messung der Temperatur

B Messung der Sichttiefe

1 Temperaturmessung im Gewässer

2 Messung der Sichttiefe mit einer Secchi-Scheibe

Material   Thermometer, wenn nötig mit einem Stein beschwert, 20 Meter lange Schnur mit 50-Zentimeter-Markierungen

Durchführung   Führt die Messungen an einer möglichst tiefen Stelle durch. Oft führt ein langer Steg in den See, von dem aus ihr die Messungen vornehmen könnt. Messungen von einem Boot aus sind ideal. Lasst das Thermometer jeweils in 50-Zentimeter-Abständen ins Wasser gleiten. Bei einem analogen Thermometer müsst ihr mindestens 2 Minuten warten, ein digitales zeigt den Wert schneller an. Zieht nun das Thermometer zügig wieder hoch und lest die Temperatur ab. Sammelt die Ergebnisse jeder Messung in einer Tabelle.

Auswertung
1 Erstellt ein Auswertungsdiagramm, das die Temperaturverhältnisse in dem See anschaulich wiedergibt.
2 Beschreibt die Temperaturverhältnisse in einem kurzen Text.

Material   weiße Scheibe (Secchi-Scheibe), 10 Meter lange Schnur mit 20-Zentimeter-Markierungen

Durchführung   Lasst die Scheibe in das Wasser tauchen und blickt von oben darauf. Notiert den Wert für die Tiefe, in der die Umrisse der Scheibe gerade verschwinden. Wiederholt die Untersuchung an verschiedenen Stellen und errechnet einen Mittelwert.

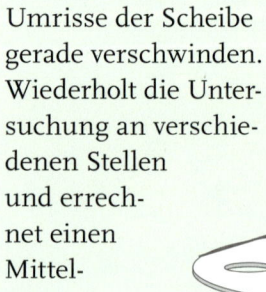

Auswertung
1 Stellt eine Beziehung zwischen der Sichttiefe und dem Algengehalt des Wassers her.
2 Beschreibt die Bedeutung der Sichttiefe für den Lebensraum der Algen.
3 Bestimmt die Wassergüte mit Hilfe der Tabelle.

C Messung des pH-Wertes

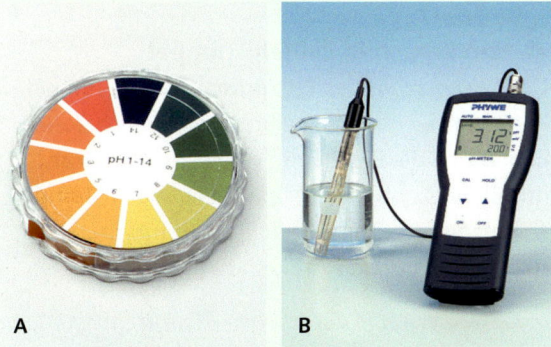

4 A pH-Teststreifen; B pH-Messgerät

Material pH-Testset: Indikator oder elektronisches Messgerät

Durchführung Sucht unterschiedliche Stellen des Sees auf. Nach dem Eintauchen des Indikators wird durch den Farbvergleich der pH-Wert abgelesen. Ein elektronisches Messgerät zeigt den Wert unmittelbar an. Wiederholt die Messung jeweils dreimal.

Auswertung

1 Begründet, warum jede Messung wiederholt werden muss.
2 Erstellt für jeden Untersuchungsort eine Tabelle und errechnet den Mittelwert.
3 Bestimmt die Wassergüte mit Hilfe der unten stehenden Tabelle.

D Messung chemischer Größen

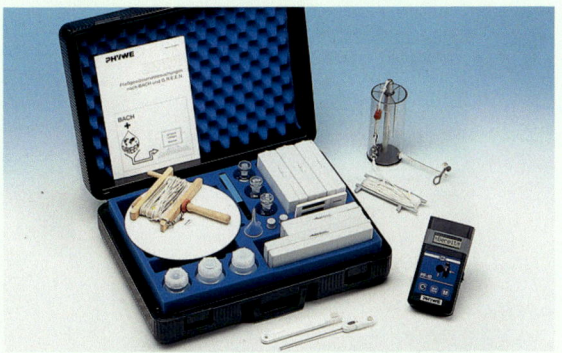

5 Chemisches Testset zur Gewässeruntersuchung

Material chemisches Testset für Sauerstoff, Nitrat, Phosphat oder elektronische Messgeräte

Durchführung Sucht wie bei der pH-Wertmessung unterschiedliche Stellen des Sees auf. Folgt den Anleitungen der Testsets beziehungsweise verwendet die Messgeräte. Wiederholt die Messung für jede chemische Größe mindestens dreimal.

Auswertung

1 Erstellt für jeden Untersuchungsort und jede chemische Größe eine Tabelle und errechnet jeweils den Mittelwert.
2 Bestimmt die Wassergüte mit Hilfe der Tabelle.

Güteklasse	Sichttiefe cm	Wasser-temperatur °C	Sauerstoff, gelöst mg/l	Sauerstoff-sättigung %	pH-Wert	Nitrat mg/l	Phosphat mg/l
I	500	10–12	>8	100	7,0	0–1	0–0,05
I–II	300–500	12–14	7–8	85–100 (100–110)	7,5 6,0	1–1,5	0,05–0,1
II	100–300	14–16	6–7	70–85 (110–120)	8,0 5,5	1,5–2,5	0,1–0,3
II-III	50–100	16–18	5–6	50–70 (120–130)	8,5 5,0	2,5–5,0	0,3–0,5
III	30–50	18–22	3–5	25–50 (>130)	9,0 5,5	5–30	0,5–3,0
III-IV	20–30	22–24	2–3	10–25	9,5 5,0	30–50	3,0–5,0
IV	10–20	>24	<2	<10	10 <5	>100	>8,0

6 Chemische Größen und Wassergüte

Alle Lebewesen haben eine Umwelt

1 Ein Frosch und die große Welt

1 Unterschiedliche Systeme

Lebewesen besiedeln fast alle Regionen der Erde. Dabei finden sie sehr unterschiedliche Lebensbedingungen vor.

a ☐ Ordne den Abbildungen oben die Begriffe Organismus, Biozönose, Biosphäre und Ökosystem zu.

b ☑ Organismus, Biozönose, Biosphäre und Ökosystem können jeweils als ein System bezeichnet werden. Ordne die Systeme in einer sinnvollen Reihenfolge.

c ☑ Nenne das von dir verwendete Ordnungskriterium. Finde weitere mögliche Kriterien.

2 Ein Frosch in seinem Tümpel

Der Lebensraum des Teichfroschs ist ein Tümpel, in dem es keine Fische gibt. In eurem Schulteich haben sich die Goldfische sehr stark vermehrt. Ihr überlegt, ob ihr die Goldfische in den Tümpel aussetzen sollt. Ihr recherchiert im Internet und stoßt auf folgenden Artikel:

In Gewässern mit natürlichen Kleinfischbeständen können sich Laubfrösche und andere Amphibien zumeist erfolgreich fortpflanzen. Entscheidend ist die Größe, die Struktur und die Vegetation des Gewässers sowie die Fischdichte.

a ☑ Erstellt Hypothesen, wie sich der Besatz von Goldfischen auf die Teichfrösche auswirken könnte.

b ☑ Bei der weiteren Recherche findet ihr eine Untersuchung, die die Auswirkung von Fischbesatz auf das Vorkommen von Laubfröschen zeigt:

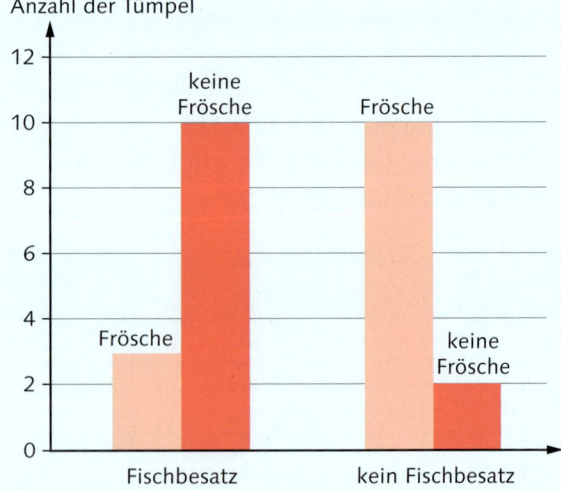

2 Fische und Frösche in Tümpeln

Wertet das Ergebnis dieser Untersuchung schriftlich aus.

c ■ Trefft eine Entscheidung, ob ihr die Goldfische aussetzt. Formuliert Argumente, die biologisch begründet sind.

3 Ein See im Sommer

Im Sommer lädt ein See zum Baden ein. Das Wasser fühlt sich angenehm warm an. Tauchst du ein Stück in die Tiefe, wird es spürbar kälter. Auch die Fische halten sich in unterschiedlichen Tiefen auf.

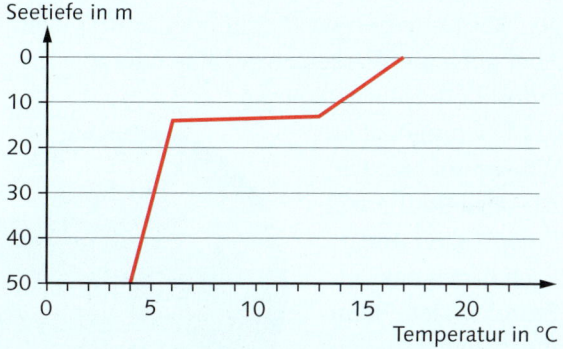

3 Temperaturschichtung während des Sommers

a ☐ Der Sauerstoffgehalt des Wassers hängt von seiner Temperatur ab. In den oberen Schichten produzieren Pflanzen Sauerstoff. Beschreibe die Verteilung des Sauerstoffs anhand des Diagramms in Bild 4.

b ☑ Beschreibe und erkläre die Temperaturschichtung eines Sees im Sommer anhand von Bild 3.

c ☐ Beschreibe, wie die Biologen vorgegangen sind, um die Werte der Bilder 3 und 4 zu messen.

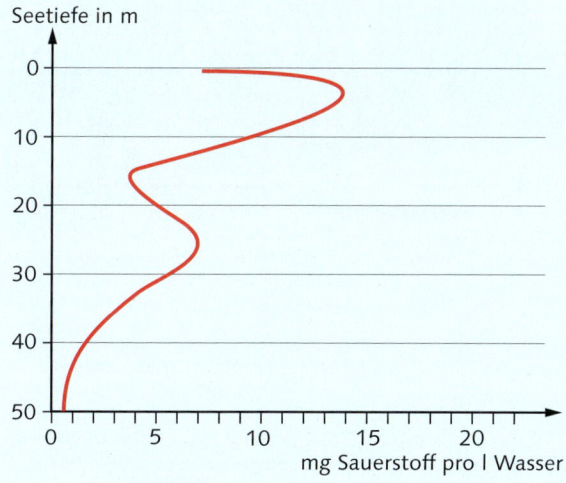

4 Sauerstoffgehalt während des Sommers in unterschiedlichen Tiefen

4 Ein Fisch im See

a ☑ Um den Sauerstoffbedarf von Fischen bei unterschiedlichen Temperaturen zu ermitteln, hatten die Biologen folgende Geräte zur Verfügung:
– abgeschlossenes, temperaturisoliertes Aquarium
– Heizung, Kühlung
– Sauerstoffmessgerät
Fertige eine beschriftete Skizze an, die den Versuchsaufbau zeigt.

b ☑ Erstelle aus der folgenden Tabelle ein Diagramm, das die Abhängigkeit des Sauerstoffbedarfs von der Temperatur anschaulich zeigt. Wähle einen geeigneten Diagrammtyp und Maßstab.

Wassertemperatur in °C	Sauerstoffverbrauch in g/kg
5	1,5
8	2,3
10	2,9
12	3,7
15	5,0
18	6,7
20	7,9

5 Sauerstoffverbrauch von Fischen bei unterschiedlichen Temperaturen

c ■ In besonders heißen Sommern kann es zum Fischsterben kommen, weil die Fische ersticken. Begründe diese Aussage anhand der Diagramme in Aufgabe 3.

6 Fischsterben

Pflanzen an und in einem See

Der See liegt ruhig in der Nachmittagssonne. Er sieht aus wie ein großer Spiegel mit grünem Rand. Unter Wasser erstreckt sich eine einzigartige Welt, von der wir vom Ufer aus nichts ahnen.

Unterschiedliche Bedingungen

Da in einem See vom Ufer bis zur Mitte sehr unterschiedliche Bedingungen gegeben sind, teilt man ihn in verschiedene Zonen ein.

Feuchtpflanzen leben am Wasser. Während ihre Wurzeln ständig im Wasser stehen, erhebt sich ihr Spross über die Wasseroberfläche. *Wasserpflanzen* leben im Wasser. Bisweilen ragen einzelne Pflanzenteile aus dem Wasser heraus.

Die *Bruchwaldzone* wird nur bei Hochwasser vollständig überflutet. Die meiste Zeit des Jahres stehen die hier vorkommenden Pflanzen im Trockenen. Typisch für diese Zone sind Erlen und Weiden.

Zwischen Land und Wasser

Die *Röhrichtzone* ist geprägt von hochwüchsigen Röhrichtarten wie Schilf oder Rohrkolben. Aber auch die Wasserschwertlilie oder die Sumpfdotterblume können das Überangebot an Wasser gut ertragen. Die Ausbildung von Erdsprossen und flach durch das Erdreich ziehenden Wurzeln geben den Pflanzen auch bei höherem Wellengang festen Halt. Die meisten Feuchtpflanzen besitzen in ihren Blättern und Stängeln *Durchlüftungsgewebe*. Dadurch werden der Sauerstoff und das Kohlenstoffdioxid im Pflanzenkörper verteilt.

Weide

Erle

Sumpfdotterblume

Wasserschwertlilie

Rohrkolben

Bruchwaldzone

Feuchtpflanzen

Röhrichtzone

1 Pflanzen eines stehenden Gewässers

Nur die Blätter schwimmen

Seerose und Teichrose sind typische Pflanzen der *Schwimmblattzone*. Sie besiedeln den Uferbereich zwischen ein und drei Metern Wassertiefe. Der Spross und die Wurzeln sind im Seegrund verankert. Die Blätter schwimmen an langen, biegsamen Stielen. So gleichen die Pflanzen Wellenbewegungen und Wasserstandsänderungen aus. Die Spaltöffnungen liegen auf der Blattoberseite. So ist der Gasaustausch gewährleistet.

Unter Wasser

Das Hornblatt, die Wasserpest und das Tausendblatt sind Pflanzen der *Tauchblattzone*. Sie leben unter Wasser, nur der Blütenstand erhebt sich bei manchen Arten aus dem Wasser heraus. Die dünnen, zarten Blättchen nehmen Kohlenstoffdioxid und Mineralstoffe direkt aus dem Wasser auf. Sie besitzen keine Cuticula und keine Spaltöffnungen. Wasserleitungsgefäße und Wurzeln sind nur schwach ausgebildet. Bei guten Lichtverhältnissen können Tauchblattpflanzen in eine Wassertiefe von bis zu zehn Metern vordringen.

Auf der Wasseroberfläche

Schwimmpflanzen, wie der Froschbiss oder die Wasserlinse, schwimmen auf der Wasseroberfläche. Die Wurzeln dieser Pflanzen hängen frei ins Wasser. Sie dienen weniger der Wasserversorgung als der Aufnahme von Mineralstoffen. Wasserlinsen können sich sehr schnell vermehren und große Bereiche der Wasseroberfläche bedecken.

In Kürze

Das Seeufer ist in typische Zonen eingeteilt. Der Bruchwald bildet den Übergang zur Röhrichtzone. Ihr folgt die Schwimmblatt- und schließlich die Tauchblattzone. In jeder Zone leben typische Pflanzen. Sie weisen Angepasstheiten an den jeweiligen Lebensraum auf.

Aufgaben

1 ☐ Erstelle eine Tabelle, die die Zonen der Pflanzen an einem See, mindestens einen typischen Vertreter und Angepasstheiten an den Lebensraum enthält.

2 ◪ Bestimme mit Hilfe eines Bestimmungsbuchs die Pflanzen an einem Gewässer. Ordne sie den Feuchtpflanzen, Schwimmblatt- bzw. Tauchblattpflanzen zu und begründe die Zuordnung.

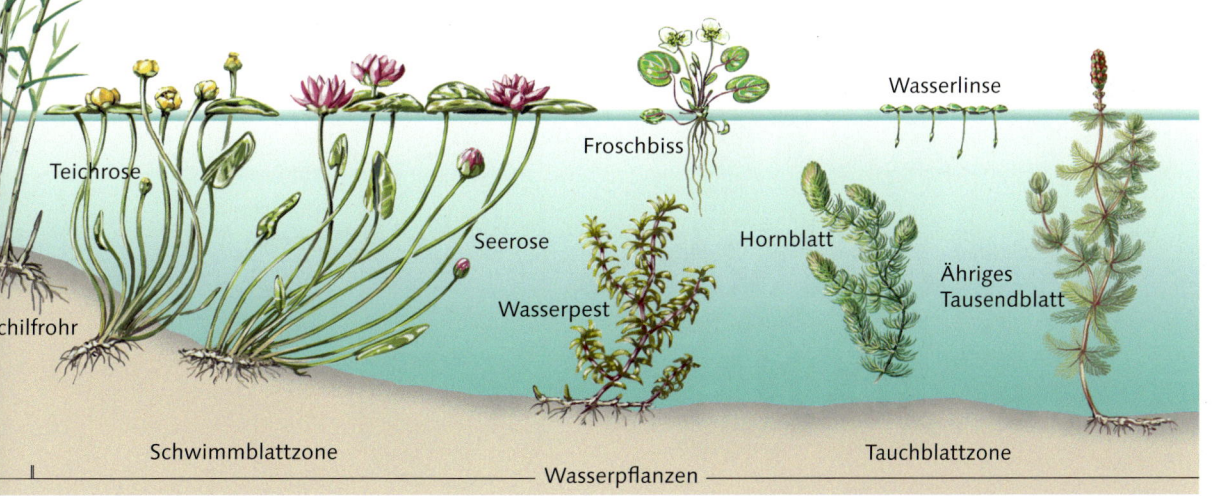

Teichrose · Froschbiss · Wasserlinse · Seerose · Hornblatt · Wasserpest · Ähriges Tausendblatt · chilfrohr · Schwimmblattzone · Tauchblattzone · Wasserpflanzen

Die Weiße Seerose

Die Bucht eines Sees bietet einen sehr reizvollen Anblick. Sie ist übersät mit weiß blühenden Seerosen. Wie kleine Boote schwimmen die Blätter und Blüten auf dem Wasser. Der lateinische Name der Seerose – *Nymphaea* – erinnert an die Schönheit der Nymphen. Eine dieser antiken Sagengestalten starb der Legende nach an unerfüllter Liebe und kehrte als Seerose auf die Welt zurück.

1 See mit Seerosenbewuchs

Verankerung im Boden

Wasserpflanzen müssen fest im Untergrund verankert sein, um den Strömungen und dem Wellenschlag in einem Gewässer zu widerstehen. Seerosen bilden einen *Erdspross* aus, der eine Länge von einem Meter und einen Durchmesser von über 6 Zentimetern erreichen kann. Er dient im Winter als Vorratsspeicher. An ihm entspringen zahlreiche Wurzeln, die die Pflanze fest im Gewässergrund verankern.

Die Blätter schwimmen

In den runden, bis zu 25 Zentimetern großen Blättern befinden sich viele Luftkammern, die sie an der Wasseroberfläche schwimmen

lassen. Blätter und Blüten sind über lange Stiele mit dem Erdspross verbunden. Da weder die Stiele noch die Blätter Stützgewebe ausbilden, sind sie sehr elastisch. Auf diese Weise können Wellen, Strömungen und wechselnde Wasserstände gut ausgeglichen werden. Die Blattoberseite ist mit einer schützenden Wachsschicht überzogen. Dadurch perlen Regentropfen ab und nehmen Schmutzteilchen mit.

Austausch von Gasen

Anders als bei Landpflanzen befinden sich bei Seerosen die Spaltöffnungen auf der Blattoberseite. Hier wird das für die Fotosynthese benötigte Kohlenstoffdioxid aufgenommen. Von den Blättern ziehen Durchlüftungsgewebe durch die Stiele bis in den Erdspross. So ist die Sauerstoffversorgung der Pflanzenteile im sauerstoffarmen Seegrund gewährleistet.

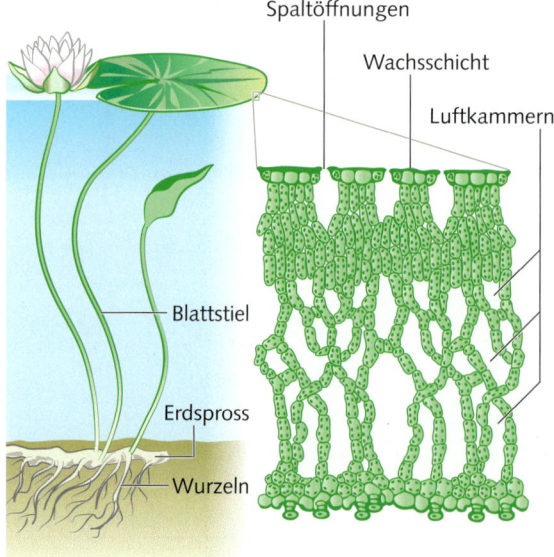

2 Seerose und Blattquerschnitt

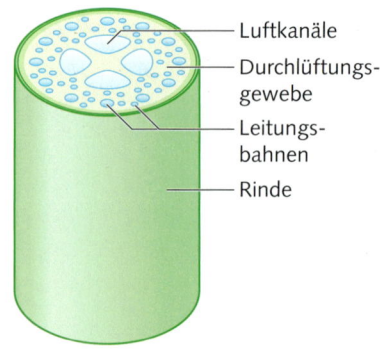

3 Querschnitt durch den Blattstiel

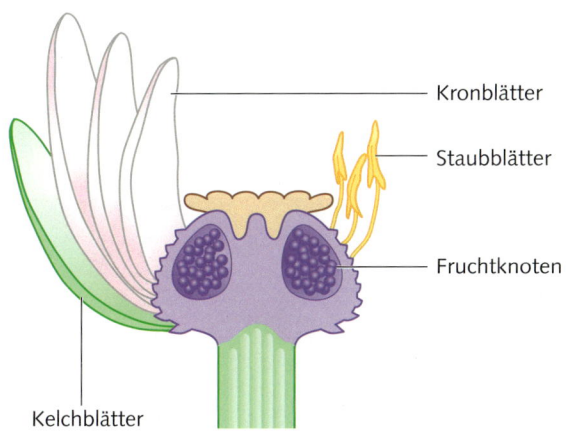

Kronblätter

Staubblätter

Fruchtknoten

Kelchblätter

4 Blüte der Seerose

5 Frucht der Seerose

Prächtige weiße Blüten

Seerosen besitzen große, wohlriechende Blüten. Bis zu 25 weiße Kronblätter werden von vier Kelchblättern umgeben. In der Mitte finden sich zahlreiche gelbe Staubblätter. Am Abend und bei Regen schließen sich die Blüten. Seerosen werden von Insekten wie Fliegen und Käfern bestäubt. Nach der Befruchtung wickelt sich der Blütenstiel schraubenförmig auf und zieht die Blüte unter Wasser. Nun entwickelt sich die Frucht.

Schwimmende Samen

Die ungefähr drei Zentimeter großen Früchte enthalten bis zu fünf Samen. Diese sind von einer klebrigen, lufthaltigen Schleimhülle umgeben. Sie steigen, wenn sie reif sind, an die Wasseroberfläche. Dort treiben sie mit der Strömung an neue Standorte. Mit der Zeit entweicht die Luft aus den Schleimhüllen. Die Samen sinken ab und keimen. Bleiben sie im Gefieder von Wasservögeln hängen, können neue Gewässer besiedelt werden.

In Kürze

Seerosen sind durch den Bau der Erdsprosse, der Blätter, der Blüten und der Samen an das Leben im Wasser angepasst.

Aufgaben

1 ☐ Nenne Merkmale, durch die eine Seerose an das Leben im Wasser angepasst ist.

2 ☑ Hält man ein frisches Seerosenblatt an Land am Stiel, so hängen Stiel und Blatt wie welk herab. Zähle Gründe für diese Beobachtung auf.

Weiter gedacht Ökologische Nischen im See

Als Bewohner des Schwimmblattgürtels steht die Seerose in Konkurrenz zu anderen Pflanzen wie der gelben Teichrose. Beide sind an das Leben im Uferbereich angepasst. Die Teichrose kann auch auf sehr stickstoffhaltigem Untergrund wachsen. Aufgrund der Ausbildung von Unterwasserblättern ist sie zusätzlich nicht so anfällig für starke Wellenbewegungen. Daher findet man an einem Standort meist nur eine der beiden Pflanzen. Sie besetzen unterschiedliche ökologische Nischen. Neben dieser räumlichen Einordnung teilen sich Lebewesen den Lebensraum auch zeitlich oder im Hinblick auf bestimmte Funktionen wie der Nahrungswahl oder des Nahrungserwerbs auf. Unter einer ökologischen Nische versteht man das Zusammenspiel aller abiotischen und biotischen Faktoren, die auf die Organismen wirken und ihnen das Leben in einem Ökosystem ermöglichen.

Angepasstheit von Wasserpflanzen

A Luft im Seerosenblatt

Hinweis: Seerosen sind geschützte Pflanzen. Für Versuche dürfen nur einzelne Blätter aus der Gärtnerei, privaten Gartenteichen oder dem Schulteich verwendet werden. Nur beim Verzehr sind die Pflanzenteile giftig!

1 Untersuchung eines Seerosenblattes

Material frisches Seerosenblatt, Steine, große Petrischale oder Schüssel, Wasser, Luftpumpe, Schlauch und Klebeband, eventuell Frischhaltefolie

Durchführung Befülle die Schale mit Wasser. Lege das Seerosenblatt mit der Oberseite nach unten in das Gefäß und beschwere es mit den Steinen, sodass es unter Wasser gehalten wird. Leite nun Luft durch das Blatt, indem du das Stielende mit Hilfe des Schlauchs und des Klebebands luftdicht mit der Luftpumpe verbindest. Wenn keine Luftpumpe zur Hand ist, kannst du den Stiel mit Frischhaltefolie umwickeln und mit einer Schere anschneiden. So verhinderst du einen Kontakt mit dem Mund. Puste vorsichtig in den Blattstiel.

Auswertung
1 Beschreibe die Beobachtungen.
2 Erstelle eine Skizze des Blattes, in die du den Weg der Luft einzeichnest.
3 Begründe, warum die Beobachtung eine Anpassung an das Leben im Wasser darstellt.

B Laubblätter und Schwimmblätter

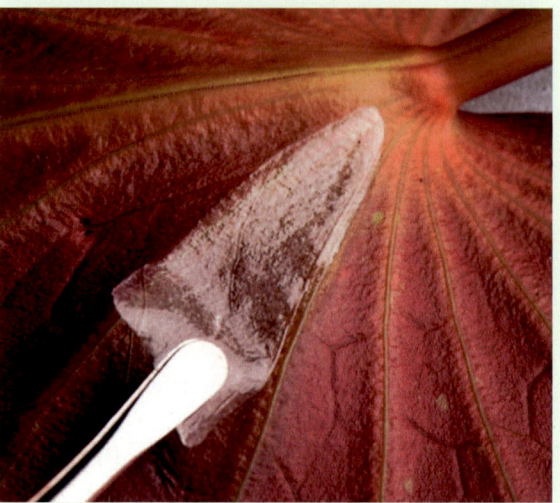

2 Herstellen von Blattabdrücken

Material Seerosenblatt, Blatt einer Zimmerpflanze, zum Beispiel *Tradescantia*, Mikroskop, Objektträger, Pinzette, Deckgläschen, durchsichtiger Nagellack oder Flüssigklebstoff

Zimmerpflanze Tradescantia

Durchführung Für die Herstellung eines Blattabdrucks wird eine dünne Schicht Flüssigklebstoff oder Nagellack auf die Blätter aufgebracht. Nach dem Trocknen können die Abdrücke mit Hilfe einer Pinzette leicht abgenommen, auf den Objektträger gelegt und anschließend mikroskopiert werden. Fertige Abdrücke der Blattober- und der Blattunterseiten an. Beschrifte die Abdrücke.

Auswertung
1 Vergleiche die Anzahl der Spaltöffnungen von Landpflanze und Wasserpflanze. Berücksichtige dabei die jeweilige Blattseite.
2 Stelle eine Beziehung zu den Ergebnissen von Versuch A her.

C Wasseraufnahme der Seerose

Material 1–2 Wasserbecken, zum Beispiel kleine Glasaquarien, kleine Plastiktüte, Gummibänder, 3 Seerosenblätter

Durchführung Drei Seerosenblätter werden frisch abgeschnitten. Das erste wird auf die Wasseroberfläche gelegt, der Blattstiel ist im Wasser. Das zweite wird so befestigt, dass zwar der Stiel, nicht aber das Blatt Wasserkontakt hat. Bei dem dritten Seerosenblatt wird die Wasseraufnahme durch den Blattstiel verhindert, indem man ihn mit Hilfe der Plastiktüte und den Gummibändern verschließt. Nach etwa 2 Stunden werden die Blätter verglichen.

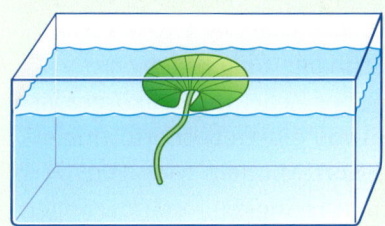

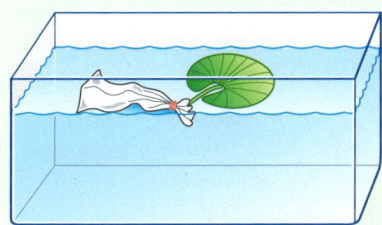

3 Experiment zur Wasseraufnahme

Auswertung
1 Beschreibe Unterschiede zwischen den Blättern.
2 Formuliere eine Fragestellung und eine Hypothese zu diesem Versuchsansatz.

D Wasserhahnenfuß im Trockenen

Material etwa gleich viel Material von Pflanzen des Wasserhahnenfußes und Pflanzen des Scharfen Hahnenfußes, 2 Waagen, Föhn

Durchführung Die Pflanzen des Wasserhahnenfußes werden in einem mit Wasser gefüllten Gefäß oder in einer Plastiktüte in die Schule transportiert. Bis zum Versuchsbeginn soll die Pflanze im Wasser verbleiben.
Auf die beiden Waagen werden Petrischalen gelegt. Der Wasserhahnenfuß wird durch vorsichtiges Schütteln gut abgetropft und auf die eine Waage gelegt. Auf die andere Waage wird so viel Scharfer Hahnenfuß gelegt, bis das gleiche Gewicht angezeigt wird. Nun werden die beiden Pflanzen gleichmäßig geföhnt. Lies etwa alle 2 Minuten das Gewicht ab und trage es in eine vorbereitete Tabelle ein. Führe den Versuch 10 Minuten lang durch.

4 Wassergehalt von Wasser- und Landpflanzen

Auswertung
1 Erstelle eine Grafik, die die Gewichtsabnahme der beiden Pflanzen zeigt.
2 Nenne Gründe für die unterschiedlichen Ergebnisse.

Schweben im Wasser

Mit Hilfe eines Planktonnetzes habt ihr eine Wasserprobe aus dem Schulteich entnommen und in ein Schraubglas gefüllt. Gegen das Licht gehalten, sieht man schon mit bloßem Auge, dass es hier vor Kleinstlebewesen nur so wimmelt. Aber erst mit Hilfe des Mikroskops zeigt sich das vielfältige Leben im Wassertropfen.

Den Wasserbewegungen ausgesetzt

Die Kleinstlebewesen werden meist als *Plankton* bezeichnet. Dieser Begriff leitet sich aus dem Griechischen ab, und bedeutet »das Umhergetriebene«. Es handelt sich um Wasserbewohner, deren Fortbewegung weitgehend von Wasserströmungen abhängig ist. Sie bewegen sich kaum aktiv. Es gibt Süßwasserplankton und Meeresplankton. In unseren heimischen Gewässern ist das Plankton mikroskopisch klein. Meeresplankton kann dagegen sehr groß werden. Beispielsweise erreichen einige Quallen einen Durchmesser von mehreren Metern. Nach der Zugehörigkeit zum Tier- oder Pflanzenreich unterscheidet man pflanzliches und tierisches Plankton.

1 Mikroskopisches Bild einer Planktonprobe

Schwebende Pflanzen

Zum pflanzlichen Plankton, dem *Phytoplankton*, gehören ein- oder wenigzellige Lebewesen. Sie sind in der Lage, Fotosynthese zu betreiben. Die Grünalge *Chlamydomonas* besteht nur aus einer Zelle. Ihr Zellkörper ist zum größten Teil von einem becherförmigen Chloroplasten gefüllt. Mit dem winzigen Augenfleck können Helligkeitsveränderungen erkannt werden. Am vorderen Ende besitzt der pflanzliche Einzeller zwei Geißeln, mit deren Hilfe er sich in eine für die Fotosynthese günstige Position drehen kann. Die Vertreter des Phytoplanktons stehen im Ökosystem Gewässer als Produzenten am Anfang fast aller Nahrungsketten und sind damit von zentraler Bedeutung.

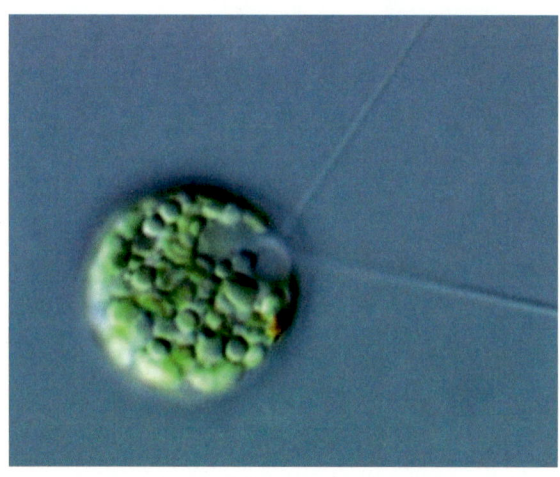

2 Einzellige Grünalge im mikroskopischen Bild

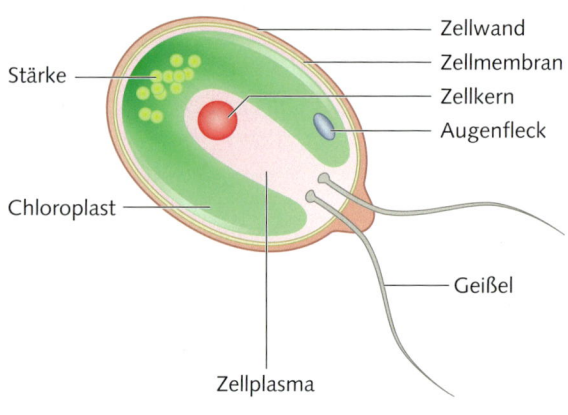

3 Einzellige Grünalge (Schema)

Zellwand
Zellmembran
Zellkern
Augenfleck
Stärke
Chloroplast
Geißel
Zellplasma

Schwebende Tiere

Zum *Zooplankton* gehören unterschiedlichste Formen, wie das einzellige, von einem Wimpernsaum umgebene Pantoffeltierchen, die Rädertierchen oder kleinste Krebse. Sie ernähren sich von Bakterien, Algen oder kleinerem Zooplankton. Der Wasserfloh hat seinen Namen von seinen hüpfenden Bewegungen, die an einen Floh erinnern. Mit den beiden großen, zu Rudern umgebildeten Fühlern schlägt er durch das Wasser. Dadurch treibt der Körper ein Stück vor- und aufwärts. In den Pausen sinkt das Tier langsam ab. Wasserflöhe sind fast vollständig von einem kleinen Schalenpanzer umgeben. Nur auf der Bauchseite bleibt eine kleine Rinne frei. Hier strudeln die Beine ständig Wasser herbei und filtern daraus Nahrung. Die Atmung erfolgt über alle dünnhäutigen Körperstellen sowie über kleine Anhänge an den Beinen.

Angepasstheiten an das Schweben

Da sich das Plankton gar nicht oder nur über sehr kleine Strecken fortbewegen kann, besteht stets die Gefahr, auf den Gewässergrund abzusinken. Phytoplankton gelangt dann schnell in Bereiche, in denen es für die Fotosynthese zu dunkel ist. Bei vielen Vertretern des Planktons sind eine flache Körperform oder lange Fortsätze ausgebildet. Dadurch wird das Absinken verlangsamt.

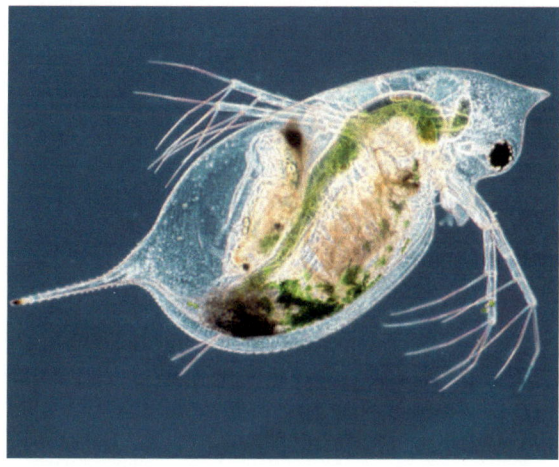

4 Wasserfloh

Auch die Einlagerung von Luft oder Öl in die Zellen ermöglicht es dem Plankton, im Wasser zu schweben.

In Kürze

Als Plankton fasst man Lebewesen von Gewässern zusammen, deren Fortbewegung weitgehend von den Strömungen des Wassers abhängig ist. Man unterscheidet pflanzliches und tierisches Plankton. Durch Anpassungen des Körperbaus kann Plankton im Wasser schweben.

Aufgaben

1 ☐ Nenne die Definition des Begriffs »Plankton«.
2 ☑ Vergleiche Phytoplankton und Zooplankton. Beschreibe Gemeinsamkeiten und Unterschiede.
3 ☑ Zähle Gründe auf, warum man in reißenden Gebirgsbächen kein Plankton findet.

Basiskonzept Struktur und Funktion

Die Alge *Chlamydomonas* besteht aus einer einzigen Zelle. Ihre Bestandteile übernehmen verschiedene Aufgaben. Während die Zellwand dem Schutz dient, findet im Chloroplasten die Fotosynthese statt. Mit Hilfe der Geißeln kann sich die Alge fortbewegen. Alle Zellbestandteile haben einen speziellen Bau, der dazu geeignet ist, eine bestimmte Aufgabe zu erfüllen. Bei vielzelligen Lebewesen wie dem Wasserfloh übernehmen Organe einzelne Aufgaben.

Die langen Fühler wirken bei der Fortbewegung wie Ruder, die Beine besitzen kleine Haarborsten und dienen als Filterapparat für die Ernährung.

Die Struktur meint den Aufbau oder die Form von Lebewesen beziehungsweise deren Körperteile. Sie sind so gebaut, dass sie bestimmte Aufgaben, also Funktionen, ausführen können. Dieser Zusammenhang zwischen Struktur und Funktion besteht sowohl bei Einzellern als auch bei vielzelligen Lebewesen.

Wasserproben nehmen und untersuchen

A Anleitung für den Bau eines Planktonnetzes

Mit Hilfe eines Planktonnetzes kann man Plankton aus dem Wasser fischen. Professionelle Planktonnetze gibt es im Fachhandel zu kaufen. Mit einer Feinstrumpfhose kann man Planktonnetze für den Schulgebrauch auch selbst herstellen.

Material Feinstrumpfhose, Plastikflasche, wasserfestes Klebeband, kleiner Plastikbehälter (wie eine abgeschnittene Gewürz- oder Filmdose), Besenstiel, Packband

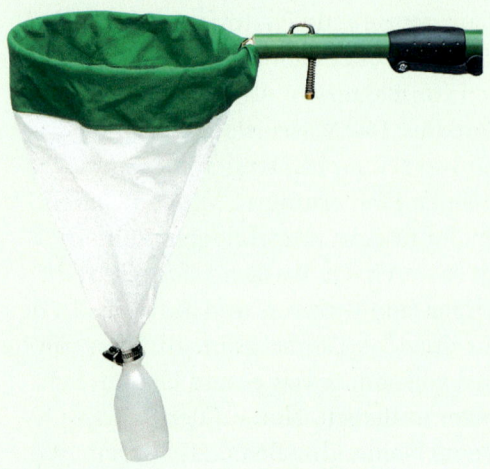

2 Planktonnetz aus dem Fachhandel

Bauanleitung

- Schneide den Fuß des Strumpfes vorn an der Spitze ab.
- Befestige den vorderen Strumpfteil mit Hilfe von wasserfestem Klebeband am Flaschenhals.
- Schneide ein kleines Loch in den vorderen Teil des Strumpfes und befestige am unteren Ende eine kleine Dose.
- Bringe die Flasche mit Hilfe von Packband an einem Besenstiel an. So kannst du weiter entfernte Teile des Gewässers erreichen.

Durchführung

- Ziehe das Planktonnetz durch das Wasser. Im Plastikdöschen sammelt sich dabei das Plankton.
- Stülpe nun den Strumpf um und gieße die Probe aus dem Döschen in ein Gefäß mit Schraubverschluss.
- Beschrifte das Gefäß für die spätere Untersuchung mit Fundort und Datum.
- Nimm Proben von unterschiedlichen Gewässern oder unterschiedlichen Gewässerbereichen und vergleiche sie miteinander.

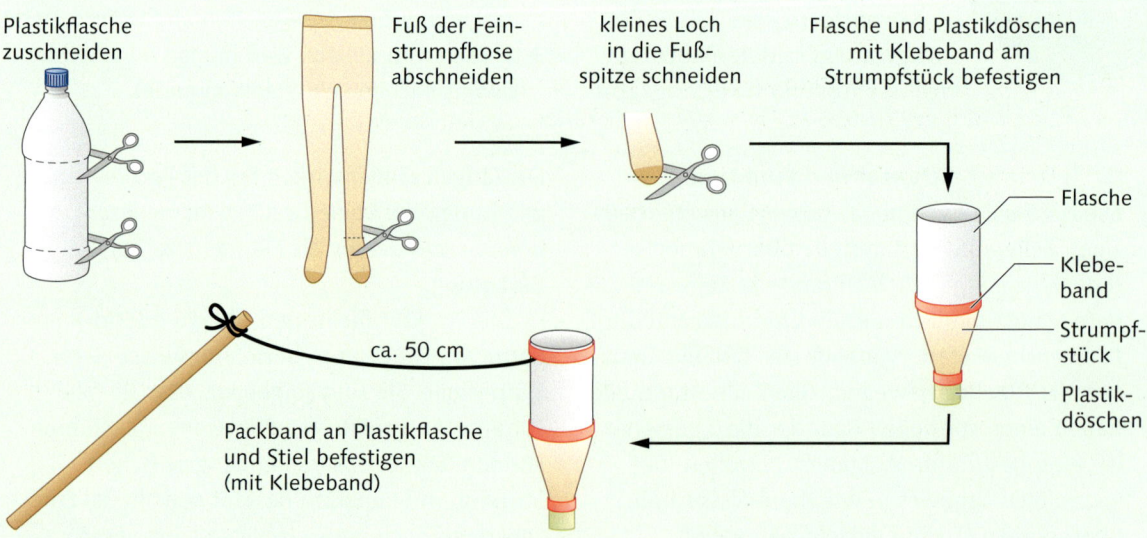

Plastikflasche zuschneiden

Fuß der Feinstrumpfhose abschneiden

kleines Loch in die Fußspitze schneiden

Flasche und Plastikdöschen mit Klebeband am Strumpfstück befestigen

Flasche

Klebeband

Strumpfstück

Plastikdöschen

ca. 50 cm

Packband an Plastikflasche und Stiel befestigen (mit Klebeband)

1 Bauanleitung für ein Planktonnetz

B Untersuchen von Planktonproben

Material Planktonnetze unterschiedlicher Maschenweite (für Phytoplankton etwa 0,06 Millimeter, für Zooplankton etwa 0,1 Millimeter), an Seilen oder Stangen befestigt, Probenflaschen, Kühltasche, Mikroskopierausrüstung, Zeichenmaterial

Durchführung
- Befüllt die Probenflaschen mit etwas Wasser aus dem Gewässer.
- Werft das Planktonnetz aus. Zieht es langsam und gleichmäßig durch das Wasser.
- Überführt den Inhalt des Netzbechers in eine Probenflasche. Beschriftet die Probenflasche mit dem Entnahmeort.

- Wiederholt die Probenentnahme an unterschiedlichen Stellen des Gewässers. Achtet bei der Lagerung und beim Transport darauf, dass das Wasser in den Proben nicht zu warm wird, verwendet eine Kühltasche.
- Mit Mikroskop und Bestimmungsschlüssel werden die Lebewesen in den Proben bestimmt und gezeichnet.
- Wenn ihr fertig seid, setzt das Plankton vorsichtig wieder am Fundort aus.

Auswertung
1 Beschriftet die Zeichnungen und wählt die schönsten aus, um ein Plakat zu gestalten.
2 Wenn ihr das Gewässer gründlich untersucht und dabei auch Fotos gemacht habt, könnt ihr eine Ausstellung gestalten.

Bestimmungsschlüssel für Bakterien und Phytoplankton (Auswahl)

①	– ohne Zellkern	–> 2
	– mit Zellkern	–> 3
②	– grün oder gelb bis rot gefärbt	–> Bakterien
	– bläulich gefärbt	–> Cyanobakterien (Blaualgen)
③	– Farbe gelblich bis braun	–> 4
	– andere Farbe	–> 5
④	– meist mit zwei unterschiedlich langen Geißeln, einzeln oder kolonienbildend	–> Goldalgen
	– umgeben mit strukturierter Schale, einzellig, meist unbegeißelt und häufig kolonienbildend	–> Kieselalgen
⑤	– grün gefärbt, mit rotem Augenfleck und einer Geißel	–> Schönaugengeißler
	– grün gefärbt, ohne oder mit zwei gleich langen Geißeln	–> Grünalgen

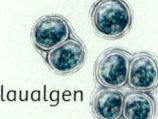

Bakterien

Blaualgen

Goldalgen

Kieselalgen

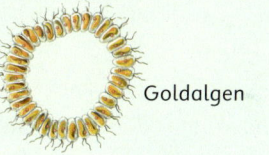

Schönaugengeißler

Grünalgen (Auswahl)

einzellige:
ohne Geißel:

mit Geißeln:

kolonienbildende:

mehrzellige:

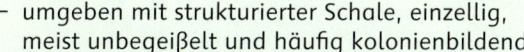

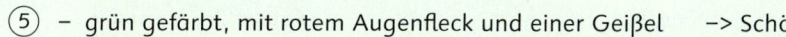

3 Bestimmungsschlüssel für Phytoplankton

Tiere an und im See

Die Vielfalt der Pflanzen an einem See lässt sich oft schon auf den ersten Blick erkennen. Bei den Tieren musst du genau beobachten, um sie zu entdecken.

Die Uferzone

Die Uferzone eines Sees oder anderer stehender Gewässer sind der bevorzugte Lebensraum vieler Singvögel. Bachstelze und Teichrohrsänger finden in den Bäumen und Sträuchern der Bruchwaldzone gut geschützte Nist- und Brutplätze. Die zahlreichen Insekten dienen ihnen als Nahrungsquelle. Hier leben neben verschiedenen Käfern auch Mücken und Eintagsfliegen. Der weiche Boden der Uferzone ist der geeignete Lebensraum für Regenwürmer.

An Land und im Wasser

Manche Tiere, zum Beispiel der Bisam, nutzen sowohl die Uferzone als auch das Wasser als Lebensraum. Der Bisam hat verschließbare, wasserdichte Ohren und ein dichtes, wasserabweisendes Fell. Dies sind Angepasstheiten, um sehr lange im Wasser nach pflanzlicher Nahrung suchen zu können. Zudem befinden sich zwischen seinen Zehen starre Schwimmborsten, wodurch er hervorragend schwimmen kann. Im weichen Uferbereich gräbt der Bisam seine unterirdischen Behausungen. Der Eingang liegt stets unter der Wasseroberfläche.

Auch Stockenten leben an Land und im Wasser. Ihre Zehen sind durch Schwimmhäute verbunden und wirken im Wasser wie Paddel. Das wasserabweisende Gefieder schützt sie vor Kälte und Nässe. Nur zum Brüten und Schlafen gehen die Stockenten an Land.

Auf und über dem Wasser

Wasserläufer besiedeln die Wasseroberfläche fast aller stehenden Gewässer. Ihre langen, flach ausgebreiteten Beine

Bachstelze

Stechmücke

Regenwurm

Teichrohrsänger

Bisam

Bruchwaldzone   Feuchtpflanzen   Röhrichtzone

1 Ausgewählte Tiere in und am See

sind mit wasserabweisenden Haaren besetzt. So können sie die Oberflächenspannung des Wassers optimal ausnutzen. Hier fressen sie ins Wasser gefallene Insekten. Das Weibchen legt seine Eier an Wasserpflanzen ab.

Über dem Wasser jagen Libellen im schnellen Flug nach Eintagsfliegen und anderen Insekten. Auch sie nutzen die Wasserpflanzen in der Uferzone zur Eiablage. Die geschlüpften Larven bleiben bis zum Ende der vollständigen Entwicklung im Wasser und ernähren sich von Mückenlarven und Kleinkrebsen.

Unter der Wasseroberfläche

Neben den Fischen leben auch viele Insekten, deren Larven, Schnecken, Krebse und Egel unter Wasser. Die Wasserspinne legt sich einen Luftvorrat unter Wasser an. Dazu streckt sie ihre Hinterbeine aus dem Wasser und zieht sie schnell wieder zurück. In den feinen Haaren bleiben kleine Luftblasen hängen. Diese werden in einem unter Wasser gesponnenen Netz gesammelt. Hier wartet die Spinne auf ihre Beute. Berührt ein vorbeischwimmender Flohkrebs oder eine Wasserassel einen Signalfaden, wird die Beute blitzschnell gebissen und zum Verzehr in die Luftkammer geholt.

Köcherfliegenlarven sind Kiemenatmer und leben ausschließlich unter der Wasseroberfläche. Mit ihren Mundwerkzeugen schaben sie Algenbelag von Steinen und Wasserpflanzen ab. Aber auch abgestorbenes Pflanzenmaterial dient als Nahrung. Ihr aus Spinnseide und kleinen Sandkörnern gebauter Köcher bietet ihnen Schutz und Versteck vor Fressfeinden. Das Gewicht des Köchers hilft ihnen, der Wasserströmung zu widerstehen. Auch die Moosblasen- und Tellerschnecken leben hier und ernähren sich von Wasserpflanzen und Algen.

In Kürze

Gewässer sind sehr artenreich und die »Kinderstube« für eine Vielzahl von Insekten, Amphibien und Vögeln. Hier steht ihnen und ihren Nachkommen ausreichend Nahrung zur Verfügung. Sie zeigen Angepasstheiten, die ihnen das Leben am oder im Gewässer ermöglichen.

Aufgaben

1 ☐ Erstelle eine Tabelle, in der du den Zonen eines Sees ein typisches Tier und seine Angepasstheiten an diesen Lebensraum zuordnest.

2 ◨ Beschreibe das Luftholen der Wasserspinne und erkläre die Notwendigkeit des Unterwassernetzes.

Stockente · Eintagsfliege · Wasserläufer · Libelle · Wasserspinne · Krebs · Köcherfliegenlarve · Karpfen

Schwimmblattzone — Wasserpflanzen — Tauchblattzone

Der Gelbrandkäfer

Vor einer Woche hat Tizian im Gartenteich sehr viele Kaulquappen entdeckt. Heute sind von den vielen Tieren fast keine mehr zu sehen. Stattdessen entdeckt er einen großen, gelb gerandeten Käfer.

Eindeutige Merkmale

Gelbrandkäfer sind Schwimmkäfer und werden bis zu 35 Millimeter groß. Der gelbe Streifen am Ende der Flügeldecken und um den Halsschild gab den Käfern ihren Namen. Bei den Männchen sind die Flügeldecken glatt, bei den Weibchen sind sie im vorderen Bereich längs gefurcht. Das dritte Beinpaar ist zu Schwimmbeinen ausgebildet. Es ist mit dichten Borsten besetzt und dient beim Schwimmen unter Wasser als Paddel. Am ersten Beinpaar befinden sich mehrere Saugnäpfe. Sie dienen zum Festhalten bei der Nahrungsaufnahme, der Paarung und der Eiablage. Unter den Flügeldecken haben die Käfer eine Kammer. Sie enthält den Luftvorrat für das Atmen unter Wasser. Über eine Öffnung gelangt Luft in die Kammer. Ein wasserabweisender Haarsaum um die Flügeldecken verhindert das Einströmen von Wasser und das Entweichen der Luft. Über die hier endenden Atemöffnungen gelangt die Luft in die Tracheen.

1 Gelbrandkäfer auf der Jagd

Lebensraum und Lebensweise

Die Gelbrandkäfer kommen in ganz Europa vor allem in stehenden Gewässern vor. Sie können sowohl fliegen als auch tauchen. Bevor sie abfliegen, entleeren sie einen großen Teil ihres Enddarms, um ihr Gewicht zu reduzieren. Zum Abtauchen im Gewässer erhöhen sie ihr Gewicht wieder, indem sie Flüssigkeit aufnehmen. Nach etwa 15 Minuten müssen die Käfer ihren Luftvorrat erneuern. Dazu stoßen sie mit ihrem Hinterleib durch die Wasseroberfläche.

Ernährung des Gelbrandkäfers

Gelbrandkäfer jagen unter Wasser kleinere Tiere, zum Beispiel Kaulquappen und Insektenlarven. Sie fressen aber auch Jungfrösche und schwache oder kranke Fische. Mit ihren

2 Die Hinterbeine sind Schwimmbeine.

3 Vorderbein mit Saugnäpfen

kräftigen, beißenden Mundwerkzeugen schneiden sie Teile aus der Beute heraus.

Fortpflanzung der Gelbrandkäfer

Im Herbst paaren sich die Gelbrandkäfer. Die befruchteten Eier werden aber erst im Frühjahr in das Gewebe von Wasserpflanzen abgelegt. Dazu schlitzt das Weibchen mit seinem Legestachel Wasserpflanzen auf und legt bis zu 1000 Eier in das Innere. Das Gelege wird vom Weibchen mit einem Sekret verschlossen.

Entwicklung der Larven

Die Larven des Gelbrandkäfers leben unter Wasser. Sie ernähren sich ebenso räuberisch wie die ausgewachsenen Käfer. Mit ihren Beinen halten sie sich an der Beute fest und stechen ihre dolchartigen Oberkiefer in deren Körper. Über einen Kanal in den Oberkiefern werden Verdauungssäfte in die Beute gepumpt. Das Körperinnere wird dadurch verflüssigt. Dies bezeichnet man als *äußere Verdauung*. Nun saugt die Larve die nährstoffreiche Flüssigkeit auf. Durch zwei Öffnungen im Hinterleib nehmen die Larven an der Wasseroberfläche Sauerstoff auf. Im Herbst verlassen sie das Wasser und graben sich an Land eine Höhle, die *Puppenwiege*. Hier verpuppen sie sich und schlüpfen im Frühjahr.

5 Larve des Gelbrandkäfers

In Kürze

Gelbrandkäfer leben im Wasser und überwintern an Land. Eine Luftkammer unter den Flügeldecken und Schwimmbeine sind Angepasstheiten an das Leben unter Wasser. Die Larven verdauen ihre Nahrung außerhalb des Körpers.

Aufgaben

1 ☐ Beschreibe die Entwicklung des Gelbrandkäfers mit Hilfe eines Flussdiagramms.
2 ☑ Ordne die Begriffe Taucher und Schnorchler dem Gelbrandkäfer beziehungsweise seiner Larve zu. Begründe deine Zuordnung.

Eiablage Paarung Beutefang Luft holen Gelbrandkäfer schlüpft

Eier

Puppe

Larve

Larve beim Fressen

4 Entwicklung und Lebensweise des Gelbrandkäfers

Nahrungsbeziehungen im See

Hechte sind bei Fischzüchtern gefürchtet. Sie sind geschickte Jäger und fressen neben Fischen auch Frösche, Wasservögel und sogar kleine Säugetiere.

1 Hechte sind geschickte Jäger.

Nahrungskette und Nahrungsnetz

Auf dem Speiseplan der Hechte stehen unter anderem junge Barsche. Diese machen Jagd auf Kaulquappen, die wiederum Algen, abgestorbene Pflanzenteile und Einzeller fressen. Solche *Nahrungsketten,* wie die zwischen Algen, Kaulquappen, Barschen und Hechten, gibt es viele in einem See. Die meisten Tiere haben aber nicht nur eine, sondern mehrere Nahrungsquellen. So ernähren sich Kaulquappen nicht nur von Algen, sondern auch von Wasserflöhen. Wasserflöhe dienen ihrerseits nicht nur Kaulquappen sondern auch Barschen, Stockenten, Wasserfröschen und Insektenlarven als Nahrung. Auf diese Weise sind die einzelnen Nahrungsketten zu *Nahrungsnetzen* verknüpft.

Produzenten und Konsumenten

Am Beginn aller Nahrungsketten stehen die grünen Pflanzen und das Phytoplankton. Als Produzenten stellen sie bei der Fotosynthese aus Kohlenstoffdioxid und Wasser mit Hilfe des Sonnenlichts Glucose her. Dabei wird Sauerstoff frei. Die Tiere dagegen sind *Konsumenten.* Pflanzenfresser sind *Konsumenten 1. Ordnung.* Von ihnen ernähren sich die Fleischfresser, die *Konsumenten 2. Ordnung.* Das letzte Glied einer Nahrungskette bilden die *Endkonsumenten.* Die *Destruenten* zersetzen tote Lebewesen. Dabei entstehen Mineralstoffe, Kohlenstoffdioxid und Wasser.

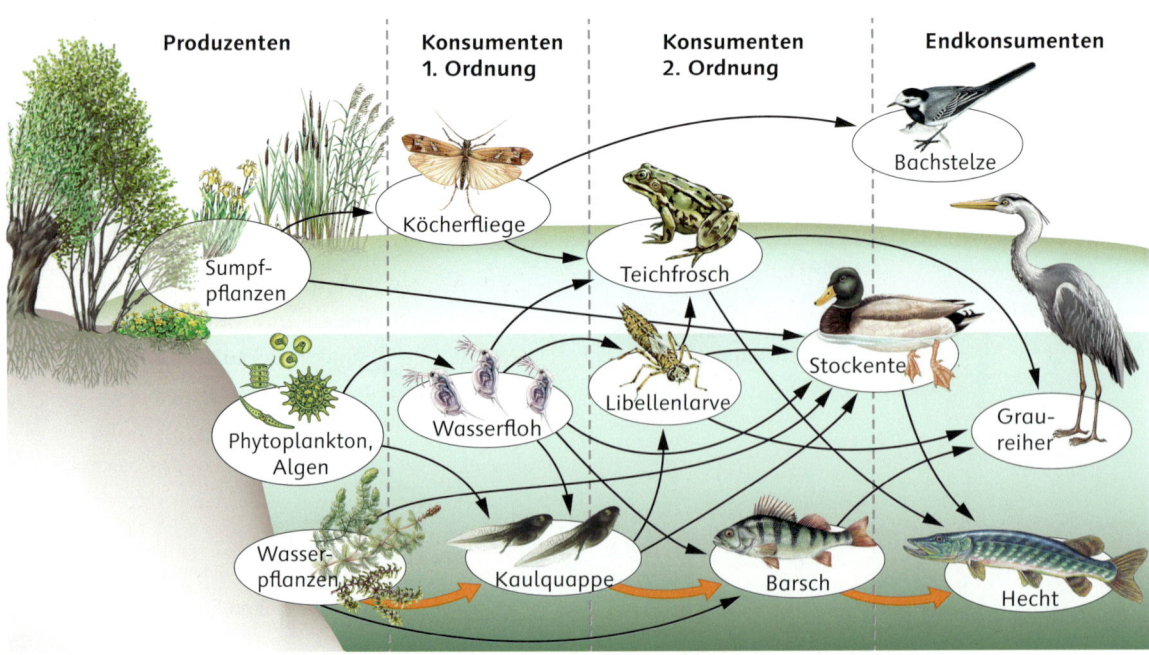

2 Nahrungsketten und Nahrungsnetz in einem See

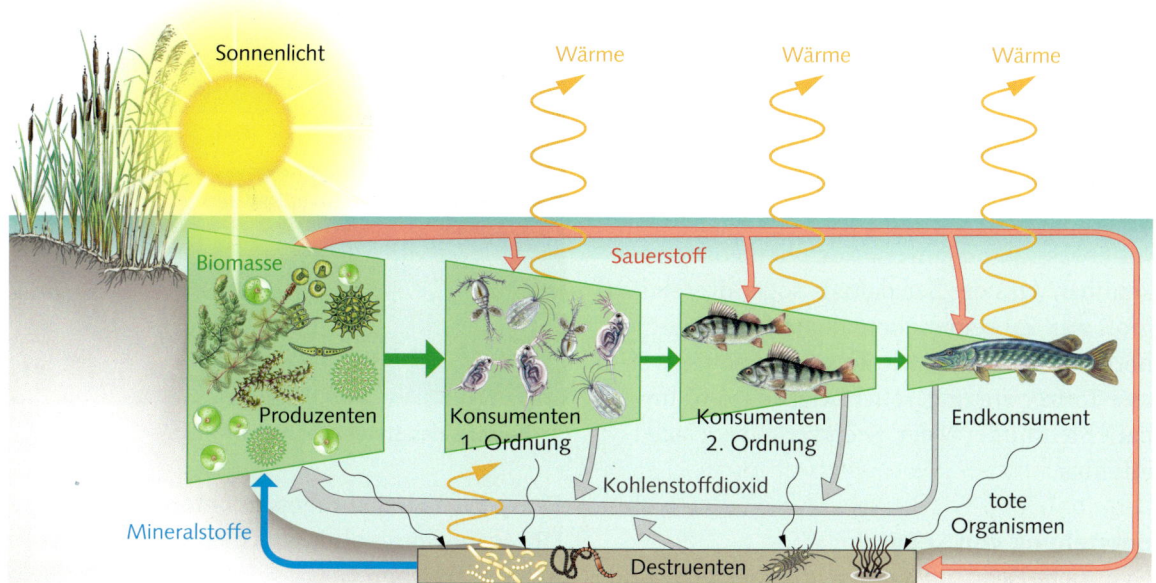

3 Nahrungspyramide und Stoffkreislauf in einem See

Räuber-Beute-Beziehungen

Die Anzahl der Räuber in einem See ist abhängig von der Anzahl der Beutetiere und umgekehrt. Mückenlarven beispielsweise sind oft Beutetiere für Barsche. Gibt es viele Mückenlarven, haben die Barsche und deren Nachwuchs viel zu fressen. Dann sinkt die Anzahl der Mücken, die sich fortpflanzen können, und damit auch die Zahl der Mückenlarven. Nun gibt es weniger Nahrung für die Barsche. Da jedes Tier mehrere Nahrungsquellen hat, ist diese Beziehung jedoch stark vereinfacht dargestellt.

1 Je mehr Beute, desto mehr Räuber.
2 Je mehr Räuber, desto weniger Beute.

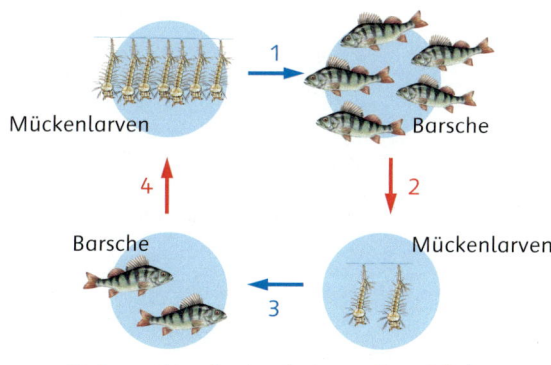

3 Je weniger Beute, desto weniger Räuber.
4 Je weniger Räuber, desto mehr Beute.

4 Räuber-Beute-Modell

Biomasse und Nahrungspyramide

Den größten Teil der mit der Nahrung aufgenommenen Energie benötigen Lebewesen für ihre Stoffwechselvorgänge. Nur ein kleiner Teil der Energie wird in der Körpersubstanz, der *Biomasse,* gespeichert. Dies trifft, von den Produzenten bis zu den Endkonsumenten, für jede Ernährungsstufe zu. Ordnet man die Biomassen in einer Grafik an, so entsteht eine Pyramide. Den breiten Sockel bilden die Produzenten. Die Anzahl der Lebewesen nimmt von Stufe zu Stufe immer weiter ab. Gleichzeitig wird auch die Biomasse nach oben hin geringer.

In Kürze

Zwischen den Lebewesen in einem Gewässer bestehen Nahrungsbeziehungen in Form von Nahrungsketten und Nahrungsnetzen. Von den Produzenten bis zu den Endkonsumenten nimmt die Biomasse stetig ab.

Aufgaben

1 ☐ Nenne Beispiele für Konsumenten der 1. und 2. Ordnung in Bild 2.

2 ◪ Suche nach einer Begründung, weshalb die Biomasse von den Produzenten zu den Endkonsumenten stetig abnimmt.

Ein See verlandet

Der größte See in Niedersachsen ist das Steinhuder Meer. Dieser See ist 8 km lang und 4,5 km breit. Er entstand am Ende der Eiszeit vor etwas 14 000 Jahren. Noch heute ist erkennbar, dass der See damals sogar dreimal so groß war. Zu seiner ehemaligen Fläche gehören das angrenzende Tote Moor sowie weitere Torfmoore und Feuchtwiesen im Naturpark Steinhuder Meer. Seen verändern sich offenbar.

Entstehung von Seen

Natürliche Seen entstanden, als Gletscher und Schmelzwasser während der Eiszeiten die Landschaft formten. Auch durch Bewegungen der Erdkruste oder vulkanische Aktivitäten bildeten sich Gräben oder Becken, in denen sich Wasser ansammelte.

Seen altern

Ein neu entstandener See ist arm an Phytoplankton. Er erscheint türkisblau und klar. In diesem Zustand ist er nährstoffarm und wird als *oligotroph* bezeichnet. Durch den Eintrag von Mineralstoffen vermehren sich Algen. Das Wasser wird trüb und grünlich. In der Folge steigt die Menge an Zooplankton und weiterer Konsumenten an. In solchen *eutrophen,* also nährstoffreichen Seen kann die Menge abgestorbener Lebewesen am Grund nicht mehr vollständig zersetzt werden.

1 Uferzone des Steinhuder Meeres

Es lagern sich Sedimentschichten ab. Den Übergang vom nährstoffarmen zu einem nährstoffreichen Gewässer nennt man *Eutrophierung.* Sie verläuft sehr langsam, kann aber durch menschliche Einflüsse stark beschleunigt werden.

Ursachen des Verlandens

Die Verlandung eines Sees ist ein natürlicher, lang andauernder Prozess, der bei jedem stehenden Gewässer stattfindet. Zuflüsse führen Kies, Schwebestoffe und Mineralstoffe mit sich. Dadurch werden die Sedimentbildung und die Verschlammung des Seegrunds vorangetrieben. Die Wassertiefe verringert sich. Von den Ufern wachsen Schilf und Rohrkolben in die flachen Bereiche der Freiwasserzone hinein. Unter Sauerstoffabschluss bildet sich aus abgestorbenen Pflanzenteilen Schilftorf. Schicht um Schicht wächst der schlammige und torfhaltige Seegrund.

2 Verlandungszone eines Sees

3 Stoffeintrag aus den Zuflüssen

4 Flachmoor

Ein Moor entsteht

Nach und nach besiedeln Gräser wie Seggen das entstehende Flachmoor. Aus abgestorbenen und nicht zersetzten Pflanzen bildet sich nun der Seggentorf. Dieser Flachmoortorf hebt sich immer weiter über den Wasserspiegel heraus. Siedelt sich das Torfmoos an, so breitet es sich meist stark aus. Im Laufe großer Zeiträume erstickt es andere Pflanzen und bildet ein Hochmoor.

Bruchwald

Hebt sich der Torf in einem Flachmoor über den Wasserspiegel, können sich auch Bäume ansiedeln. Es entsteht ein Bruchwald. Erlen, Birken oder Kiefern sind typische Pflanzen solcher Sumpfgebiete. Sie können die ständige Nässe vertragen. Wird ein Baum zu groß und seine Krone zu ausladend, kippt er im sumpfigen Untergrund um.

In Kürze

Die Verlandung eines Sees ist ein natürlicher, langsam fortschreitender Prozess, der durch menschliche Einflüsse beschleunigt werden kann. Er läuft in Stufen ab, an deren Ende ein Hochmoor oder ein Bruchwald steht. Jedes stehende Gewässer verlandet mit der Zeit.

Aufgaben

1 ☐ Nenne drei Möglichkeiten, wie Seen entstehen können.

2 ☑ »Ein See altert.« Erläutere den biologischen Hintergrund dieser Aussage.

3 ☑ Erstelle ein Flussdiagramm, das die Verlandung eines Sees bis zur Entstehung eines Bruchwalds darstellt.

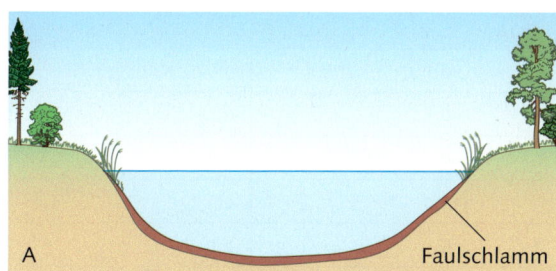

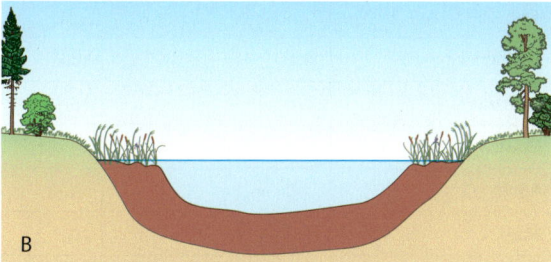

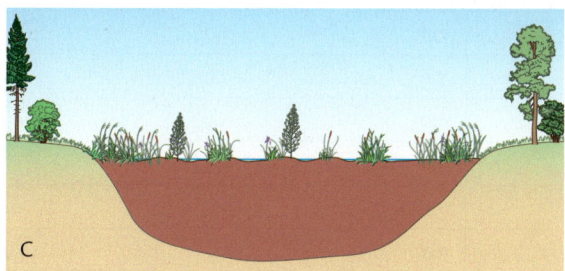

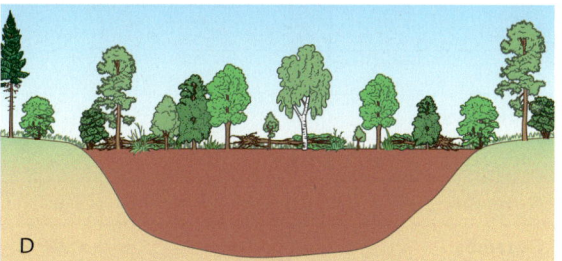

5 Ein See verlandet.

Ökologische Zusammenhänge in einem See

1 Licht, Dünger und Biomasse

Ein See wurde ein Jahr lang gründlich untersucht. Dabei konnten viele Messwerte gewonnen und dokumentiert werden. In der Tabelle unten sind die Messergebnisse aus der Untersuchung des Oberflächenwassers festgehalten.

a □ Erstelle ein Diagramm, das alle Werte der Tabelle übersichtlich, mit Hilfe von geeigneten Farben, veranschaulicht.

b □ Der See hat einen Zufluss, der ständig Dünger in Form von Phosphat einschwemmt. In den Monaten Januar bis Mai steigt der Düngeranteil kontinuierlich an. Beschreibe die Veränderungen der Düngerkonzentration für den Rest des Jahres.

c ☑ Erläutere den Anstieg der Algenbiomasse in den Monaten April bis Juni. Beschreibe dazu den Zusammenhang zwischen Düngerkonzentration und Algenbiomasse.

d ■ Erläutere die Zunahme des Zooplanktons in den Monaten April bis Juni sowie den Einbruch der Zooplanktonkonzentration im Monat Juli.

e ■ Übertrage das Diagramm von Bild 2 in dein Heft und zeichne eine Kurve, die die Algenbiomasse in 5 Metern Tiefe im Verlauf des Jahres zeigt. Gehe davon aus, dass im Januar die Algenbiomasse bei 0,1 cm³/m³ liegt.

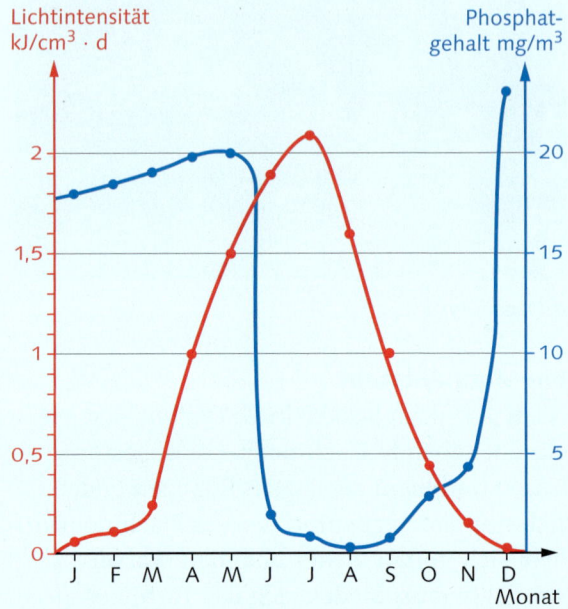

2 Lichtintensität und Phosphatgehalt in 5 Metern Tiefe

Gemessene Werte (Oberflächenwasser)	Lichtintensität kJ/cm² · d	Phosphatgehalt (Dünger) mg/m³	Algenbiomasse cm³/m³	Zooplanktonbiomasse cm³/m³
Januar	0,3	18,0	0,1	0,1
Februar	0,6	18,5	0,1	0,1
März	1,2	19,0	0,3	0,2
April	1,8	19,5	1,0	0,3
Mai	2,4	20,0	5,0	1,0
Juni	2,6	2,0	7,0	4,0
Juli	2,4	1,0	2,0	2,0
August	1,9	0	1,0	1,0
September	1,1	1,0	1,0	1,0
Oktober	0,6	3,0	0,7	0,5
November	0,3	6,0	0,5	0,5
Dezember	0,2	17,5	0,3	0,1

1 Überblick über die Messwerte des Oberflächenwassers in dem untersuchten See

2 Wasserpflanzen sind angepasst

Die Wasserpest ist eine Pflanze, die in vielen heimischen Gewässern vorkommt. Sie wurde Mitte des 19. Jahrhunderts aus Nordamerika bei uns eingeschleppt. Ihr großer Verbreitungsgrad weist darauf hin, dass die Pflanze gut an das Leben im Wasser angepasst ist.

3 Stängel der Wasserpest

a ☐ Beschreibe anhand von Bild 3, wie sich der Aufbau der Wasserpest von dem einer Landpflanze unterscheidet.

b ☑ Ordne eines der Bilder der Stängelquerschnitte unten der Wasserpest zu und begründe deine Entscheidung.

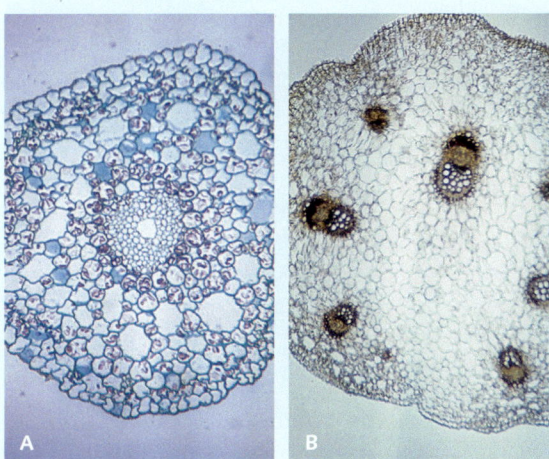

4 Stängelquerschnitte im Original

3 Planktonmodelle

Als Plankton bezeichnet man die Gesamtheit der Lebewesen, die im Wasser schweben. Mit Hilfe eines Modellversuchs soll herausgefunden werden, welchen Einfluss die Körperform auf die Absinkgeschwindigkeit besitzt. Ausgangspunkt des Versuchs ist eine kugelige Körperform.

a ☐ Formuliere die Fragestellung für das Experiment.

b ☑ Mit Hilfe von gleich großen Portionen von Knetmasse werden verschiedene Formen erstellt. Begründe, warum es sich dabei um ein Modell handelt, indem du Unterschiede zum Original nennst.

c ☑ Formuliere und begründe eine Hypothese, welche der Formen die geeignetste ist.

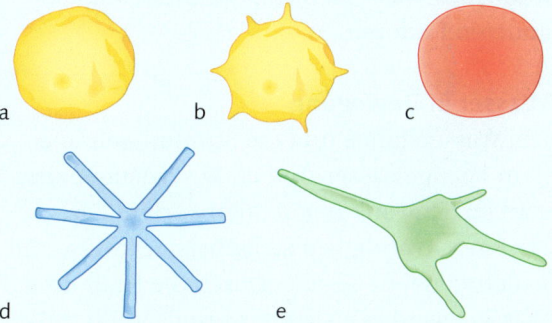

5 Verschiedene Planktonmodelle

Um das Experiment durchzuführen, stehen dir folgende Geräte und Materialien zur Verfügung:

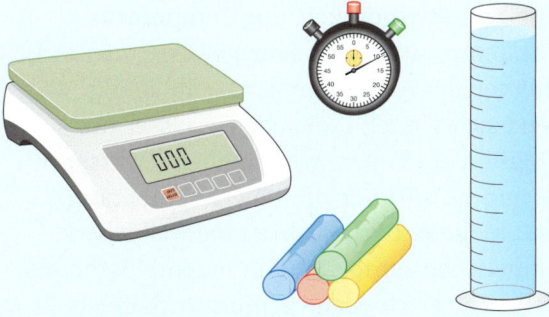

6 Versuchsmaterialien und Geräte

d ☑ Beschreibe einen möglichen Versuchsaufbau und die Versuchsdurchführung. Beachte dabei, welche Faktoren konstant gehalten werden und welche variieren müssen.

Das Fließgewässer – ein Ökosystem

Wenn du an einem tosenden Wasserfall stehst, spürst du die gewaltige Kraft des bewegten Wassers. Das ist immer wieder ein faszinierendes Naturschauspiel.

Kennzeichen der Fließgewässer

Bäche, Flüsse und Kanäle gehören zu den Fließgewässern. Während Bäche und Flüsse natürlich entstanden sind, wurden Kanäle vom Menschen angelegt. Ein Fließgewässer ist wie jedes Ökosystem durch eine Vielzahl typischer abiotischer und biotischer Faktoren geprägt. Charakteristisch ist die ständige Strömung des Wassers. Sie hat Einfluss auf alle anderen Faktoren.

Wasser in Bewegung

Die Wasserstände und die Strömungen in einem Fließgewässer sind oft kurzfristigen und starken Schwankungen unterworfen. Die Fließgeschwindigkeit steigt beispielsweise mit zunehmendem Gefälle. Durch die Kraft des Wassers werden viele Steine und Geröll mitgespült. Besonders in flachen Gewässern kommt es dann zu einer starken Durchmischung mit Luft. Dadurch steigt der Sauerstoffgehalt in dem Gewässer an.

Fließgeschwindigkeit und Temperatur

Die Temperatur eines Fließgewässers ist nicht nur von der Außentemperatur abhängig. Während sich schnell fließende Gewässer nur langsam erwärmen, weisen Fließgewässer mit geringer Strömung oft höhere Temperaturen auf. Kleinere Bäche haben eine weitgehend einheitliche Temperatur. In tiefen Flüssen bilden sich verschiedene Temperaturbereiche aus.

Tiere im Fließgewässer

Neben Würmern, Schnecken, Krebsen, Insekten und anderen Wirbellosen sind Fische die vorherrschenden Tiere in einem Fließgewäs-

1 Am Wasserfall spürt man die Kraft des Wassers.

ser. Forellen weisen eine Stromlinienform auf und können dadurch auch gegen starke Strömung anschwimmen. Brachsen sind dagegen seitlich abgeflacht und kommen deshalb nur in langsam fließenden Gewässern vor. Die Groppe mit ihrer flachen Bauchseite lebt überwiegend am Flussboden.

Pflanzen im Fließgewässer

Die hohe Fließgeschwindigkeit verhindert einen starken Pflanzenbewuchs. In stark strömenden Gewässern finden deshalb nur Wassermoos und wenige kleine Algen mit ihren Wurzeln und Haftorganen Halt auf Steinen. Erst mit abnehmender Strömung können sich insbesondere im Uferbereich weitere Pflanzen ansiedeln.

2 Flutender Hahnenfuß – typische Pflanze in einem Fließgewässer

3 Auenlandschaft

Leben am Fließgewässer

Auenlandschaften werden von den Flüssen maßgeblich beeinflusst. Auen sind an einen Fluss angrenzende Gebiete, die bei Hochwasser regelmäßig überflutet werden. Deshalb sind sie oft sehr feucht. Seltene Tiere, zum Beispiel viele Amphibien, finden hier einen Lebensraum. Auch für Insekten gibt es reichlich Nahrung und Fortpflanzungsplätze. Sie sind Nahrungsgrundlage hier lebender Wirbeltiere. Bäume wie Erlen und Weiden sowie eine Vielzahl von Gräsern und Kräutern wie Mädesüß und Pestwurz kommen mit dem feuchten, sumpfigen Boden gut zurecht.

Nutzung durch den Menschen

Schon seit vielen Jahrhunderten fangen die Menschen Fische für ihre Ernährung. Außerdem nutzten sie die Wasserkraft von Fließgewässern zum Antrieb von Getreidemühlen und Hammerwerken. Heute werden Turbinen angetrieben, die elektrischen Strom erzeugen. Seit jeher werden Fließgewässer auch zum Transport von Gütern genutzt. Dazu legt man Kanäle als künstliche Wasserstraßen an. Das Wasser verschiedener Flüsse, zum Beispiel der Ruhr, dient der Trinkwassergewinnung für mehrere Millionen Menschen. Flussnahe Wiesen sind geeignetes Weideland. Fließgewässer spielen für die Erholung und für den Sport eine zunehmend größere Rolle. Motorboote und Ruderboote sind immer häufiger auf unseren Flüssen zu sehen.

4 Nutzung der Flüsse durch den Menschen

In Kürze

Die Fließgeschwindigkeit und der wechselnde Wasserstand prägen ein Fließgewässer. Sie beeinflussen viele andere abiotische Faktoren wie den Sauerstoffgehalt und die Temperatur und bestimmen so auch die Pflanzen- und Tierwelt. Die Lebewesen zeigen viele Angepasstheiten an diese besonderen Bedingungen.

Aufgaben

1 ☐ Nenne abiotische Faktoren, die das Leben in einem Fließgewässer beeinflussen.

2 ◪ Erläutere, wie sich im Laufe der Zeit die Nutzung der Fließgewässer durch den Menschen verändert hat.

Von der Quelle zur Mündung

Wenn ein Bach einer Quelle entspringt, ist er zunächst ein kleines Rinnsal. Auf seinem Weg bis zur Mündung verändert er sich ständig und wird so zu einer Kette verschiedenartiger Lebensräume und Lebensgemeinschaften. Die einzelnen Abschnitte sind von entsprechenden Tier- und Pflanzenarten geprägt.

Ein Fluss wird in Fischregionen eingeteilt

In jeder Flussregion kommen typische Fischarten vor. Sie werden als *Leitarten* bezeichnet und weisen Angepasstheiten auf, die ihnen das Leben unter den jeweiligen Bedingungen ermöglichen. Leitarten werden zur Feingliederung eines Flusses herangezogen.

Der Oberlauf

Flüsse entspringen meist im Gebirge. Oft vereinigen sich zunächst mehrere Quellbäche zu einem größeren Bach, der sich durch weitere Zuflüsse zu einem kleinen Fluss entwickelt. Dieser erste Abschnitt wird als *Oberlauf* bezeichnet. Das Wasser ist hier klar und sehr kalt. Wegen des starken Gefälles sind Fließgeschwindigkeit und Sauerstoffgehalt sehr hoch. Die Leitart im Oberlauf ist die Forelle. Ihr Körper ist stromlinienförmig, sodass sie auch gegen starke Strömung ankommt.

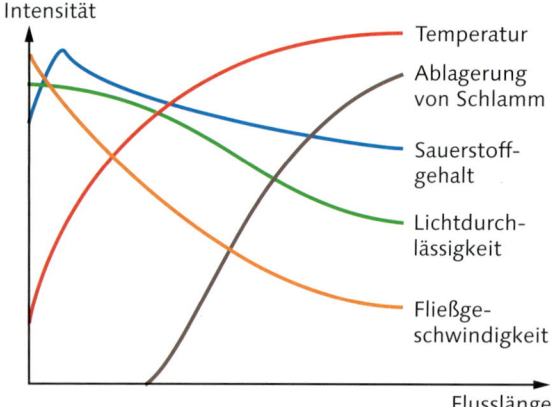

2 Änderungen der Eigenschaften in einem Fließgewässer

1 Die Quelle eines Baches

Weitere typische Vertreter der *Forellenregion* sind das Bachneunauge und die Groppe.

Der Mittellauf

Im *Mittellauf* nehmen Breite und Tiefe des Flusses zu. Die Fließgeschwindigkeit ist noch relativ hoch, aber sehr unbeständig. Auf dem Grund lagert sich mitgerissenes Material ab. Die Temperatur kann bis auf 15 °C ansteigen. Der Sauerstoffgehalt bleibt zunächst noch hoch. Die Leitart im Mittellauf ist die Äsche. Daneben kommen in der *Äschenregion* noch Lachs und Bachforelle vor. Weiter flussabwärts wird die Strömung gleichmäßiger und geringer. Deshalb können Barbe und Rotfeder vom Wasser nicht mehr mitgerissen werden. Sie finden in der *Barbenregion* ausreichend Nahrung.

Der Unterlauf

Im *Unterlauf* eines Flusses nimmt die Fließgeschwindigkeit noch weiter ab. Sand und Schlamm lagern sich am Boden ab und bilden einen mineralstoffreichen Grund für Pflanzen. Das Wasser erwärmt sich im Sommer. Dadurch sinkt der Sauerstoffgehalt. Nach seiner Leitart nennt man den Unterlauf auch *Brachsenregion*. Daneben kommen hier Aal, Hecht und Zander vor. Mündet ein Fluss in ein Meer, bildet die *Kaulbarsch-Flunder-Region* den Abschluss des Unterlaufs. Hier vermischen sich Süß- und Salzwasser zu Brackwasser. Kaulbarsch, Flunder und Stichling sind typische Vertreter dieser Region.

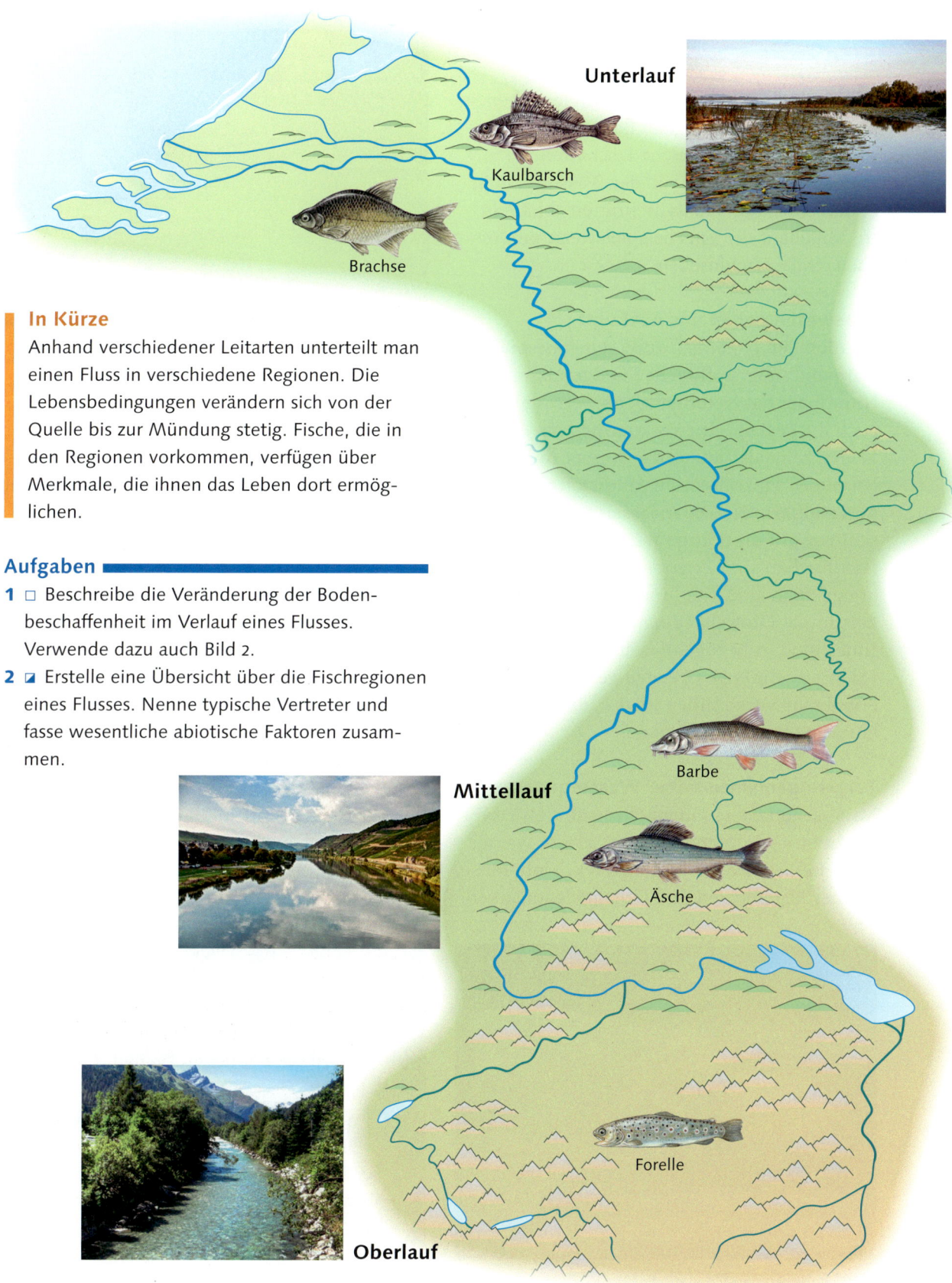

Unterlauf

Kaulbarsch

Brachse

In Kürze

Anhand verschiedener Leitarten unterteilt man einen Fluss in verschiedene Regionen. Die Lebensbedingungen verändern sich von der Quelle bis zur Mündung stetig. Fische, die in den Regionen vorkommen, verfügen über Merkmale, die ihnen das Leben dort ermöglichen.

Aufgaben

1 ☐ Beschreibe die Veränderung der Bodenbeschaffenheit im Verlauf eines Flusses. Verwende dazu auch Bild 2.

2 ☑ Erstelle eine Übersicht über die Fischregionen eines Flusses. Nenne typische Vertreter und fasse wesentliche abiotische Faktoren zusammen.

Mittellauf

Barbe

Äsche

Forelle

Oberlauf

Die Zeigerorganismen

An der Ems kann man häufig Angler sehen.
Je nachdem wo sie angeln, fangen sie unterschiedliche Fische. Welche Fischarten in
einem Fluss leben, ist von der Wasserqualität
in den einzelnen Flussabschnitten abhängig.
Im Mittellauf der Ems beispielsweise gibt es
auch einige Bachforellen.

Lebewesen geben uns Auskunft

Bachforellen benötigen zum Leben besonders
klare und sauerstoffreiche Fließgewässer.
Nimmt der Sauerstoffgehalt ab, verringert sich
auch ihr Bestand. Ihr Vorkommen oder ihr
Fehlen zeigt also an, ob das Wasser in dem
jeweiligen Flussabschnitt sauerstoffreich oder
sauerstoffarm ist. Daran lassen sich Rückschlüsse auf die dortige Wasserqualität ziehen.
Bachforellen sind *Zeigerorganismen*. Zeigerorganismen sind Tier- und Pflanzenarten, die
bestimmte Umweltbedingungen anzeigen.
Ihnen sind in Bezug auf bestimmte abiotische
Faktoren sehr enge Grenzen gesetzt. Deshalb
erlaubt ihr Vorkommen Rückschlüsse auf die
Qualität eines Lebensraums.

Zeigerorganismen hoher Wasserqualität

Mineralstoffarme, sauerstoffreiche Gewässer
zeichnen sich durch besonders klares Wasser
aus. Hier leben Steinfliegenlarven, Flohkrebse,
Köcherfliegenlarven und Eintagsfliegenlarven.

1 Angler am Fluss

Sie sind Zeigerorganismen für unbelastete
Gewässer. Auch Lachse findet man nur in
sauberen Fließgewässern. Sie waren zum
Beispiel im Weser-Ems-Gebiet lange Zeit nicht
zu finden und kommen wegen der besseren
Wasserqualität heute wieder vermehrt vor.

Zeigerorganismen niedriger Wasserqualität

Durch äußere Einflüsse kann die Wasser-
qualität stark sinken. Trübes, teilweise faulig
riechendes Wasser ist ein Anzeichen dafür.
Das Wasser enthält wenig Sauerstoff und viele
Mineralstoffe. Zeigerorganismen belasteter
Gewässer sind Zuckmückenlarven, Wasser-
asseln, Schlammröhrenwürmer und Egel.
Die Lebewesen sind an die hier herrschenden
Bedingungen angepasst. Sie besitzen zum
Beispiel ein Atemrohr, das die Sauerstoffauf-
nahme an der Wasseroberfläche ermöglicht.

2 Köcherfliegenlarve mit Köcher

3 Schlammröhrenwürmer

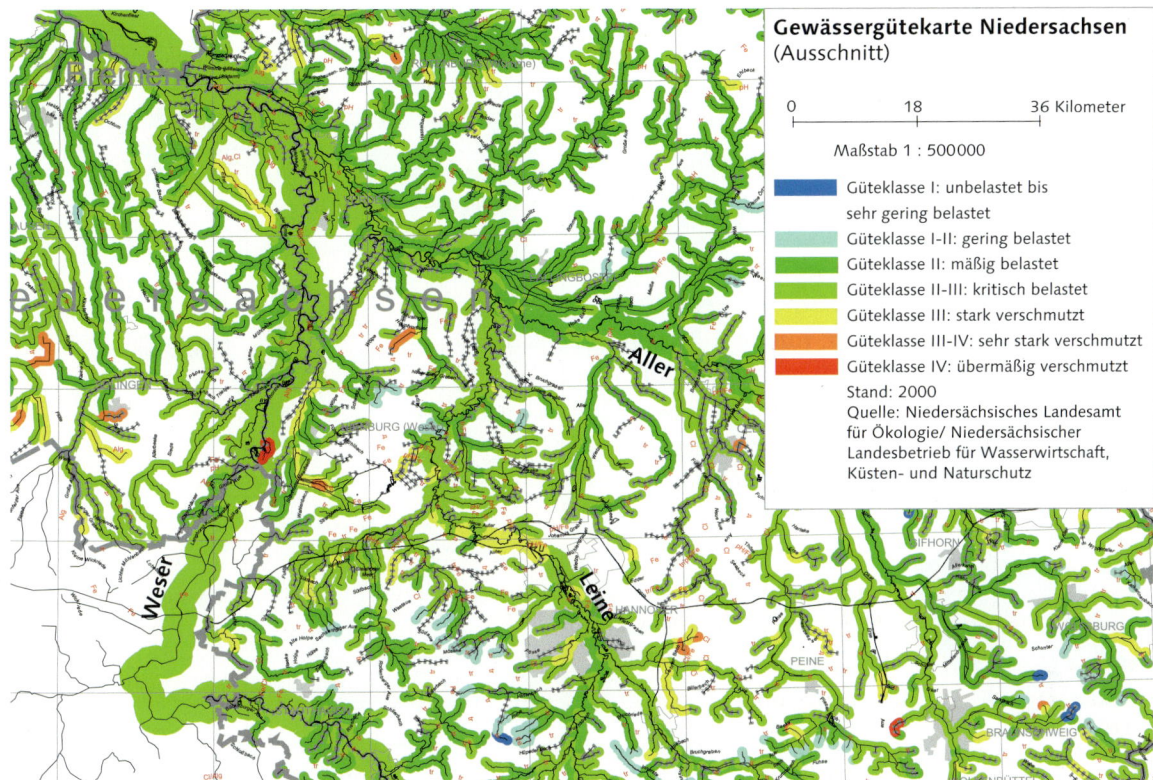

Gewässergütekarte Niedersachsen
(Ausschnitt)

0   18   36 Kilometer

Maßstab 1 : 500000

Güteklasse I: unbelastet bis
sehr gering belastet
Güteklasse I-II: gering belastet
Güteklasse II: mäßig belastet
Güteklasse II-III: kritisch belastet
Güteklasse III: stark verschmutzt
Güteklasse III-IV: sehr stark verschmutzt
Güteklasse IV: übermäßig verschmutzt
Stand: 2000
Quelle: Niedersächsisches Landesamt
für Ökologie/ Niedersächsischer
Landesbetrieb für Wasserwirtschaft,
Küsten- und Naturschutz

4 Gewässergütekarte von Niedersachsen (Ausschnitt)

Einflüsse auf die Gewässergüte

Die Gewässergüte ist von vielen Faktoren abhängig und kann durch äußere Einflüsse stark
verändert werden. In naturnahen Gewässern
führen eine niedrige Wassertemperatur
und Verwirbelung des Wassers zur Sauerstoff-
anreicherung. Kommt es zu einer Erwär-
mung des Wassers, löst sich darin weniger
Sauerstoff. Bei der Zersetzung abgestorbener
Tiere und Pflanzen wird viel Sauerstoff verbraucht. Dadurch sinkt die Wasserqualität.
Zudem wirken sich Flussbegradigungen und
übermäßige Stoffeinträge aus der Umwelt
negativ auf die Gewässergüte aus.

Güteklassen und fließende Übergänge

Auf der Grundlage chemischer und biologischer Merkmale wird die Gewässergüte von
Fließgewässern in fünf Stufen, von sehr gut
bis schlecht, bewertet.

Das Vorkommen bestimmter Zeigerorganismen ermöglicht eine Zuordnung zu einer Gewässergüte. In die Begutachtung der Qualität

von Gewässern werden heute neben den Zeigerorganismen auch die Struktur, die Durch-
laufgeschwindigkeit und die Chemie eines
Gewässers einbezogen. Die Gewässergüte
eines Fließgewässers verändert sich zwischen
Quelle und Mündung. Durch intensive Landwirtschaft, Industrieabwässer und Kühlwasser
wird sie besonders in Ballungsgebieten wie
dem Ruhrgebiet stark beeinträchtigt.

In Kürze

Zeigerorganismen sind Lebewesen, die
bestimmte Umweltbedingungen anzeigen.
Die Gewässergüte von Fließgewässern ist
von vielen Faktoren abhängig und unterliegt
ständigen Schwankungen und Veränderungen.

Aufgaben

1 ☐ Nenne Zeigerorganismen in Fließgewässern
und ordne sie einer Gewässergüte zu.

2 ◿ Erläutere den Begriff Zeigerorganismus.

3 ◿ Vergleiche die Wasserqualität von Leine und
Aller. Verwende dazu Bild 4.

Die Bestimmung der Gewässergüte

Material Sieb mit langem Stiel, weiße Plastikdosen, Pinsel, Lupe, Schreibmaterial, Bestimmungsschlüssel, vorbereitete Tabelle

Durchführung Nehmt einige Steine im Uferbereich des Flusses auf und dreht diese um. Streift die Lebewesen mit dem Pinsel von der Unterseite des Steins in die mit etwas Wasser gefüllte Plastikdose. Fischt mit dem Sieb in diesem Flussbereich und gebt die gefangenen Lebewesen ebenfalls in eine Dose. Sucht euch zum Bestimmen der Lebewesen einen schattigen Ort. So kann sich das Wasser nicht zu sehr erwärmen und die gefangenen Lebewesen werden vor Helligkeit geschützt.

Auswertung Bestimmt mit Hilfe des Bestimmungsschlüssels in Bild 1 die gefundenen Wasserlebewesen und tragt deren Anzahl in die vorbereitete Tabelle ein. Addiert die Zahlen und tragt die Summe in das entsprechende Feld in der Tabelle ein. Berechnet nun für jedes Wasserlebewesen das Produkt aus der Anzahl und dem Individuenwert (Ind.-Wert) und tragt die Ergebnisse in die Tabelle ein. Addiert im Anschluss alle Produkte und tragt die Summe ebenfalls in die Tabelle ein. Nun dividiert ihr die Summe »Produkt« durch die Summe »Anzahl«. Das Ergebnis ergibt den Wert der Gewässergüteklasse. Vergleicht das Ergebnis mit der Beschreibung der Gewässergüteklassen in der Tabelle rechts unten. Vergleicht eure Ergebnisse mit denen der anderen Gruppen. Zum Schluss setzt ihr die gefangenen Lebewesen wieder am Fundort aus.

Zeigerorganismus/ Bioindikator	Anzahl	Ind.-Wert	Produkt
Steinfliegen- larven		1,0	
Eintagsfliegen- larven		1,5	
Köcherfliegen- larven mit Köcher		1,5	
Köcherfliegen- larven ohne Köcher		2,0	
Flohkrebse		2,0	
Wasserasseln		3,0	
Käfer/-larven		1,5	
Muscheln		2,0	
Schnecken		2,0	
Plattwürmer		2,5	
Egel		2,5	
Libellenlarven		1,5	
Schlammröhren- würmer		4,0	
Mückenlarven		3,5	
Schlammfliegen- larven		2,5	
Summe			

Summe »Produkt« : Summe »Anzahl« = Gewässergüte

Gewässergüteklasse I – unbelastet

klares, sauberes Wasser, mineralstoffarm, sauerstoffreich, wenige Arten, geringer Pflanzenbewuchs

Gewässergüteklasse II – mäßig belastet

Wasser leicht getrübt, gesteigerter Mineralstoffgehalt, hohe Artenvielfalt mit geringer Anzahl, viele Wasserpflanzen

Gewässergüteklasse III – stark verschmutzt

Wasser trüb, stark mineralisch belastet, schwarze Steinunterseiten, wenige Tierarten in hoher Anzahl, häufig Fischsterben

Gewässergüteklasse IV – übermäßig verschmutzt

Wasser ist milchig und riecht übel, enthält kaum Sauerstoff, überwiegend Fäulnisprozesse

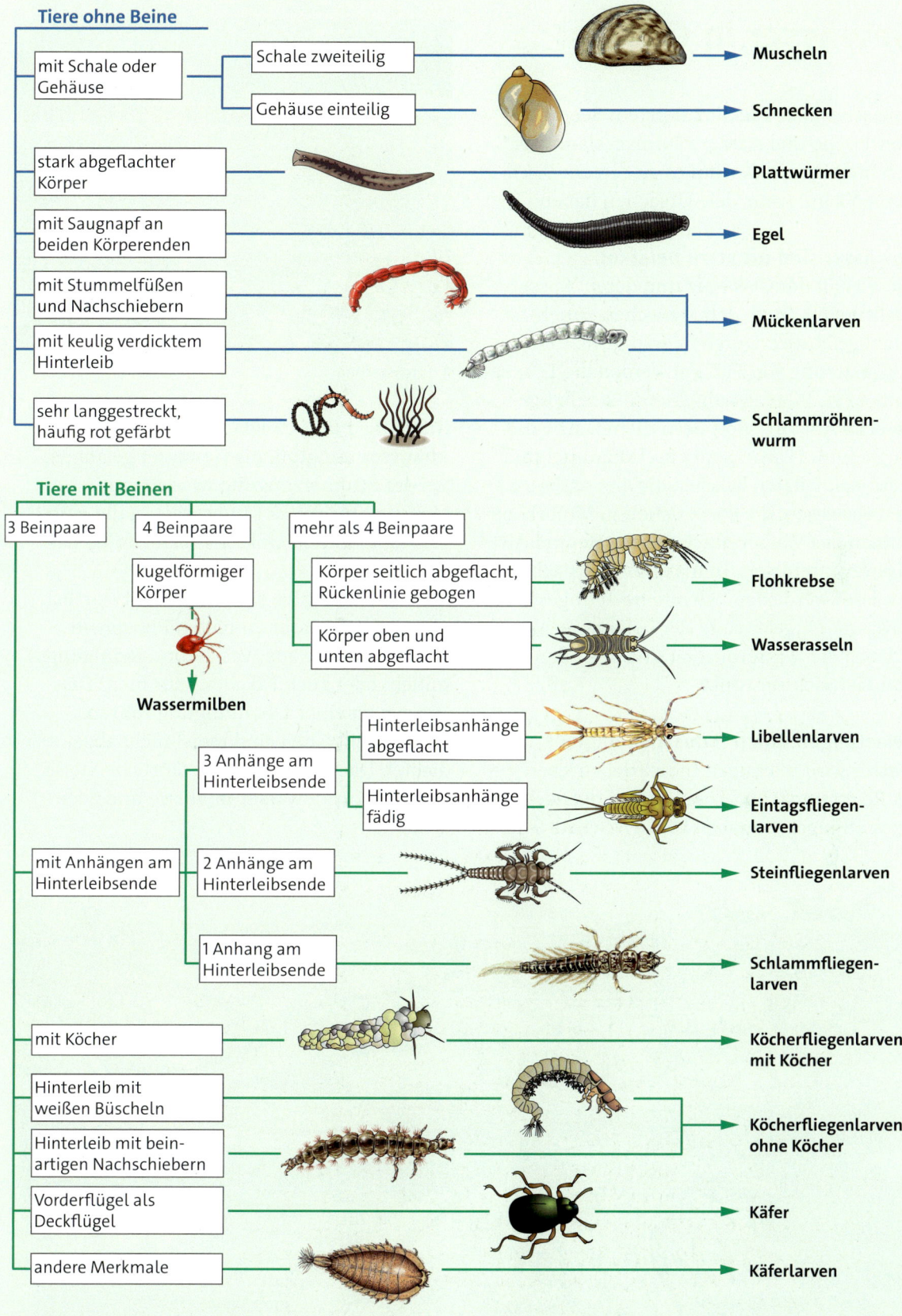

Tiere ohne Beine

mit Schale oder Gehäuse
- Schale zweiteilig → **Muscheln**
- Gehäuse einteilig → **Schnecken**

stark abgeflachter Körper → **Plattwürmer**

mit Saugnapf an beiden Körperenden → **Egel**

mit Stummelfüßen und Nachschiebern
mit keulig verdicktem Hinterleib
→ **Mückenlarven**

sehr langgestreckt, häufig rot gefärbt → **Schlammröhrenwurm**

Tiere mit Beinen

3 Beinpaare

4 Beinpaare — kugelförmiger Körper → **Wassermilben**

mehr als 4 Beinpaare
- Körper seitlich abgeflacht, Rückenlinie gebogen → **Flohkrebse**
- Körper oben und unten abgeflacht → **Wasserasseln**

mit Anhängen am Hinterleibsende
- 3 Anhänge am Hinterleibsende
  - Hinterleibsanhänge abgeflacht → **Libellenlarven**
  - Hinterleibsanhänge fädig → **Eintagsfliegenlarven**
- 2 Anhänge am Hinterleibsende → **Steinfliegenlarven**
- 1 Anhang am Hinterleibsende → **Schlammfliegenlarven**

mit Köcher → **Köcherfliegenlarven mit Köcher**

Hinterleib mit weißen Büscheln
Hinterleib mit beinartigen Nachschiebern
→ **Köcherfliegenlarven ohne Köcher**

Vorderflügel als Deckflügel → **Käfer**

andere Merkmale → **Käferlarven**

1 Bestimmungsschlüssel wirbelloser Tiere im Süßwasser

Gewässer in Gefahr

Eine schockierende Situation: ein See voller toter Fische und starker Fäulnisgestank, der sich breit macht. Warum es zu diesem Fischsterben kam, kann viele Ursachen haben.

1 Fischsterben

Gewässer sind oft stark belastet

Die Vielfalt der Gewässer und deren Wasserqualität sind durch den Menschen zunehmend gefährdet. Durch Begradigung und Kanalisierung von Flüssen werden die Lebensräume von Pflanzen und Tieren an Fließgewässern zerstört. Viele Seen dienen als Erholungsräume. Lärm, Sonnenschutzmittel und Freizeitaktivitäten belasten die Gewässer und die Lebewesen, die dort existieren. Motorboote können das Wasser durch Ölverluste und Abgase verunreinigen. In manche Oberflächengewässer werden auch heute noch ungeklärte Abwässer eingeleitet. In der Folge verschlechtert sich die Wasserqualität und der Pflanzen- und Tierreichtum sinkt.

Belastungen durch Industrieanlagen

Wasser wird in einigen Industriebetrieben als Reinigungs- und Lösemittel verwendet. Trotz strenger Vorgaben können Schad- und Giftstoffe durch Unfälle und unzureichende Abwasserreinigung ins Gewässer gelangen. Bei der Stromerzeugung werden große Mengen erwärmtes Kühlwasser in die Flüsse geleitet. Dadurch sinkt der Sauerstoffgehalt.

Private Haushalte sind mitverantwortlich

Haushaltsabwässer enthalten Phosphate und Nitrate, die aus Wasch- und Reinigungsmitteln oder auch Fäkalien stammen. Diese können zu einer Überdüngung führen. Ältere Müllhalden sind meist nicht abgedichtet. Dadurch können gefährliche Stoffe über das Grundwasser in Flüsse und Seen gelangen.

2 Mögliche Verursacher einer Gewässerbelastung

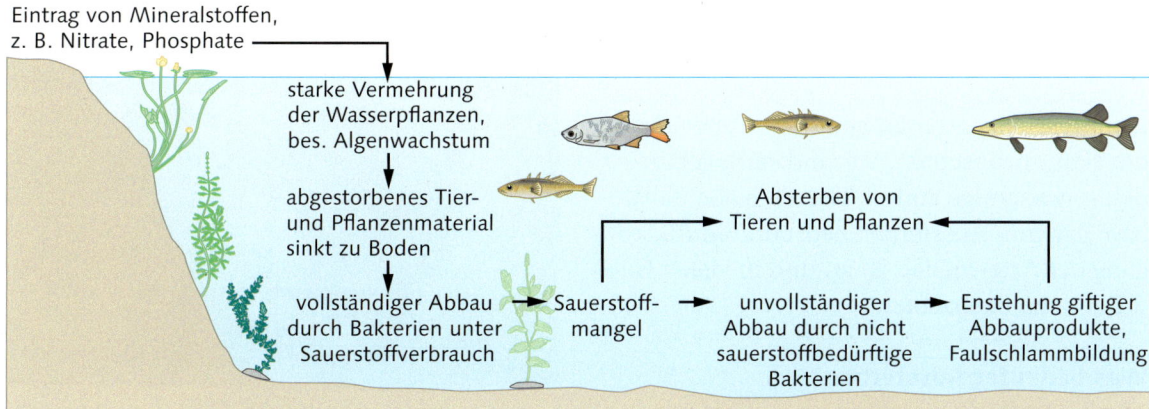

Eintrag von Mineralstoffen, z. B. Nitrate, Phosphate

starke Vermehrung der Wasserpflanzen, bes. Algenwachstum

abgestorbenes Tier- und Pflanzenmaterial sinkt zu Boden

vollständiger Abbau durch Bakterien unter Sauerstoffverbrauch → Sauerstoff- mangel → unvollständiger Abbau durch nicht sauerstoffbedürftige Bakterien → Enstehung giftiger Abbauprodukte, Faulschlammbildung

Absterben von Tieren und Pflanzen

3 Umkippen eines Gewässers

Überdüngung ist schädlich

Landwirtschaftliche Flächen werden gedüngt. Gelangen die darin enthaltenen Nitrate und Phosphate durch Ausschwemmung in einen See, kann dies zur Überdüngung des Gewässers führen. Dadurch vermehren sich Algen massenhaft, sodass das Wasser immer trüber wird. In der Folge sinkt die Fotosyntheserate und weniger Sauerstoff wird produziert. Abgestorbene Algen sammeln sich am Gewässergrund und werden von Bakterien zersetzt. Diese Zersetzungsprozesse verringern den Sauerstoffgehalt des Wassers. Fische, Pflanzen und alle sauerstoffbedürftigen Kleintiere sterben. Bakterien, die ohne Sauerstoff auskommen,

zersetzen nun unter Faulschlammbildung die Überreste. Die entstehenden Gase wie Schwefelwasserstoff und Ammoniak verbreiten Fäulnisgestank. Der See ist »umgekippt«.

In Kürze

Gewässer können durch Abwasser aus Industrie, Haushalten und Landwirtschaft belastet sein. Die Mineralstoffanreicherung führt zur Überdüngung. Das Gewässer kann »umkippen«.

Aufgaben

1 ☐ Nenne Folgen der Überdüngung.
2 ☑ Erläutere anhand von Bild 2 mögliche Ursachen der Gewässerbelastung.

Weiter gedacht Schilfrohr-Kläranlage

Eine Schilfrohr-Klärung ist ein naturnahes Abwasserreinigungsverfahren. Im Zusammenspiel von Mikroorganismen, Boden und Pflanzen wird das Abwasser gereinigt. Nach mechanischer Vorklärung wird das Wasser durch ein abgedichtetes Schilfrohrbeet geleitet. Die Mikroorganismen im Boden und zwischen den Schilfrohrstängeln bauen unter Sauerstoffverbrauch im Wasser gelöste Nährstoffe ab. Das Schilfrohr sorgt durch die Wurzeln und ein spezielles Luftleitgewebe für eine gute Belüftung des Bodens und somit für optimale Lebensbedingungen für die Mikroorganismen. Die unterschiedlichen Bestandteile des Bodens wirken wie ein Filter und binden Schmutzstoffe.

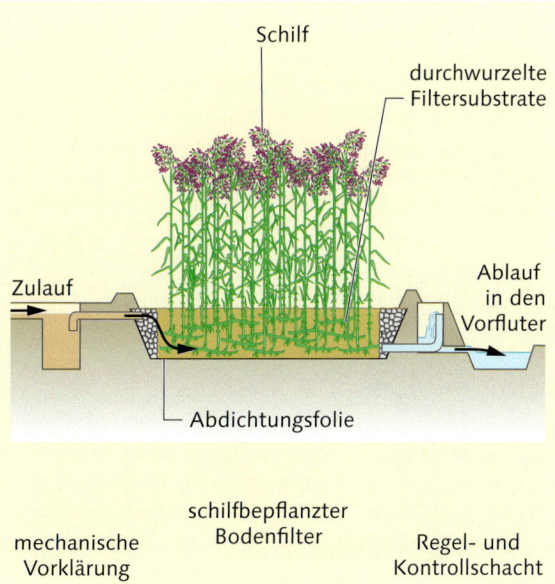

Schilf

durchwurzelte Filtersubstrate

Zulauf

Ablauf in den Vorfluter

Abdichtungsfolie

mechanische Vorklärung

schilfbepflanzter Bodenfilter

Regel- und Kontrollschacht

Artensterben

Laubfrösche kann man heute kaum noch in der Natur beobachten. Sie sind stark gefährdet, so wie einige andere Tierarten ebenfalls, bzw. gar vom Aussterben bedroht. Ein Rückgang der Artenvielfalt ist an und in vielen Gewässern zu beobachten.

Was bedeutet Aussterben?
Als Aussterben bezeichnet man das Verschwinden von Arten in bestimmten Lebensräumen. Ursachen dafür sind biotische oder abiotische Umweltveränderungen.

Rote Liste und Gefährdungsstufen
Ob eine Tier- oder Pflanzenart in ihrem Lebensraum bedroht ist, wird in der Roten Liste festgehalten. Bedrohte Arten werden darin in vier Gefährdungsstufen eingeteilt: 3 bedeutet »gefährdet«, 2 steht für »stark gefährdet«, 1 für »vom Aussterben bedroht«, 0 für »ausgestorben oder verschollen«. Entscheidend für die Einstufung ist die Entwicklung der Anzahl der Tiere und Pflanzen über mehrere Jahre.

Zerstörung natürlicher Lebensräume
Die Lebensräume der Tiere und Pflanzen werden vor allem durch Eingriffe des Menschen verändert. Viele Flächen gehen

1 Der Laubfrosch ist stark gefährdet.

durch Siedlungs- und Straßenbau sowie durch landwirtschaftliche Nutzung verloren. Sie können nur noch von wenigen Arten besiedelt werden. Andere Lebensräume werden durch diese Umgestaltung zerteilt. Dies erschwert die Laichwanderungen, die Revierbildung und die Nahrungssuche einiger Tiere. Forstwirtschaft, Bergbau und Schifffahrt nutzen die Natur wirtschaftlich. Sie verändern durch Monokulturen, Abraumhalden und Kanäle Landschaften und damit Lebensräume nachhaltig.

Wenn die Nahrung verschwindet
Zu den häufigsten Gründen für das Verschwinden einzelner Arten zählen ein geringeres Nahrungsangebot oder der Ausfall der Nahrungsquellen. Ursachen können Pflanzen-

2 Veränderung der Lebensräume

3 Tiere und Pflanzen auf der Roten Liste:
A Großes Windröschen 3; B Gelbbauchunke 1; C Ringelnatter 2; D Edelkrebs 1;
E Äsche 3; F Große Moosjungfer 1; G Maifisch 0; H Zauneidechse 2

und Insektenschutzmittel aus der Landwirtschaft und die zunehmende Wasserverschmutzung sein. Dies führt zudem zur Anreicherung von Giftstoffen in Nahrungsketten. Endkonsumenten sind dadurch besonders gefährdet.

Einschleppung fremder Arten

Ein großes Problem für die heimische Tier- und Pflanzenwelt stellen eingeschleppte Arten dar, insbesondere wenn zwei Arten dieselbe ökologische Nische besetzen. Zum einen gibt es weniger Unterschlupf- und Nistmöglichkeiten. Zum anderen müssen die Nahrungsquellen geteilt werden und fremde, eingeschleppte Arten haben oft keine natürlichen Fressfeinde. Dadurch können sich die eingewanderten Tiere besonders gut entwickeln und fortpflanzen, was schließlich zum Verdrängen der heimischen Art führt. Eingeschleppte Pflanzen wachsen oft sehr schnell und entziehen den heimischen Arten somit den Lebensraum.

Krankheiten und Ausbeutung

Krankheiten gefährden viele Tiere und Pflanzen. Besonders neue, veränderte Erreger oder Parasiten stellen eine Bedrohung dar. Darüber hinaus hat der Mensch viele Lebewesen durch intensive Jagd und übermäßigen Fischfang in ihrem Bestand gefährdet.

Artenschutz ist wichtig

Renaturierung von Gewässern, Planung von Straßen unter Berücksichtigung des Artenschutzes, Ausweisung von Schutzgebieten, aber auch das Aufstellen von Krötenzäunen oder Insektennisthilfen sind wichtige Maßnahmen für den Artenschutz. So bleibt die Vielfalt der Tier- und Pflanzenwelt erhalten.

In Kürze

Viele Tier- und Pflanzenarten sind stark gefährdet oder gar vom Aussterben bedroht. Ursachen können die Zerstörung des natürlichen Lebensraums, der Wegfall der Nahrungsgrundlage, Krankheiten oder die Konkurrenz zu eingeschleppten Arten sein.

Aufgaben

1 ☐ Nenne die Bedeutung der Gefährdungsstufen der Tiere und Pflanzen in Bild 3.
2 ◪ Erläutere die Veränderung der Lebensräume anhand von Bild 2.

Eine Mindmap erstellen

Ihr schreibt eine Klassenarbeit zum Thema »Kennzeichen eines Fließgewässers«. Um dir im Vorfeld einen Überblick über den Stoff zu verschaffen, eignet sich eine Mindmap. Mit einer Mindmap kann man Wissen sowohl mit Worten als auch mit Bildern sinnvoll gliedern und übersichtlich darstellen. Für eine Mindmap solltest du ausreichend Zeit einplanen. Bei der Erstellung kannst du nach den folgenden Schritten vorgehen:

1 Begriffe sammeln Zunächst musst du dir Gedanken über das Thema machen. Hier sind Stichwörter ausreichend. Notiere je ein Stichwort auf einen Notizzettel. Verwende dafür die Fachbezeichnungen.

2 Ordnen der Begriffe Nun musst du deine Notizzettel in Teilbereiche einordnen. Überlege, wie die Oberbegriffe für jeden Teilbereich heißen sollen. Erstelle zu jedem Oberbegriff einen neuen Notizzettel und nutze zur Kennzeichnung jeweils eine andere Stiftfarbe.

1 Eine Mindmap anfertigen.

3 Vollständigkeit überprüfen Kontrolliere nun sorgfältig, ob deine Oberbegriffe für die einzelnen Teilbereiche vollständig sind. Hast du alle wesentlichen Inhalte des Themas berücksichtigt? Ergänze fehlende Begriffe, falls notwendig, auf weiteren Notizzetteln. Überprüfe, ob die Stichwörter richtig zugeordnet sind. Überlege, in welcher Reihenfolge du die einzelnen Oberbegriffe anordnest.

4 Material zurechtlegen Du benötigst zur Erstellung der Mindmap einen leeren Papierbogen, einen Bleistift, einen Radiergummi, verschiedenfarbige Stifte und, sofern du auch bildlich arbeiten möchtest, verschiedene Abbildungen.

2 Vorgehensweise beim Mindmapping:
A Sammeln; B Ordnen; C Erstellen

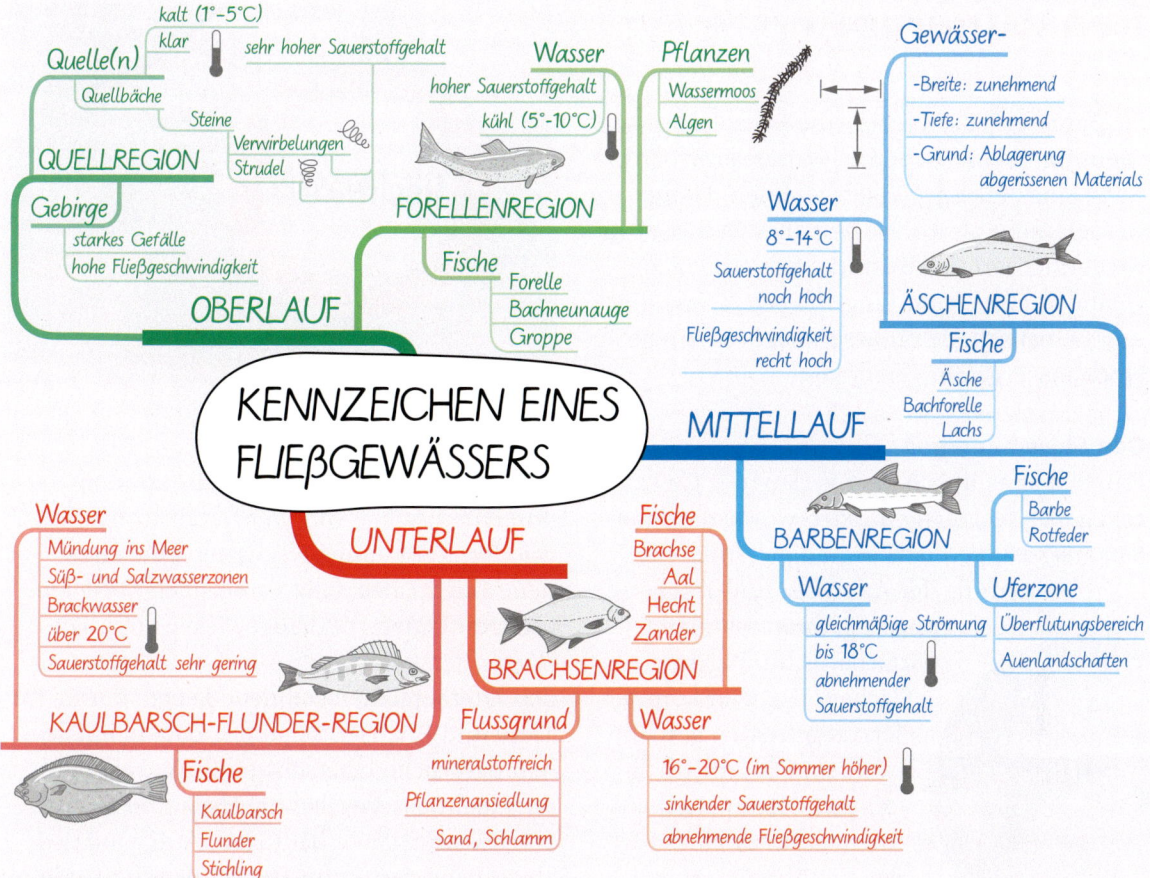

Diagram text:

Quelle(n)
  kalt (1°–5°C)
  klar
  Quellbäche
  sehr hoher Sauerstoffgehalt
  Steine
  Verwirbelungen
  Strudel

QUELLREGION

Gebirge
  starkes Gefälle
  hohe Fließgeschwindigkeit

OBERLAUF

Wasser
  hoher Sauerstoffgehalt
  kühl (5°–10°C)

Pflanzen
  Wassermoos
  Algen

FORELLENREGION

Fische
  Forelle
  Bachneunauge
  Groppe

Gewässer-
  -Breite: zunehmend
  -Tiefe: zunehmend
  -Grund: Ablagerung
    abgerissenen Materials

Wasser
  8°–14°C
  Sauerstoffgehalt noch hoch
  Fließgeschwindigkeit recht hoch

ÄSCHENREGION

Fische
  Äsche
  Bachforelle
  Lachs

MITTELLAUF

KENNZEICHEN EINES FLIEßGEWÄSSERS

Wasser
  Mündung ins Meer
  Süß- und Salzwasserzonen
  Brackwasser
  über 20°C
  Sauerstoffgehalt sehr gering

UNTERLAUF

Fische
  Brachse
  Aal
  Hecht
  Zander

BARBENREGION

Fische
  Barbe
  Rotfeder

Wasser
  gleichmäßige Strömung
  bis 18°C
  abnehmender Sauerstoffgehalt

Uferzone
  Überflutungsbereich
  Auenlandschaften

KAULBARSCH-FLUNDER-REGION

Fische
  Kaulbarsch
  Flunder
  Stichling

BRACHSENREGION

Flussgrund
  mineralstoffreich
  Pflanzenansiedlung
  Sand, Schlamm

Wasser
  16°–20°C (im Sommer höher)
  sinkender Sauerstoffgehalt
  abnehmende Fließgeschwindigkeit

3 Mindmap zum Thema »Kennzeichen eines Fließgewässers«

5 Mindmap erstellen   Lege den leeren Papierbogen im Querformat vor dich. Notiere in der Mitte das Thema. Vom Thema abzweigend werden die einzelnen Oberbegriffe als Hauptäste im Uhrzeigersinn angeordnet. Von jedem Hauptast zweigen weitere Unterbegriffe ab. Diese Abzweigungen werden als Nebenäste bezeichnet. Achte auf die Mindmap-Regeln links unten in Bild 4.

6 Vergleichen mit den Vorüberlegungen   Kontrolliere nun deine Mindmap noch einmal. Hast du alle Inhalte der Thematik aufgenommen? Ergänze, falls dir neue Stichwörter einfallen.

7 Mindmap mit Abbildungen versehen   Sofern du deine Mindmap bildlich gestalten willst, ergänze Abbildungen, Skizzen und weitere Symbole, die beim Lernen der Thematik hilfreich sind.

Mindmap-Regeln

- Möglichst waagerechte Äste zur besseren Lesbarkeit verwenden.
- Schlüsselwörter auf den Hauptästen platzsparend um die Mitte anordnen.
- Saubere Handschrift einhalten.
- Thema und Hauptäste in Blockbuchstaben schreiben.
- Nebenäste, Nebennebenäste … in Druckbuchstaben schreiben.
- Verschiedene Farben verwenden.
- Bildliche Elemente einfügen.

4 Regeln zur Erstellung einer Mindmap

Aufgaben
1 ☐ Schildere den Nutzen einer Mindmap.
2 ☑ Erstellt gemeinsam eine Mindmap zum Thema »Nahe gelegenes Gewässer«.

Renaturierung

Hochwasser ist seit jeher eine Bedrohung vor allem für die Menschen, die in unmittelbarer Nähe eines Fließgewässers wohnen. Heute werden mehr als 40 Prozent aller Gewässer in Niedersachsen als künstlich oder erheblich verändert eingestuft. Eingriffe des Menschen und klimatische Veränderungen können die Hochwassergefahr verstärken.

Den Fluss bändigen

Früher war es üblich, den Verlauf des Gewässers genau festzulegen. Dazu wurde das Flussbett ausgebaggert und begradigt. Durch die Abrodung der Auwälder und Trockenlegungen gewann man landwirtschaftlich nutzbare Flächen. Die Ufer konnten jetzt regelmäßig gemäht werden. Oft ermöglichten erst solche Maßnahmen, dass ein Fluss für den Schiffsverkehr genutzt werden konnte. Begradigte Fließgewässer besitzen eine höhere Fließgeschwindigkeit als natürlich gewundene. Das Regenwasser fließt schneller ab und kann sich insbesondere in den Unterläufen der Flüsse zu großen Mengen ansammeln, die die Flüsse über die Ufer treten lassen. Durch die Gleichförmigkeit der Ufer und des Gewässers ist die biologische Vielfalt von Tieren und Pflanzen gering.

Ziele der Renaturierung

Die Renaturierung ist die Rückverwandlung eines Fließgewässers in einen naturnahen Zustand. Dazu werden Bedingungen geschaffen, aus denen heraus das Gewässer den Landschaftsraum wieder selbst gestalten kann. In Mäandern wechseln sich schnell und langsam fließende sowie tiefe und flache Gewässerbereiche ab. Dies schafft vielfältige Lebensräume für Wassertiere und -pflanzen. Fisch-

1 Hochwassergefahr am Fließgewässer

arten wie der Aal oder der Lachs können durch den Abbau von Wehren flussaufwärts wandern. Für einige Fischarten entstehen neue Laichplätze, falls sie beispielsweise auf kiesigen Untergrund angewiesen sind. Die Wiederherstellung der Auenlandschaften in den Uferbereichen soll neue Lebensräume für Tiere und Pflanzen schaffen. Zudem entstehen natürliche Überschwemmungsgebiete, die Hochwasserwellen bremsen und so zum Hochwasserschutz beitragen. Aufgrund des abwechslungsreichen Flusslaufs mit Strudeln und Verwirbelungen löst sich viel Sauerstoff in dem Gewässer. Die Wasserqualität steigt.

2 Luftbild einer geplanten Renaturierungsmaßnahme

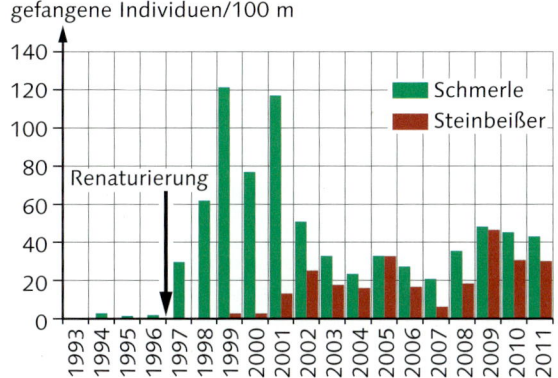

gefangene Individuen/100 m

3 Fischvorkommen vor- und nach der Renaturierung

Vorbereitung der Renaturierung

Für Renaturierungsmaßnahmen werden große Flächen benötigt. Sie gehen für die landwirtschaftliche Nutzung verloren. Nach der Berechnung des Gefälles versucht man, ehemalige Rinnen und Flussverläufe zu finden. Mit Hilfe von Computersimulationen werden Gestaltungsmöglichkeiten erstellt. Durch umfangreiche Tiefbaumaßnahmen werden Uferbefestigungen beseitigt, das Flussbett aufgefüllt und verbreitert sowie neue Gräben gezogen. Es entstehen Fluss- und Bachverläufe, die als Ausgangsposition dienen. Dann »gräbt« sich das Gewässer sein eigenes Bett. Vor allem bei Hochwasser werden die Ufer von der Kraft des fließenden Wassers geformt. Renaturierte Flächen werden nicht bepflanzt, man überlässt sie sich selbst. Allmählich besiedeln Pflanzen und Tiere die Lebensräume. Manche Arten werden verdrängt, andere wandern ein. Bis ein naturnaher Zustand erreicht ist, vergeht viel Zeit.

In Kürze
Gewässer werden durch Renaturierung in einen naturnahen Zustand überführt. Dadurch bieten sie vielen Tieren und Pflanzen einen Lebensraum und dienen dem Hochwasserschutz.

Aufgaben
1 ☐ Nenne die Ziele der Renaturierung.
2 ◪ Diskutiert über Maßnahmen zur möglichen Renaturierung eines Gewässers in der Nähe der Schule. Verteilt dazu unterschiedliche Rollen.

Ausgangslage

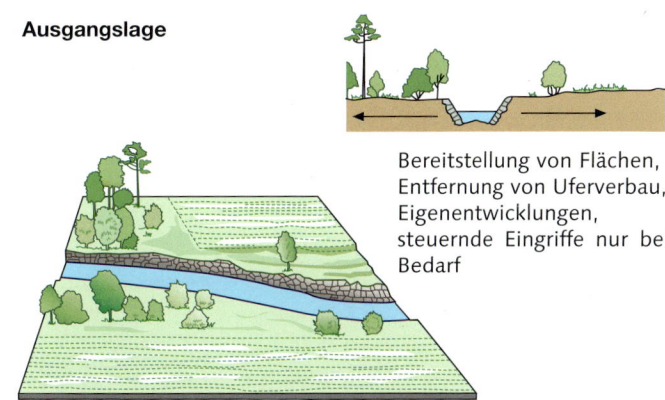

Bereitstellung von Flächen, Entfernung von Uferverbau, Eigenentwicklungen, steuernde Eingriffe nur bei Bedarf

Entwicklungsphase 1

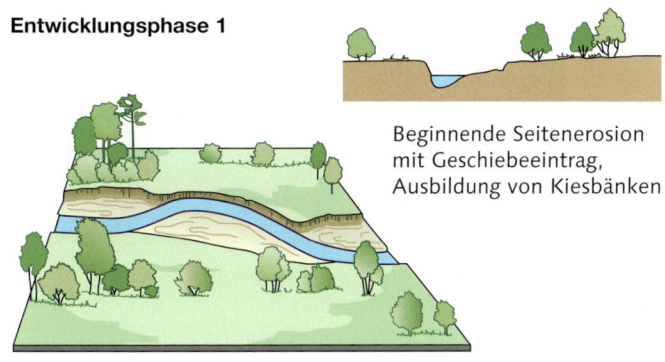

Beginnende Seitenerosion mit Geschiebeeintrag, Ausbildung von Kiesbänken

Entwicklungsphase 2

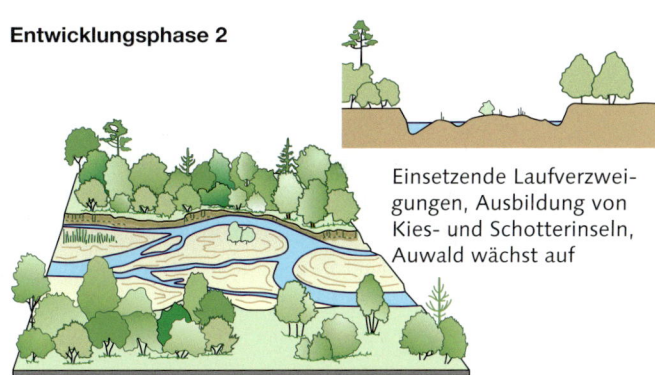

Einsetzende Laufverzweigungen, Ausbildung von Kies- und Schotterinseln, Auwald wächst auf

Entwicklungsphase 3

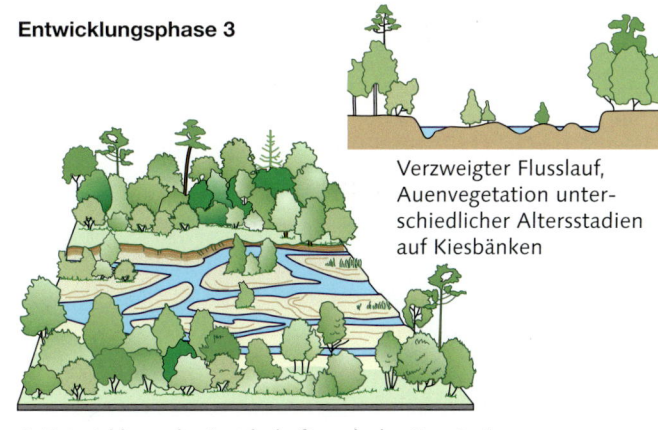

Verzweigter Flusslauf, Auenvegetation unterschiedlicher Altersstadien auf Kiesbänken

4 Entwicklung der Landschaft nach der Renaturierung

Ökosystem Binnengewässer

1 Unterschiedliche Gewässer

1 Sehr unterschiedliche Gewässer

a ☐ Ordne die in den Abbildungen dargestellten Gewässer einem Gewässertyp zu.

b ☐ Nenne je ein weiteres Beispiel für die beiden Gewässertypen.

c ☐ Jedes Gewässer ist ein »Ökosystem« und besteht aus »Biotop« und »Biozönose«. Gib die Definitionen für die drei Begriffe wieder.

d ☑ Beschreibe Unterschiede zwischen den beiden Ökosystemen in Bild 1, indem du die abiotischen Faktoren vergleichst.

2 Lebensgemeinschaft Gewässer

a ☐ Ordne die in Bild 2 abgebildeten Pflanzen jeweils einer Zone zu. Nenne für jede Zone ein weiteres Beispiel.

b ☐ Benenne die abgebildeten Tiere.

c ☑ Erkläre an je einem Beispiel, wie eine Pflanze und ein Tier an das Leben im Wasser angepasst sind.

d ☑ Algen und Seerosen sind Pflanzen, die in einem See vorkommen. Vergleiche Seerosen und Algen unter folgenden Aspekten: Zahl der Individuen im Jahresverlauf, Stoffwechselaktivität, Vorkommen im See.

e ■ Stelle einen Zusammenhang zwischen den ökologischen Begriffen »Angepasstheit«, »ökologische Nische« und »Zeigerorganismus« her.

3 Stoffkreisläufe und Nahrungspyramide

Bild 3 zeigt einen Ausschnitt aus dem Energiefluss und den Stoffkreisläufen in einem See.

a ☐ Konsumenten 2. Ordnung und Endkonsumenten bilden die oberen Stufen der Nahrungspyramide. Ergänze die fehlenden Glieder.

b ☐ Nenne die Aufgabe der Destruenten im Ökosystem.

c ☑ Pflanzen und Grünalgen bilden die unterste Stufe der Nahrungspyramide. Begründe.

2 Tiere und Pflanzen am Gewässer

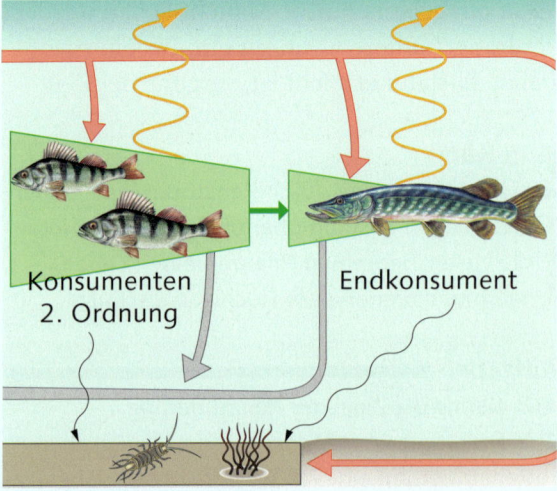

3 Ausschnitt aus einer Nahrungspyramide

4 Gewässer verändern sich

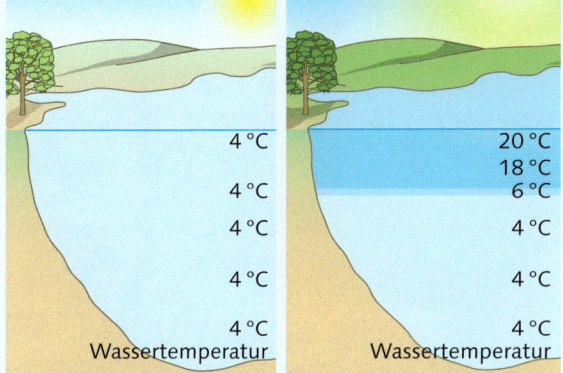

4 °C	20 °C
	18 °C
4 °C	6 °C
4 °C	4 °C
4 °C	4 °C
4 °C	4 °C
Wassertemperatur	Wassertemperatur

4 Temperaturverteilung in einem See

a ☐ Gewässer bieten Neubürgern einen Lebensraum. Nenne jeweils ein Beispiel für ein Tier und eine Pflanze, die sich als Neubürger in Mitteleuropa ausgebreitet haben.

b ☑ Die Temperatur des Wassers ist ein abiotischer Faktor im See. Beschreibe die Temperaturverteilung in den beiden Abbildungen oben und ordne sie einer Jahreszeit zu.

c ☑ Nenne Auswirkungen, die die Temperaturverteilung im Winter auf die Tiere eines Sees hat. Vergleiche diese mit den Auswirkungen, die sie im Sommer auf die Pflanzen hat.

d ☑ Erkläre den Vorgang des "Umkippens" eines Sees.

e ■ Erläutere, wie ein Gewässer nach einer Renaturierung aussehen sollte.

5 Renaturierter Abschnitt der Ruhr

Ökosystem Binnengewässer

■ Unter dem Biotop versteht man den Lebensraum, der von den abiotischen Faktoren gebildet wird. Die Biozönose ist eine Lebensgemeinschaft aus Pflanzen und Tieren. Biotop und Biozönose bilden gemeinsam ein Ökosystem.

■ Pflanzen und Tiere an oder in einem Gewässer sind durch den Bau und die Lebensweise an das Leben dort angepasst.

■ Zwischen den Lebewesen eines Gewässers bestehen vielfältige Nahrungsbeziehungen. Einfache Nahrungsketten sind zu Nahrungsnetzen verknüpft. Im Ökosystem durchlaufen die Stoffe einen Kreislauf zwischen Produzenten, Konsumenten und Destruenten. Motor dieser Kreisläufe ist das Sonnenlicht. Mit jeder Ernährungsstufe nimmt die Biomasse ab.

■ Gewässer unterliegen einer ständigen Veränderung. Neben regelmäßigen jährlichen Schwankungen unterliegen stehende Gewässer einer Entwicklung, die mit der Verlandung endet. Der Mensch hat großen Einfluss auf das Erscheinungsbild von Gewässern. Verschmutzungen gefährden das Leben von Pflanzen und Tieren. Durch Renaturierung entstehen wieder neue Lebensräume.

Der Körper
des Menschen

Nahrung als Grundlage für den Stoffwechsel

Anna trifft sich mit ihren Freunden zu einer Strandparty. Jeder bringt etwas zu Essen mit. Dadurch gibt es unterschiedliche Salate und verschiedenes Gegrilltes. Das gemeinsame Essen und Beisammensein macht allen besonders viel Spaß.

Antrieb für den Stoffwechsel

Der menschliche Körper braucht Nahrung, um gesund und leistungsfähig zu bleiben. Die Lebensmittel enthalten Nährstoffe, die der Körper benötigt. Alle chemischen Vorgänge, die dem Aufbau und der Erhaltung von Körpersubstanz und der Energiegewinnung dienen, fasst man mit dem Begriff *Stoffwechsel* zusammen. Bei der Verdauung werden die Nährstoffe der Nahrung zerlegt und für den Körper nutzbar gemacht.

Betriebsstoffe wie Kohlenhydrate und Fette liefern Energie für Muskelarbeit, Atmung, die Körpertemperatur und viele andere Vorgänge des Körpers.

Baustoffe wie Proteine werden zum Beispiel zum Aufbau von Zellen benötigt.

Der Körper muss auch andere Stoffe wie beispielsweise Wasser aufnehmen. Wasser dient im Körper als Lösungs- und Transportmittel.

1 Geselliges Essen auf einer Strandparty

Der Energiebedarf des Körpers

Den Energiebedarf, den der Körper im Schlaf für alle Stoffwechselvorgänge aufbringen muss, fasst man als *Grundumsatz* zusammen. Er ist abhängig von Größe und Gewicht. Den Energiegehalt von Nährstoffen und auch den Energiebedarf des Körpers misst man in Joule oder Kalorien. Ein Joule ist die Energiemenge, die man benötigt, um 100 Gramm mit einer Kraft von 1 Newton 1 Meter hochzuheben.

Der Körper benötigt für jede zusätzliche Aktivität weitere Energie. Je nach Arbeit oder Anstrengung sind die Energiemengen unterschiedlich. Diesen zusätzlichen Bedarf bezeichnet man als *Leistungsumsatz*. Der *Gesamtumsatz* setzt sich aus Grund- und Leistungsumsatz zusammen.

Inhaltsstoffe unserer Nahrung

Wenn man Lebensmittel kauft, findet man auf den Verpackungen immer Angaben zu den Nährstoffen und weiteren Inhaltsstoffen. Unsere Lebensmittel bestehen hauptsächlich aus Kohlenhydraten, Fetten und Proteinen in

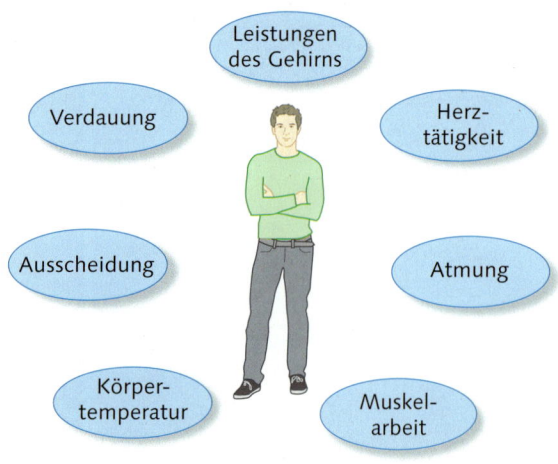

2 Betriebsstoffe in der Nahrung ermöglichen die Lebensfunktionen.

Alter	Männer	Frauen
15–19 Jahre	1820 kcal/7628 kJ	1460 kcal/6113 kJ
19–25 Jahre	1820 kcal/7628 kJ	1390 kcal/5820 kJ
25–51 Jahre	1740 kcal/7285 kJ	1340 kcal/5610 kJ
51–65 Jahre	1580 kcal/6615 kJ	1270 kcal/5317 kJ

3 Grundumsatz bei Männern und Frauen

4 Verpackungshinweise geben den Nährstoffgehalt an.

unterschiedlichen Anteilen. Außerdem enthält die Nahrung die *Ergänzungsstoffe* Vitamine, Mineralstoffe, Spurenelemente, Ballaststoffe und Wasser. Der Körper benötigt zur Aufrechterhaltung des Stoffwechsels viele verschiedene Stoffe, die nur zum Teil in jedem Nahrungsmittel vorhanden sind.

Betriebsstoffe liefern Energie

Kohlenhydrate und Fette sind Betriebsstoffe und liefern Energie. Der Energiegehalt von Fett ist dabei deutlich größer als der von Kohlenhydraten. Ein Gramm Fett entspricht 38 Kilojoule und ein Gramm Kohlenhydrate nur 17 Kilojoule. Butter auf dem Brötchen

kann demnach mehr Energie enthalten als das gesamte Brötchen.

Baustoffe bauen auf

Der Körper wird ein Leben lang aufgebaut und erneuert. Proteine sind die Baustoffe für Zellen, aus denen zum Beispiel neue Haut, Haare und Muskeln des Körpers gebildet werden. Auch Hormone oder Enzyme bestehen aus Proteinen. Neben Proteinen gehören auch Fette zu den Baustoffen, denn sie bilden mit den Proteinen die Membranen der Zellen. Während der ersten Lebensphase werden sehr viele Baustoffe benötigt, da der Körper wachsen muss. Weitere Baustoffe für den Körper sind Mineralstoffe, die zum Aufbau von Knochen und Zähnen nötig sind.

> **In Kürze**
>
> Nahrung enthält die Nährstoffe Fette, Kohlenhydrate und Proteine. Diese bilden für den Körper nicht nur Baustoffe, sondern liefern Energie für die Vorgänge des Stoffwechsels.

Aufgaben

1 ☐ Nenne verschiedene Stoffwechselvorgänge.
2 ◪ Menschen, die lange nichts gegessen haben, fühlen sich matt, müde und frösteln. Erläutere solche Anzeichen.

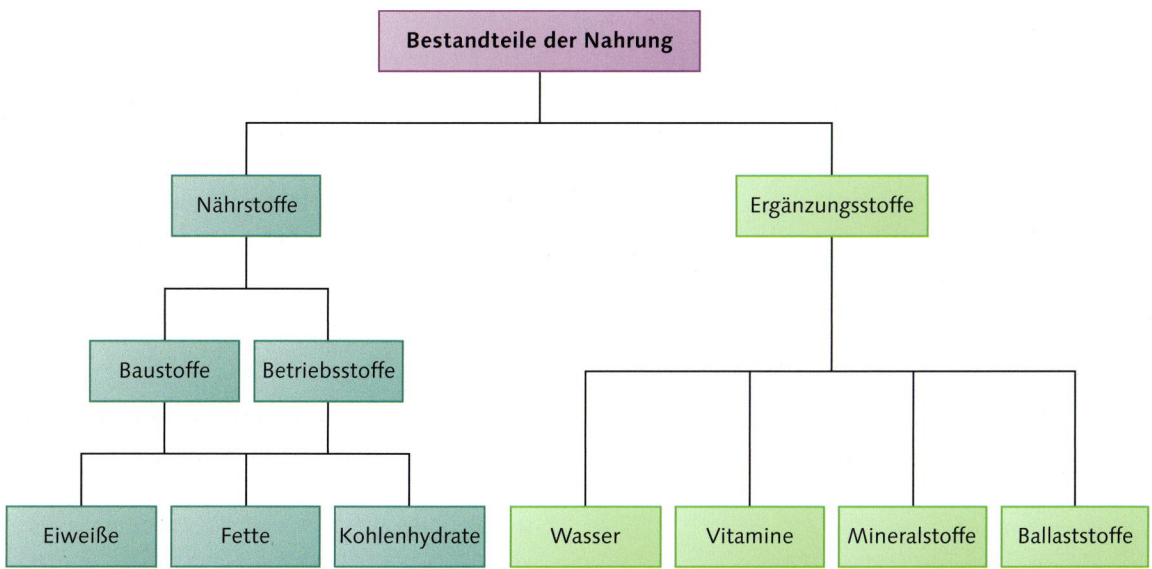

5 Bestandteile der Nahrung

Kohlenhydrate

Patrick will heute Abend an einem großen Sportevent teilnehmen. Deshalb muss er seine Energiespeicher auffüllen. Dazu isst er mittags eine große Portion Nudeln. Sie enthalten viele Kohlenhydrate, die dem Körper Energie liefern.

Unterschiedliche Kohlenhydrate

Unter dem Begriff Kohlenhydrate werden viele Zuckerarten, zum Beispiel Traubenzucker, Fruchtzucker, Haushaltszucker, und auch Stärke, zusammengefasst.

Lebensmittel wie Obst, Süßigkeiten oder Honig und Marmelade enthalten besonders viel Zucker. Aber nicht nur süße Produkte, sondern auch Milch und Milchprodukte enthalten Zucker. Der Stoff Stärke ist ein Kohlenhydrat, das nicht süß schmeckt und in Kartoffeln, Getreide und Nudeln reichlich vorhanden ist.

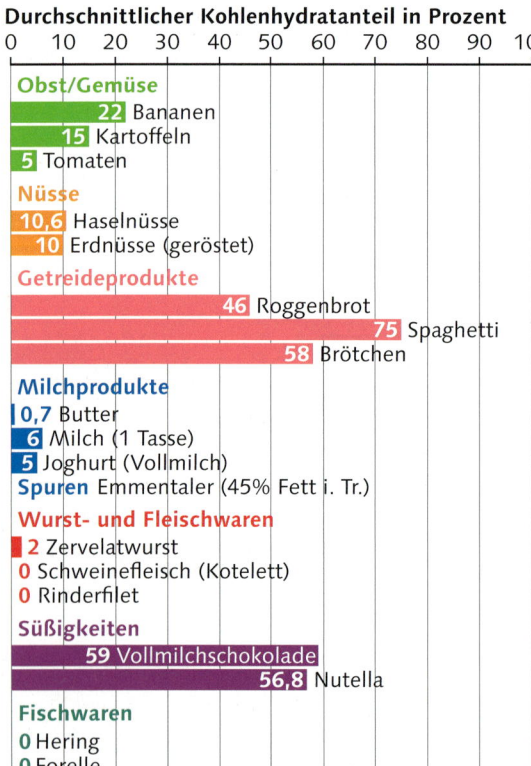

Durchschnittlicher Kohlenhydratanteil in Prozent

Obst/Gemüse
- 22 Bananen
- 15 Kartoffeln
- 5 Tomaten

Nüsse
- 10,6 Haselnüsse
- 10 Erdnüsse (geröstet)

Getreideprodukte
- 46 Roggenbrot
- 75 Spaghetti
- 58 Brötchen

Milchprodukte
- 0,7 Butter
- 6 Milch (1 Tasse)
- 5 Joghurt (Vollmilch)
- Spuren Emmentaler (45% Fett i. Tr.)

Wurst- und Fleischwaren
- 2 Zervelatwurst
- 0 Schweinefleisch (Kotelett)
- 0 Rinderfilet

Süßigkeiten
- 59 Vollmilchschokolade
- 56,8 Nutella

Fischwaren
- 0 Hering
- 0 Forelle

2 Kohlenhydratanteil in Lebensmitteln

1 Kohlenhydratreiche Lebensmittel

Traubenzucker liefert schnell Energie

Alle Zuckerarten, wie Glucose, Fructose, Lactose und Dextrose, liefern schnell Energie. Sie können direkt ins Blut aufgenommen werden, da sie klein sind und vom Körper nicht zerkleinert werden müssen. Bei Klassenarbeiten können sie in einem Leistungstief daher kurzfristig helfen. Sie sind aber schnell verbraucht. Danach fällt der Blutzuckerspiegel wieder ab.

Maltose

Trauben-
zucker

Stärke

Lang anhaltende Energie aus Stärke

Stärke liefert nur langsam Energie an den Körper. Sie besteht aus langen Molekülen, die der Körper erst spalten muss, bevor sie ins Blut aufgenommen werden können. Stärke dient Sportlern deshalb als zusätzlicher Energiespeicher. Überschüssige Kohlenhydrate, die der Körper nicht sofort benötigt, kann er als Fett in den Fettpolstern speichern.

In Kürze

Zucker und Stärke sind Kohlenhydrate, die dem Körper Energie liefern.

Aufgaben

1 ☐ Nenne Unterschiede zwischen Zucker und Stärke.

2 ◪ Begründe, weshalb viele Sportler am Abend vor Wettkämpfen Nudeln essen. Nutze das Diagramm.

Fette

Anna bereitet sich mittags einen leckeren Salat mit Tomaten, Paprika, Gurken und Schafskäse zu. Zum Abschluss mischt sie ihn mit einem Dressing aus Olivenöl und Essig. Ohne Dressing schmeckt ein Salat häufig fad, da das Öl ein wichtiger Geschmacksträger ist.

Fette liefern Energie

Fette besitzen den höchsten Energiegehalt aller Nährstoffe. Viele Lebensmittel enthalten versteckte Fette. Das führt dazu, dass viele Menschen zu viel Fett zu sich nehmen. Den Teil des Fettes, den der Körper nicht in Energie umwandelt, speichert er als Depotfett im Fettgewebe. Wenn man also mehr Kalorien zu sich nimmt, als man mit seinem Gesamtumsatz verbraucht, wird man schnell übergewichtig. Dies begünstigt Zivilisationkrankheiten, wie Bluthochdruck, Diabetes und sogar den Herzinfarkt.

1 Fetthaltige Lebensmittel

Aufbau von Fetten

Fette sind große Moleküle, die aus Glycerin und Fettsäuren zusammengesetzt sind. Man unterteilt Fettsäuren nach ihrem Aufbau in gesättigte und ungesättigte Fettsäuren. Besonders Pflanzenöle und Fette von Fischen enthalten viele ungesättigte Fettsäuren.

Lebensnotwendige Fette

Viele Fette, die ungesättigte Fettsäuren enthalten, sind für den Körper essenziell. Das bedeutet, dass er sie nicht selbst aus den zerlegten Nährstoffen aufbauen kann, sie aber für die Stoffwechselvorgänge benötigt und so mit der Nahrung aufnehmen muss. Sie sind wichtig für den Aufbau von Hormonen und zur Zellerneuerung, da sie Bestandteil der Zellmembran sind. Außerdem sind Fette Lösungsmittel für fettlösliche Vitamine.

Durchschnittlicher Fettanteil in Prozent

0	10	20	30	40	50	60	70	80	90	100

Obst/Gemüse
0,2 Bananen
0,1 Kartoffeln
0,2 Tomaten

Nüsse
61 Haselnüsse
49 Erdnüsse (geröstet)

Getreideprodukte
1 Roggenbrot
1,2 Spaghetti
0,5 Brötchen

Milchprodukte
81 Butter
3,7 Milch (1 Tasse)
3,8 Joghurt (Vollmilch)
20 Emmentaler (45% Fett i. Tr.)

Wurst- und Fleischwaren
28 Zervelatwurst
4,8 Schweinefleisch (Kotelett)
4 Rinderfilet

Süßigkeiten
32 Vollmilchschokolade
31,8 Nutella

Fischwaren
18 Hering
2 Forelle

2 Fettanteil in Lebensmitteln

In Kürze

Fette liefern dem Körper viel Energie. Fettreiche Nahrung kann zu Übergewicht führen. Einige ungesättigte Fettsäuren sind lebenswichtig für den menschlichen Körper.

Aufgaben

1 ☐ Nenne die Bedeutungen von Fetten für den menschlichen Körper.

2 ◪ Erläutere, weshalb Fette lebenswichtig, aber auch mit Vorsicht zu genießen sind.

Proteine

Max freut sich am Wochenende auf das gemeinsame Grillen mit der Familie. Sein Vater will für alle leckere Steaks, Würstchen und Bauchfleisch grillen.

Proteine sind Baustoffe

Fleisch, Fisch und Milchprodukte enthalten ebenso wie viele Getreidesorten einen besonders hohen Anteil an Eiweißen, auch Proteine genannt. Sie sind wichtige Baustoffe für unseren Körper. Proteine sind die Grundbausteine von Muskeln, Organen, Haut, Haaren, Blut und Hormonen. Ebenso werden das Nerven- und das Immunsystem durch Proteine aufgebaut. Auch alle Stoffumsätze werden von Proteinen reguliert oder ermöglicht.

Kinder und Jugendliche benötigen mehr Proteine, da sie sich im Wachstum befinden. Aber auch bei Erwachsenen werden die Zellen des Körpers ständig erneuert.

Durchschnittlicher Proteinanteil in Prozent

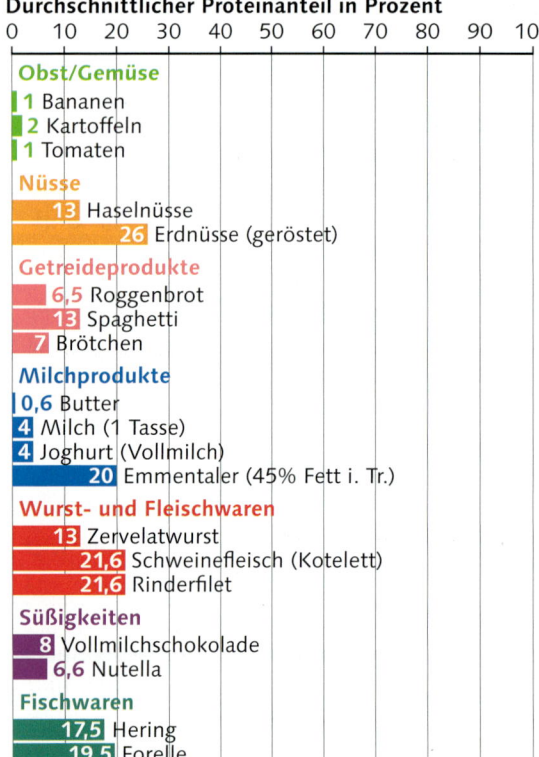

2 Proteinanteil in Lebensmitteln

1 Proteinhaltige Lebensmittel

Aufbau von Proteinen

Proteine sind aus Aminosäuren aufgebaut, die lange Ketten bilden. Diese Ketten sind zusätzlich zu bestimmten Strukturen verknüpft. Dadurch entstehen dreidimensionale Gebilde. Während der Verdauung werden Proteine in die einzelnen Aminosäuren zerlegt. Von den 22 verschiedenen Aminosäuren, aus denen Proteine bestehen, kann der Körper die meisten selbst herstellen. Neun von ihnen müssen aber mit der Nahrung aufgenommen werden. Sie werden essenzielle Aminosäuren genannt.

Pflanzliche und tierische Proteine

Der Tagesbedarf an Proteinen liegt je nach Alter zwischen 50 und 60 Gramm pro Tag. Fleisch, Fisch und Milchprodukte liefern tierische Proteine. Pflanzliche Proteine sind beispielsweise in Getreide, Hülsenfrüchten und Nüssen enthalten.

In Kürze

Proteine sind wichtige Baustoffe für unseren Körper. Sie sind sowohl in tierischer als auch in pflanzlicher Nahrung enthalten.

Aufgaben

1 ☐ Ordne in einer Tabelle proteinhaltige Lebensmittel nach tierischen und pflanzlichen Quellen.

2 ◩ Begründe, weshalb mit zunehmendem Alter der Proteinbedarf abnimmt.

Nährstoffe

1 Täglich Lebertran?

1 Lebertran als Nahrungsergänzung

Lebertran ist ein Öl, das aus der Leber von Dorschen gewonnen wird. Es enthält viel Fett mit ungesättigten Fettsäuren, Vitamin A und D. Allerdings enthält es auch Schadstoffe, die die Fische in den Weltmeeren aufnehmen.

a ☑ Vermute, weshalb Lebertran in früheren Zeiten Kindern verabreicht wurde.
b ☑ Begründe, weshalb es heute in Deutschland nicht nötig ist, dass Kinder Lebertran einnehmen.
c ☑ Stelle Vermutungen an, weshalb es sogar schädlich sein kann, regelmäßig Lebertran zu verabreichen.

2 Vergleich Cola und Light-Cola

a ☐ Vergleiche die Inhaltsangaben und den Energiegehalt der zwei Getränkesorten aus der Tabelle in Bild 3.
b ☐ Der durchschnittliche Energiebedarf eines Jugendlichen liegt bei 2300 bis 2900 Kilokalorien. Berechne, wie viele Kilokalorien ein Liter Cola enthält, und vergleiche diesen Wert mit deinem Energiebedarf.
c ☑ Begründe, weshalb besonders Frauen lieber Light-Cola als zuckerhaltige Cola trinken.
d ☑ Stelle Vermutungen über die Gründe von Firmen an, neue Marken zuckerfreier Cola auf den Markt zu bringen.

3 Proteindrinks im Fitnessstudio

2 Werbung für Proteindrinks

Die Deutsche Gesellschaft für Ernährung legt die empfohlene Menge an Protein auf 0,8 Gramm pro Kilogramm Körpergewicht als Tageszufuhr fest. Eine höhere Dosierung von Proteinen kann zu Nierensteinen führen. Viele Fitnessstudios bieten trotz der empfohlenen Menge Proteindrinks oder Riegel an. Sie sollen beim Muskelaufbau helfen.

a ☑ Begründe den erhöhten Proteinbedarf von Leistungssportlern im Gegensatz zu »normalen« Menschen.
b ☑ Ermittle mit Hilfe der Nährwerttabellen auf Lebensmittelverpackungen deine tägliche Proteinzufuhr. Vergleiche deinen Proteinbedarf mit deiner individuellen Zufuhr.
c ☑ Nimm kritisch Stellung zu Werbung für Proteindrinks.

Produkt	Cola	Light-Cola
Energie-gehalt in 100 ml	42 kcal/100 ml	< 0,25 kcal/100 ml
Zucker- oder Süßstoffart	Glucose, Fructose (Haushaltszucker)	Süßstoffe: Natrium-Cyclamat, Acesul-fam-K, Aspartam
Säuerungs-mittel	Phosphorsäure	Phosphorsäure, Zitronensäure

3 Tabelle zu Inhaltsstoffen von Cola-Sorten

Vitamine, Mineralstoffe und Ballaststoffe

Vielfach werden Vitamin- und Mineralstoff-präparate als Nahrungsergänzung angeboten. Sie sollen die Abwehrkräfte stärken und die Körperfunktionen unterstützen. Brauchen wir wirklich zusätzliche Vitamine?

Vitamine sind Wirkstoffe

Es gibt 13 verschiedene Vitamine, die unser Körper in kleinen Mengen benötigt. Sie müssen mit der Nahrung aufgenommen werden, da der Körper sie nicht selbst oder nur aus Vorstufen herstellen kann. Beispielsweise kann der Körper Vitamin D mit Hilfe von Sonnenlicht erzeugen. Vitamine sorgen im Körper für den geregelten Ablauf der Stoffwechselvorgänge. Man teilt sie in wasserlösliche und fettlösliche Vitamine ein. Deshalb sollte man zu Salat und Obst immer auch Fette zu sich nehmen.

1 Vitamine und Mineralstoffe als Nahrungsergänzung

Aufgaben der Vitamine im Körper

Vitamin C stärkt die Abwehrkräfte, hilft bei der Wundheilung und bei der Bildung von Hormonen.

Die meisten B-Vitamine steigern den Energiestoffwechsel. Außerdem stärken sie die Funktion der Nerven und die Verdauung.

Vitamin D fördert die Calciumaufnahme in Knochen und in Zähne.

Vitamin	Funktion	Informatives	Vorkommen
Vitamin C	stärkt die Abwehrkräfte; entzündungshemmend; Aufbau von Bindegewebe, Muskeln und Knochen	Mangel führt zu Skorbut; erhöhter Bedarf bei Rauchern, Schwangeren und älteren Menschen	Zitrusfrüchte, Sanddorn, Holunderbeeren, Hagebutten, Tomaten, Paprika
Vitamin B$_1$	Verdauung von Kohlenhydraten; unterstützt Funktion der Nerven und der Schilddrüse	Mangel führt zu Muskel- und Nervenschädigung; schützt in hoher Konzentration vor Mücken	Vollkorngetreide, Naturreis, Leber, Schweinefleisch, Erbsen
Vitamin B$_2$	wichtig für die Augen; fördert die Verwertung der Nährstoffe und den Sauerstofftransport	Mangel führt zu Erschöpfung, spröden Fingernägeln, Blutarmut, Hornhauttrübung	Fleisch, Milchprodukte, grünes Blattgemüse, Seefisch, Vollkorngetreide
Vitamin B$_6$	Verdauung von Proteinen, fördert die Entgiftung	hilft bei Menstruationsbeschwerden; schädigt Nerven bei Überdosierung; spröde Mundwinkel bei Mangel	Bananen, Nüsse, Vollkorngetreide, Kartoffeln, Blumenkohl, Karotten
Vitamin B$_{12}$	Bildung roter Blutkörperchen; wichtig für Nervenfunktion, Wachstum	kann nicht überdosiert werden, da der Körper den Überschuss ausscheidet. Mangel führt zu Blutarmut	Eier, Milchprodukte, Fisch, Fleisch
Vitamin D	Knochen- und Zahnaufbau, stärkt die Abwehrkräfte	Mangel lässt Knochen erweichen und verkrümmen; wird mit Hilfe von Sonnenlicht vom Körper in der Haut hergestellt	Milch, Eigelb, Butter, Lebertran, Meeresfische, Champignons, Avocado
Vitamin E	stärkt Abwehrkräfte; schützt vor Entzündungen; Zellerneuerung, Sauerstoffversorgung	Mangel führt zu Sehschwäche, Muskelschwund und beeinträchtigt die Fortpflanzung	Pflanzenöl, Nüsse, Avocado, Butter, Hering

2 Informationen zu einigen wichtigen Vitaminen

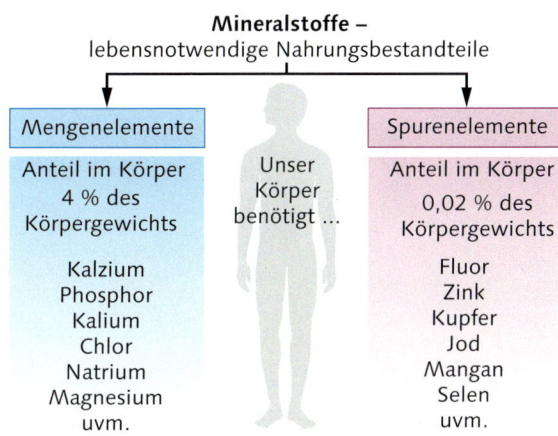

3 Mineralstoffe – Bestandteile der Nahrung

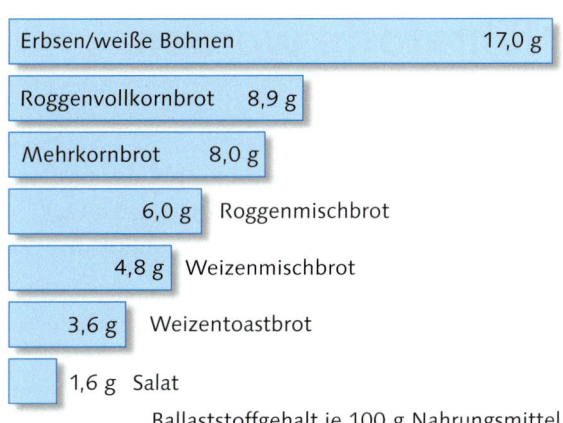

Ballaststoffgehalt je 100 g Nahrungsmittel

4 Ballaststoffgehalt ausgewählter Nahrungsmittel

Die Mineralstoffe

Mineralstoffe sind wichtige Bausteine und Regelstoffe für den menschlichen Körper. Sie werden nur in sehr kleinen Mengen benötigt und als Salze, in Wasser gelöst, aufgenommen. Der Bedarf an Mineralstoffen ist abhängig von Alter, Geschlecht, Aktivität, Gesundheitszustand und Lebenssituation. Je nachdem, wie viel der Körper benötigt, teilt man sie in Mengen- und Spurenelemente ein.

Bedeutung von Mineralstoffen

Ob bei Wachstum oder Blutbildung, im Zusammenspiel von Nerven und Muskeln, nichts funktioniert ohne Mineralstoffe. So regulieren beispielsweise Natrium und Kalium den Wasserhaushalt unseres Körpers. Calcium

und Magnesium braucht der Körper zum Knochen- und Zahnaufbau, ebenso wie für die Muskel- und Nervenfunktion. Eisen ist in roten Blutkörperchen enthalten und für den Sauerstofftransport des Blutes verantwortlich. Iod benötigt die Schilddrüse zum Aufbau von Hormonen.

Ballaststoffe regen an

Ballaststoffe sind die unverdaulichen Bestandteile pflanzlicher Nahrung wie Cellulose und Pektin. Sie sind vor allem in Getreide, Kartoffeln, Hülsenfrüchten und Gemüse enthalten.

Sie haben eine positive Wirkung auf die Verdauung, weil sie die Bewegung der Verdauungsorgane, insbesondere des Darms anregen. Außerdem binden sie überschüssige Magensäure und Gallensaft. Insgesamt schützen sie vor Darmerkrankungen.

Weiter gedacht Zusatzstoffe in der Nahrung

Viele natürliche Produkte verlieren bei der industriellen Verarbeitung ihren Geschmack. Die Produzenten ergänzen ihre Produkte deshalb mit verschiedenen künstlichen Geschmacksstoffen. Auch Konservierungs- und Verdickungsmittel sowie Farbstoffe und Geschmacksverstärker werden den Lebensmitteln zugefügt.

Diese Zusatzstoffe müssen auf der Verpackung gekennzeichnet sein. Sie sind nicht giftig und in den zugelassenen Mengen auch nicht gesundheitsschädlich. Einige können trotzdem zu Durchfall oder Allergien führen.

In Kürze

Vitamine und Mineralstoffe sind lebensnotwendige Stoffe, die den Aufbau und die Funktionen des Körpers unterstützen. Ballaststoffe sind unverdaulich, regen jedoch die Verdauung an.

Aufgaben

1 ☐ Beschreibe eine Ernährungsweise, die dem Körper ausreichend Vitamine, Mineralstoffe und Ballaststoffe zuführt.

2 ◩ Begründe, weshalb einseitige Ernährung auf Dauer zu Mangelerkrankungen führt.

Nährstoffe werden verdaut

Wenn du nach Hause kommst und der Duft deines Lieblingsessens dir in die Nase steigt, dann läuft dir das Wasser im Mund zusammen.

Zerkleinerung von Nährstoffen

In den Verdauungsorganen Mund, Magen und Dünndarm wird die Nahrung und die darin enthaltenen Nährstoffe so weit zerkleinert, dass sie durch die dünnen Wände des Dünndarms in das Blut und die Lymphe aufgenommen werden können.

Die Zerlegung dieser Nährstoffe übernehmen *Enzyme*. Das sind große Eiweißmoleküle, die die Nährstoffe wie Scheren in wasserlösliche Bestandteile zerschneiden. Diese Zerlegung nennt man Verdauung. Enzyme beeinflussen und steuern biochemischen Prozesse und bleiben unverändert erhalten.

Da die Verdauungsenzyme die Zerlegung der Nährstoffe ermöglichen, nennt man sie auch *Biokatalysatoren*.

Aufbau und Wirkung von Enzymen

Enzyme sind große Proteine. Sie besitzen Passstellen auf ihrer Oberfläche, sogenannte

1 Gemeinsames Essen

aktive Zentren, an denen die Spaltprozesse ablaufen. Diese aktiven Zentren lassen sich mit unterschiedlichen Schlüsseln vergleichen, von denen jeder ein anderes Schloss öffnet. Nur wenn Schlüssel und Schloss zusammenpassen, werden sie wirksam. Das führt dazu, dass jedes Enzym nur einen bestimmten Vorgang bewirken kann.

Enzyme wirken bei Körpertemperatur am besten, da sie bei einer Temperatur von über 40 Grad Celsius zerstört werden. Deshalb kann sehr hohes Fieber auch zum Tod führen. Je kälter die Enzymumgebung ist, desto langsamer wirken sie.

verschiedene Schlösser   Der passende Schlüssel...   ...öffnet das Schloss.

verschiedene Ausgangsstoffe   Das passende Enzym...   ...spaltet den Ausgangsstoff.

2 Schlüssel-Schloss-Prinzip der Enzymwirkung: Ein Enzym spaltet Maltose.

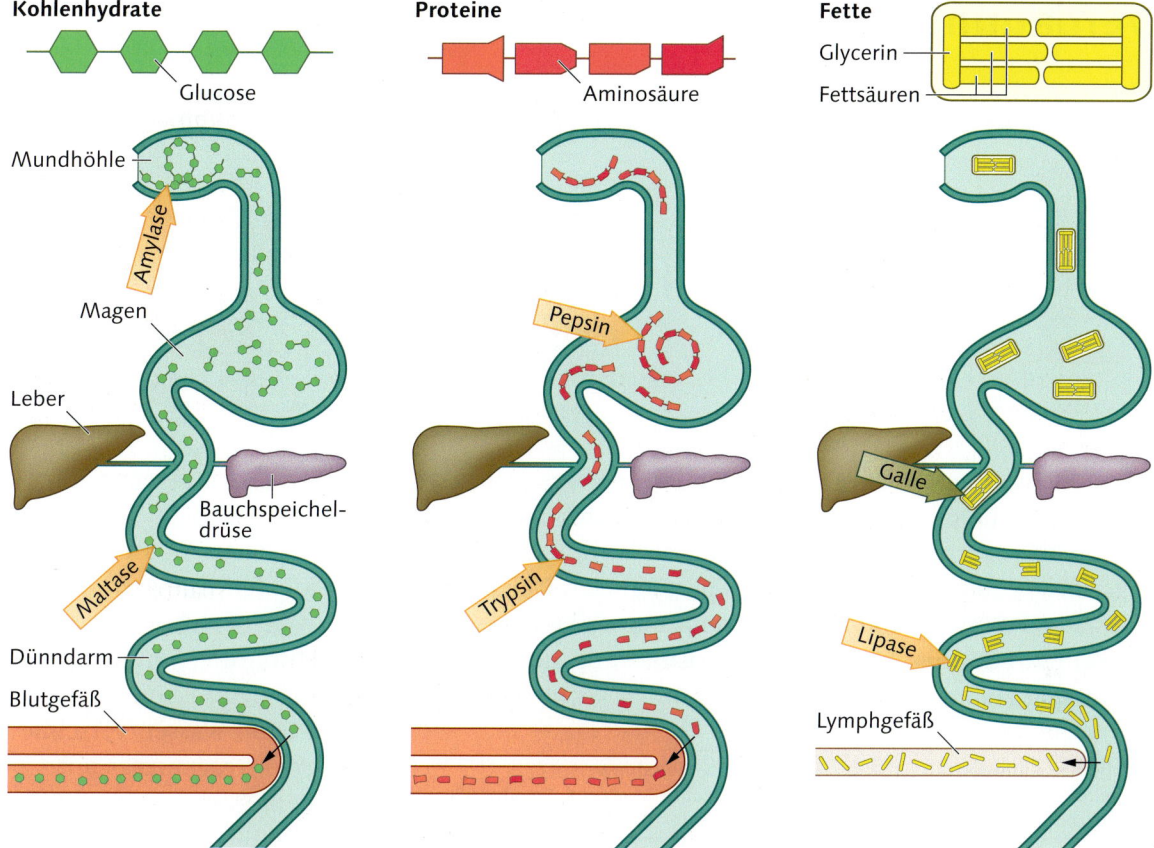

Kohlenhydrate

Glucose

Proteine

Aminosäure

Fette

Glycerin
Fettsäuren

Mundhöhle

Amylase

Magen

Pepsin

Leber

Galle

Bauchspeichel-
drüse

Maltase

Trypsin

Lipase

Dünndarm

Blutgefäß

Lymphgefäß

3 Verdauung der Nährstoffe Kohlenhydrate, Proteine und Fette

Verdauung von Kohlenhydraten

Die Verdauung von Stärke beginnt bereits in der Mundhöhle. Der Speichel enthält das Enzym Amylase, das einen Teil der Stärke in den Zweifachzucker Maltose oder den Einfachzucker Glucose zerlegt. Im Dünndarm läuft dieser Prozess weiter. Das Enzym Maltase spaltet im Dünndarm die Maltose weiter in Glucose. Diese kann dann über die Darmwand *resorbiert*, also ins Blut aufgenommen werden.

Verdauung von Proteinen

Die Proteinverdauung beginnt im Magen. Die Salzsäure zerstört die Struktur der Proteine, sodass das Enzym Pepsin die langen Aminosäureketten in kürzere Ketten spalten kann. Im Dünndarm beginnen die Enzyme Erepsin und Trypsin zu wirken und zerlegen die Proteine in einzelne Aminosäuren, die ins Blut resorbiert werden.

Verdauung von Fetten

Im Zwölffingerdarm emulgiert zunächst die Gallenflüssigkeit die Fette. Sie zerlegt die großen Fetttröpfchen in kleinere. So kann das fettspaltende Enzym Lipase das Glycerin von den Fettsäuren trennen. Sie werden durch die Darmwand in die Lymphe aufgenommen.

In Kürze

Bei der Verdauung werden die Nährstoffe durch Enzyme in ihre kleinsten Bestandteile zerlegt. Diese Grundbausteine werden durch die Darmwand in das Blut und die Lymphe resorbiert.

Aufgaben

1 ☐ Ordne in einer Tabelle den jeweiligen Nährstoffen die entsprechenden Enzyme und ihren Wirkungsort zu.

2 ◪ Manche Menschen produzieren nicht genügend Gallenflüssigkeit. Begründe, welchen Nährstoff sie in der Nahrung reduzieren sollten.

Verdauung von Nährstoffen

A Wirkung der Amylase

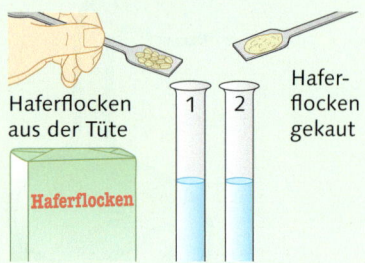

Material 2 Reagenzgläser, Spatel, Becherglas (400 ml), Thermometer, Heizplatte, destilliertes Wasser, Fehling-I- und Fehling-II-Lösung, Messzylinder, Haferflocken

> Sicherheitshinweis:
> Fehling'sche Lösung ist alkalisch. Schutzbrille tragen!

Durchführung Gib einige Haferflocken mit dem Spatel in das Reagenzglas 1. Kaue weitere Haferflocken 3 Minuten lang. Gib den entstandenen Brei mit dem Spatel in das Reagenzglas 2. Achte darauf, dass du mit dem Spatel nicht in den Mund gehst. Fülle in beide Reagenzgläser 10 ml Wasser sowie je 5 ml Fehling-I- und Fehling-II-Lösung.
Erwärme Wasser im Becherglas auf 37 °C und stelle die beiden Reagenzgläser ungefähr 20 Minuten hinein.
Protokolliere deine Beobachtungen und werte sie aus.

B Wirkung von Pepsin

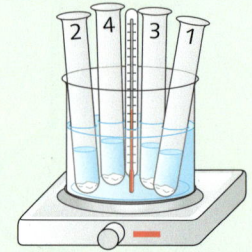

Material 4 Reagenzgläser, Messer, Spatel, Teesieb, Becherglas (400 ml), Thermometer, Heizplatte, verdünnte Salzsäure, Pepsinlösung, destilliertes Wasser, gekochtes Ei

> Sicherheitshinweis:
> Salzsäure ist ätzend. Schutzbrille tragen!

Durchführung Drücke das Eiweiß eines gekochten Eies durch das Teesieb. Gib in jedes Reagenzglas eine Spatelspitze des Eiweißes. Gib Folgendes hinzu:
Glas 1: 11 ml Wasser
Glas 2: 1 ml Wasser
        10 ml Pepsinlösung
Glas 3: 1 ml Salzsäure
        10 ml Wasser
Glas 4: 1 ml Salzsäure
        10 ml Pepsinlösung
Stelle die Reagenzgläser für 20 Minuten in ein Wasserbad mit 37 °C.
Protokolliere deine Beobachtungen.

Auswertung Erläutere deine Beobachtungen mit den Vorgängen der Verdauung.

C Wirkung von Gallensaft

Material 2 Reagenzgläser, Ochsengalle, Speiseöl, destilliertes Wasser, 2 Stopfen, Ständer

Durchführung Fülle in ein Reagenzglas 2 ml Speiseöl und 5 ml Wasser. Verschließe das Reagenzglas mit einem Stopfen und schüttle gut. Fülle in das zweite Reagenzglas 2 ml Speiseöl und 5 ml Ochsengallenlösung. Verschließe das Reagenzglas mit einem Stopfen und schüttle gut. Lass beide Reagenzgläser 2–3 Minuten ruhig stehen und vergleiche dann. Protokolliere deine Beobachtungen.

Auswertung
1 Beschreibe die Wirkung der Ochsengalle auf das Öl.
2 Erläutere die Bedeutung dieser Wirkung für die Verdauung von Fett durch Lipase.
3 Ochsengalle ist leicht alkalisch. Stelle Vermutungen auf, welche weitere Wirkung Galle auf den Speisebrei aus dem Magen hat.

Oberflächenvergrößerung

1 Oberflächenvergrößerung im Körper

Eine Oberfläche grenzt im Körper Räume ab und schützt vor äußeren Einflüssen. Durch die Vergrößerung einer Oberfläche wird die Aufnahme und Abgabe von Stoffen vervielfacht. Außerdem wird der Energieumsatz in Zellen gesteigert, da dort die Oberfläche der Zellorganellen vergrößert ist und vermehrte Stoffwechselvorgänge ablaufen können.

Man findet das Prinzip der Oberflächenvergrößerung bei vielen Lebewesen. Im menschlichen Körper ist zum Beispiel die Oberfläche der Lunge durch die Einstülpungen der Lungenbläschen auf 50–80 Quadratmeter vergrößert. Eine Oberflächenvergrößerung findet man auch im Darm.

a ☐ Beschreibe die dreistufige Oberflächenvergrößerung des Darms, die in Bild 1 dargestellt ist.

b ☑ Begründe, weshalb die Oberflächenvergrößerung des Darms vorteilhaft ist.

c ☑ Vergleiche die Oberflächenvergrößerung im Darm mit der in der Lunge bezüglich Bau und Funktion.

d ☑ Bei Pflanzen findet man vielfältige Vergrößerungen der Oberfläche. So sind die Wurzeln mit vielen feinen Wurzelhärchen überzogen. Beschreibe die Funktion der Wurzelhärchen und begründe die starke Vergrößerung.

2 Oberflächenvergrößerung in der Technik

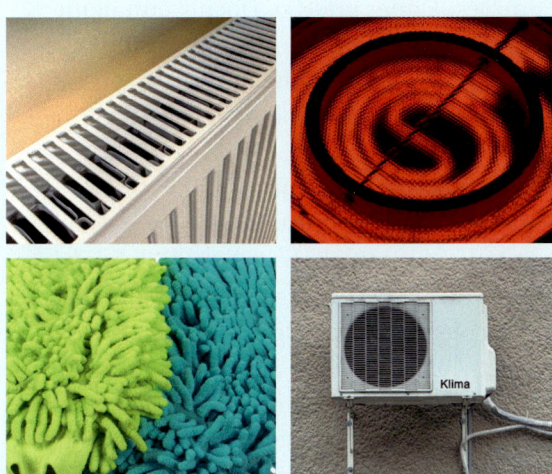

2 Beispiele für Oberflächenvergrößerung in der Technik

a ☐ Beschreibe die Vergrößerungen der Oberfläche an den in Bild 2 dargestellten Beispielen aus dem Alltag.

b ☑ Beschreibe die Funktionen, die durch diese Vergrößerungen der Oberfläche unterstützt werden.

c ☑ Recherchiere im Internet weitere Beispiele aus der Technik und der Natur, bei denen das Prinzip der Oberflächenvergrößerung umgesetzt wird.

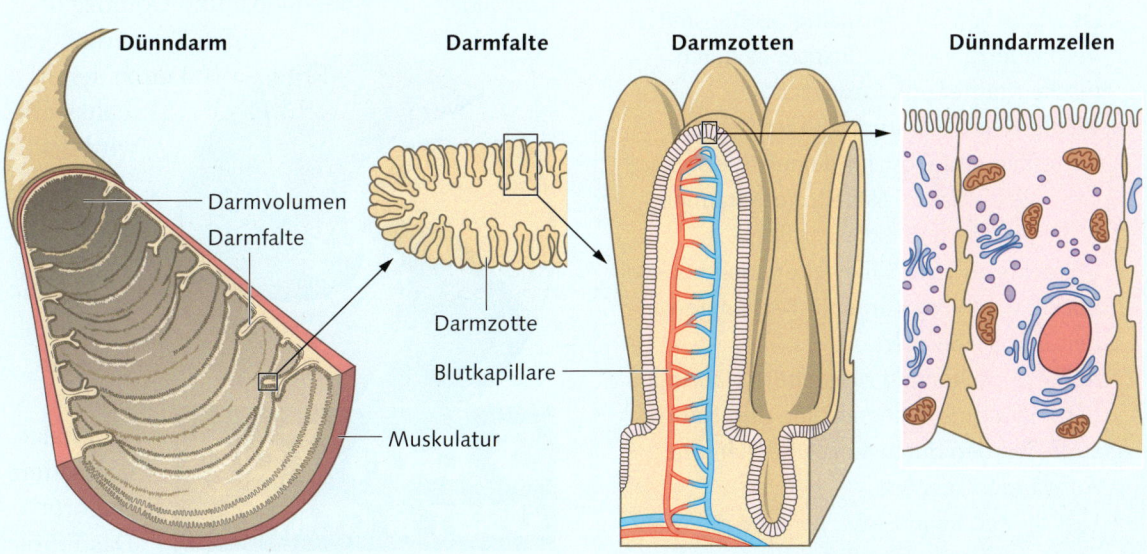

1 Oberflächenvergrößerung im Dünndarm

Gesunde Ernährung

Viele Kinder mögen gerne Currywurst mit Pommes, Döner und Co. Doch wenn deine Familie gesund kochen möchte, besteht das Gericht zum Beispiel aus Kartoffeln, einem Schnitzel und einer großen Portion Salat.

Ausgewogene Ernährung

Eine gesunde Ernährung sollte aus vielseitigen Nahrungsmitteln bestehen. Dabei ist das ausgewogene Verhältnis der Nährstoffe wichtig, um den täglichen Bedarf an Baustoffen und Energielieferanten abzudecken. Man benötigt Kohlenhydrate, ausreichend Proteine und Fette. Außerdem gehören Vitamine und Mineralstoffe ebenso wie Ballaststoffe und reichlich Wasser zu einer ausgewogenen Ernährung.

Die Deutsche Gesellschaft für Ernährung empfiehlt als Faustregel für Jugendliche eine Nährstoffzufuhr pro Tag und pro Kilogramm Körpergewicht von 3 bis 4 g Kohlenhydrate, 0,9 g Fett und 0,8 g Protein.

1 Eine gesunde Mahlzeit

Vollwertige Ernährung

Vollwertig essen hält gesund, fördert Leistung und Wohlbefinden und unterstützt einen nachhaltigen Ernährungsstil. Zu einer vollwertigen Ernährung gehören hauptsächlich pflanzliche und gering verarbeitete Lebensmittel. Dazu kann man zum Beispiel den Buttertoast durch Vollkornbrot ersetzen, viel Obst und Gemüse essen, Produkte aus Vollkornmehl auswählen, regelmäßig Milch und Milchprodukte in den Speiseplan einbauen und wenig rotes Fleisch, dafür Geflügel und Fisch essen.

Verteilung der Mahlzeiten

5 am Tag ist eine Kampagne, die dafür wirbt, dass jeder 5 Portionen Obst und Gemüse über den Tag verteilt isst. Durch deren Inhaltsstoffe wird der Körper ausreichend mit Vitaminen, Mineralstoffen und Ballaststoffen versorgt. Das Frühstück ist

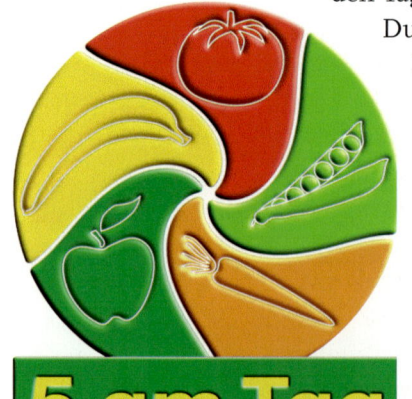

2 Obst und Gemüse sind wichtig.

Ernährungstipps

- Ernähre dich abwechslungsreich und vielfältig. Achte dabei auf vollwertige Lebensmittel.
- Iss wenig Fett und fetthaltige Lebensmittel.
- Vermeide zu viel Salz. Ersetze es durch frische Kräuter und Gewürze.
- Wähle viele Vollkornprodukte, Gemüse, Kartoffeln und Obst für deinen Speiseplan, denn sie enthalten Nährstoffe, Vitamine, Mineralstoffe und Ballaststoffe.
- Vermeide zu viele Süßigkeiten, denn zu viel Zucker wird vom Körper in Fett umgewandelt und gespeichert.
- Achte auf schonend zubereitete Nahrung, denn Vitamine, Mineralstoffe und Nährstoffe werden durch langes Kochen und Aufwärmen zerstört.
- Lass dir Zeit beim Essen, genieße die Mahlzeiten und kaue gründlich.

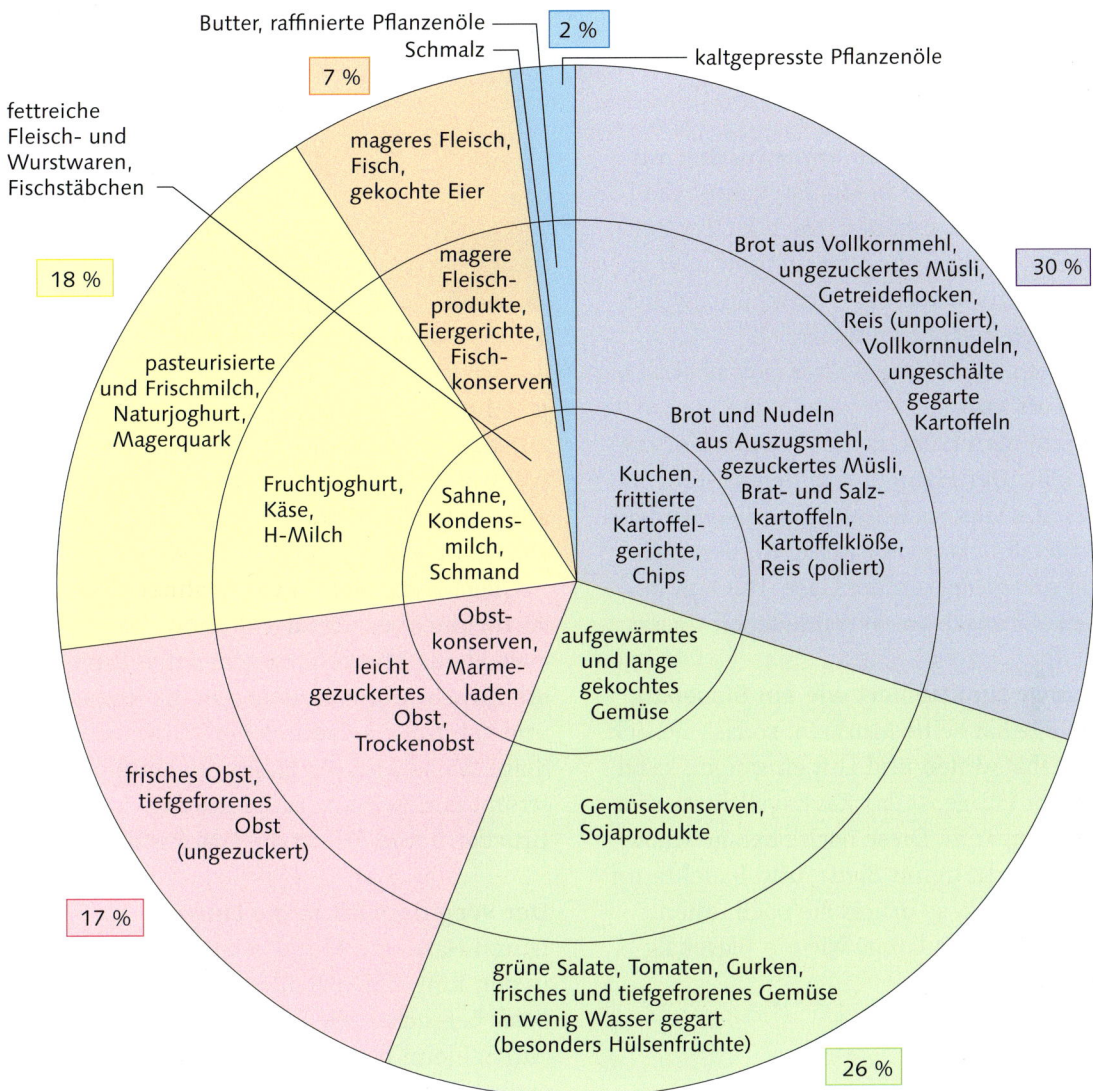

Butter, raffinierte Pflanzenöle
Schmalz
2 %
kaltgepresste Pflanzenöle

fettreiche
Fleisch- und
Wurstwaren,
Fischstäbchen

7 %

mageres Fleisch,
Fisch,
gekochte Eier

18 %

magere
Fleisch-
produkte,
Eiergerichte,
Fisch-
konserven

30 %

Brot aus Vollkornmehl,
ungezuckertes Müsli,
Getreideflocken,
Reis (unpoliert),
Vollkornnudeln,
ungeschälte
gegarte
Kartoffeln

pasteurisierte
und Frischmilch,
Naturjoghurt,
Magerquark

Fruchtjoghurt,
Käse,
H-Milch

Sahne,
Kondens-
milch,
Schmand

Kuchen,
frittierte
Kartoffel-
gerichte,
Chips

Brot und Nudeln
aus Auszugsmehl,
gezuckertes Müsli,
Brat- und Salz-
kartoffeln,
Kartoffelklöße,
Reis (poliert)

Obst-
konserven,
Marme-
laden

leicht
gezuckertes
Obst,
Trockenobst

aufgewärmtes
und lange
gekochtes
Gemüse

frisches Obst,
tiefgefrorenes
Obst
(ungezuckert)

17 %

Gemüsekonserven,
Sojaprodukte

grüne Salate, Tomaten, Gurken,
frisches und tiefgefrorenes Gemüse
in wenig Wasser gegart
(besonders Hülsenfrüchte)

26 %

3 Ein Lebensmittelkreis

besonders wichtig für den Körper. Nach dem Aufstehen sind die Energiespeicher leer. Durch ein vollwertiges Frühstück füllt man sie auf und kann kraftvoll und leistungsfähig in den Tag starten.

Der Lebensmittelkreis

Bei der Zusammenstellung der Mahlzeiten hilft der Lebensmittelkreis. Er wird teilweise auch als Pyramide dargestellt und zeigt die Anteile der unterschiedlichen Nahrungsmittel in der Ernährung. Je größer ein Segment dargestellt ist, desto mehr sollte von der Nahrungsgruppe gegessen werden.

In Kürze

Zu einer gesunden Ernährung gehören eine abwechslungsreiche Nahrungsauswahl nach dem Lebensmittelkreis, ausreichend Flüssigkeit und eine gleichmäßige Verteilung der Mahlzeiten. Nahrungsmittel verlieren die wertvollen Inhaltsstoffe durch starke Verarbeitung.

Aufgaben

1 ☐ Stelle mit Hilfe des Ernährungskreises einen gesunden Nahrungsplan für einen Tag auf.

2 ◪ Begründe, weshalb eine Einteilung in gesunde und ungesunde Lebensmittel nicht einfach ist.

Bau und Funktion der Atmungsorgane

Beim Tauchen musst du immer wieder auf-
tauchen, um Luft zu holen. Du kannst die Luft
nicht sehr lange anhalten. Nach kurzer Zeit
musst du, ob du willst oder nicht, wieder atmen. Du atmest ständig – meist unbewusst –,
ob du wach bist oder schläfst.

Nichts als Luft

Luft sieht man nicht, denn sie ist farblos und
geruchlos. Der Hauptbestandteil unserer
Luft ist das Gas Stickstoff. Außerdem enthält
sie Sauerstoff, nur sehr wenig Kohlenstoffdioxid und einige andere Gase. Die Luft ist
also ein Gemisch aus verschiedenen Gasen.

Die Lunge funktioniert wie ein Blasebalg

Die Lunge hat keine Muskeln, sodass sie sich
nicht selbst weiten und Luft einsaugen kann.
Unter der Lunge ist das *Zwerchfell* durch den
Körper gespannt. Diese nach oben gewölbte
Muskelschicht trennt Brust- und Bauchraum.
Spannt sie sich, so drückt sie nach unten.
Dadurch wird die Lunge wie ein Blasebalg

1 Der Schwimmer holt tief Luft.

gedehnt. Es strömt Luft ein. Beim Ausatmen
entspannt sich das Zwerchfell wieder und
wölbt sich nach oben. Dabei entweicht die Luft
aus der Lunge. Diesen Vorgang nennt man
Bauchatmung.

Gleichzeitig weitet sich der Brustkorb nach
vorne und oben. Bei der *Brustatmung* heben
viele kleine Muskeln zwischen den Rippen,
die *Zwischenrippenmuskulatur*, die Rippen an
und vergrößern dadurch den Brustkorb. Auf
diese Weise wird die Lunge erweitert und Luft
strömt ein. Beim Ausatmen senkt sich der
Brustkorb und drückt die Luft aus der Lunge.

Der Weg der Luft in die Lunge

Durch Nase und Mund gelangt die Atemluft
in den Körper. Die Schleimhaut der *Nasen-
höhle* befeuchtet die Luft und wärmt sie an.
Am Schleim bleiben Staub und Krankheitserreger hängen. Dies geschieht in abge-
schwächter Form auch in der *Mundhöhle*.

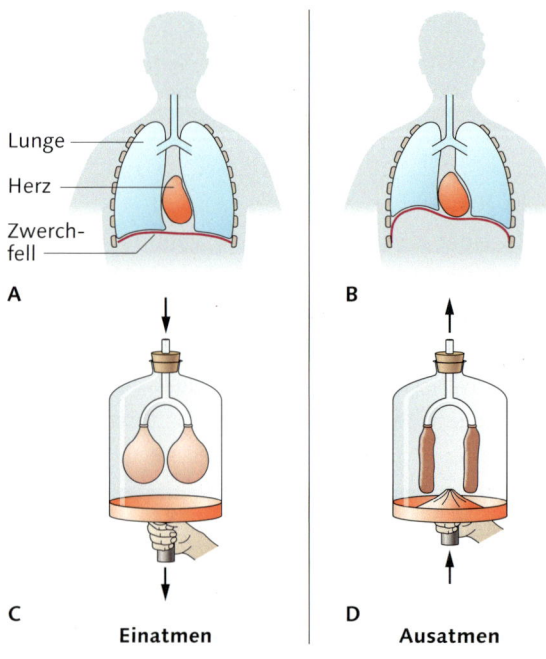

Lunge
Herz
Zwerch-
fell

A **B**

C Einatmen **D** Ausatmen

2 Bauchatmung: A, B Schema; C, D Modell

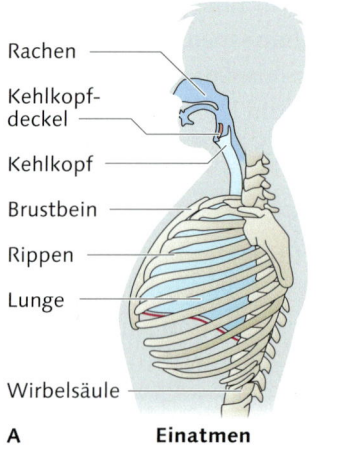
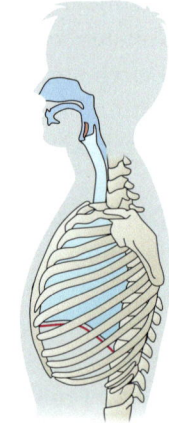

Rachen
Kehlkopf-
deckel
Kehlkopf
Brustbein
Rippen
Lunge
Wirbelsäule

A Einatmen **B** Ausatmen

3 Brustatmung (Schema)

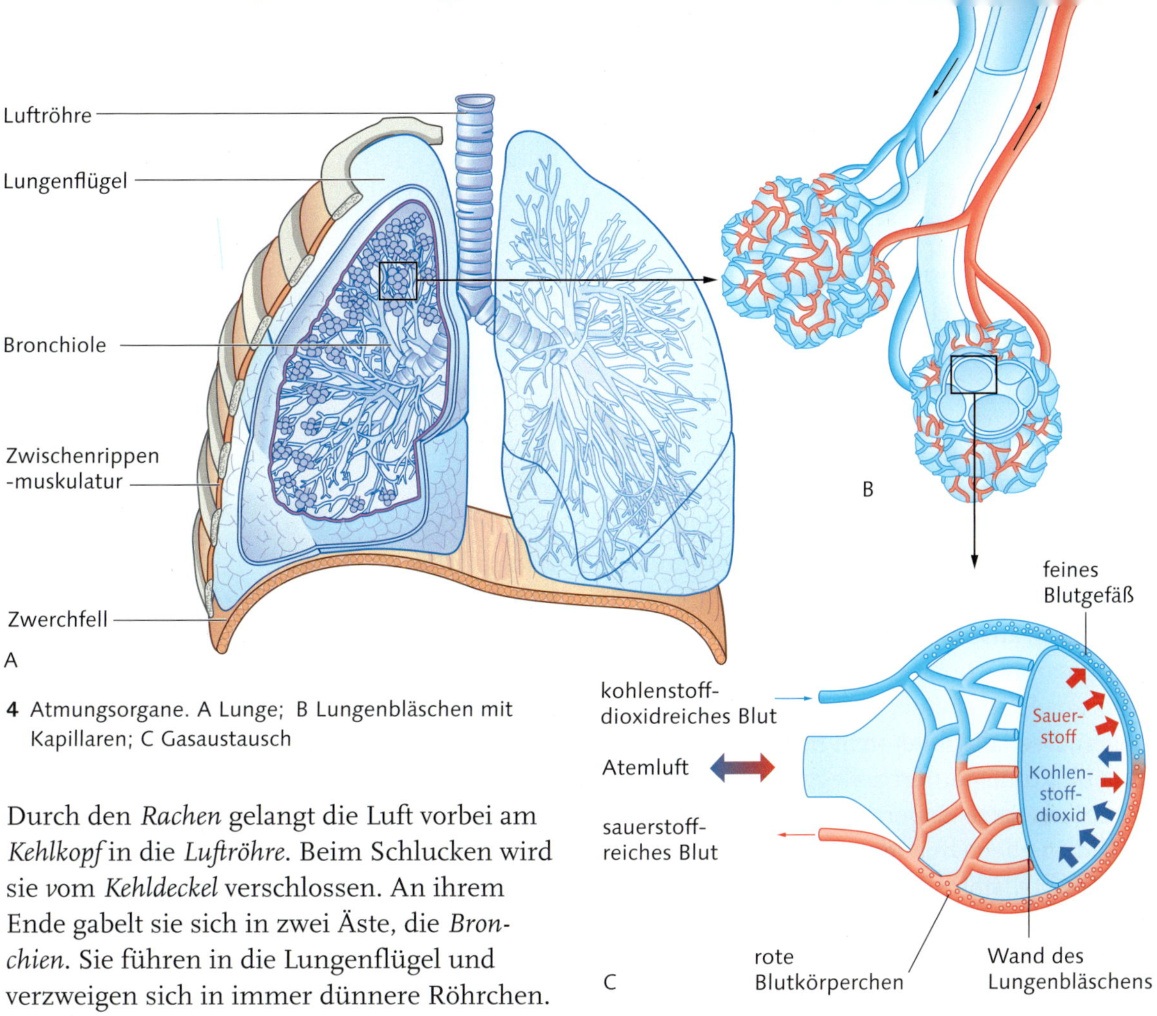

Luftröhre

Lungenflügel

Bronchiole

Zwischenrippen
-muskulatur

Zwerchfell

A

4 Atmungsorgane. A Lunge; B Lungenbläschen mit
Kapillaren; C Gasaustausch

B

feines
Blutgefäß

kohlenstoff-
dioxidreiches Blut

Atemluft

Sauer-
stoff

Kohlen-
stoff-
dioxid

sauerstoff-
reiches Blut

C

rote
Blutkörperchen

Wand des
Lungenbläschens

Durch den *Rachen* gelangt die Luft vorbei am
Kehlkopf in die *Luftröhre*. Beim Schlucken wird
sie *vom Kehldeckel* verschlossen. An ihrem
Ende gabelt sie sich in zwei Äste, die *Bronchien*. Sie führen in die Lungenflügel und
verzweigen sich in immer dünnere Röhrchen.
Die kleinen *Lungenbläschen* am Ende der Röhrchen sind von feinen Blutgefäßen, den *Kapillaren,* umhüllt. Etwa 250 Millionen Lungenbläschen befinden sich in jedem Lungenflügel.
Zusammen entspricht ihre Fläche der Größe
eines Volleyballfeldes. Diese Oberflächenvergrößerung ermöglicht einen optimalen Gasaustausch.

Gasaustausch in der Lunge

Beim Einatmen gelangt sauerstoffreiche Luft
bis in die Lungenbläschen. Durch ihre hauch-
dünnen Wände wird der Sauerstoff ins Blut

aufgenommen und zu den Zellen des Körpers
transportiert. Sie brauchen Sauerstoff, um
aus Nährstoffen Energie freizusetzen. Dabei
entsteht Kohlenstoffdioxid. Es wird von den
Zellen an das Blut abgegeben. Das kohlen-
stoffdioxidreiche Blut fließt zurück zur Lunge.
Dort wird das Kohlenstoffdioxid gegen Sauerstoff ausgetauscht und ausgeatmet.

In Kürze

Die Luft wird durch die Bauch- und Brustatmung in die Lunge gesaugt. Sie gelangt über
die Luftröhre und die Bronchien in die Lungenbläschen. Hier nimmt das Blut Sauerstoff auf
und gibt Kohlenstoffdioxid ab.

Aufgaben

1 ◪ Skizziere den Kreislauf des Gasaustauschs
in der Lunge und den Körperzellen.

2 ◪ Wenn man Sport treibt, muss man schneller
atmen. Erläutere.

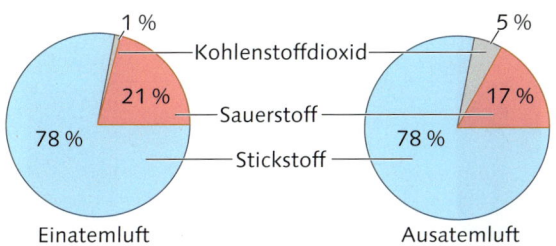

1 %
Kohlenstoffdioxid
21 %
Sauerstoff
78 %
Stickstoff
Einatemluft

5 %
17 %
78 %
Ausatemluft

5 Zusammensetzung der Atemluft

Bestandteile und Aufgaben des Blutes

Ein großer Blutverlust, wie etwa nach einem Unfall, kann für einen Menschen lebensgefährlich sein. Ein Erwachsener hat etwa fünf Liter Blut in seinem Körper. Bei großem Blutverlust ersetzen Ärzte es durch eine Bluttransfusion aus Blutspenden. Damit jederzeit ausreichend Blutkonserven zur Verfügung stehen, spenden viele Menschen freiwillig Blut. Dieses Blutspenden kann Leben retten.

Blut als Transportmittel

Der gesamte Körper ist von einem dichten Netz aus Blutgefäßen, den Adern, durchzogen. Deshalb blutet man bei Verletzungen. Das Blut transportiert zerlegte Nährstoffe, Vitamine, Salze, Sauerstoff und Kohlenstoffdioxid zu allen Organen. Außerdem bringt es die Abfallstoffe des Körpers zu den Ausscheidungsorganen. Auch Wirkstoffe wie *Hormone* und Enzyme werden durch den Körper transportiert. Darüber hinaus reguliert das Blut die Körpertemperatur. Es verteilt die Wärme, die bei der Energiegewinnung im Körper entsteht.

Zusammensetzung des Blutes

Wenn man frisches Blut in einem Standzylinder eine Zeit lang stehen lässt, setzen

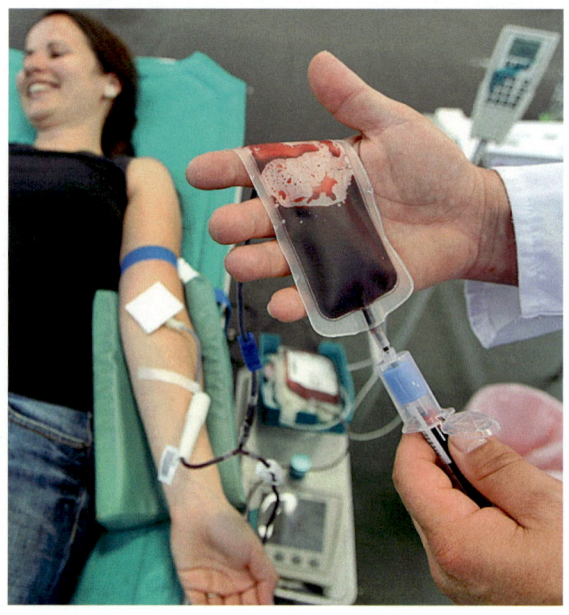

1 Blutspenden rettet Leben.

sich seine festen Bestandteile, die *Blutzellen,* nach unten ab. Darüber kann man eine gelbliche Flüssigkeit, das *Blutplasma,* erkennen. Blutplasma besteht vor allem aus Wasser und enthält die verdauten Nährstoffe ebenso wie Mineralstoffe, Vitamine und andere Stoffe. Im Blutplasma ist außerdem der Gerinnungsstoff *Fibrinogen* gelöst. Entfernt man das Fibrinogen, erhält man das *Blutserum.*

Rote Blutkörperchen

Die *roten Blutkörperchen* geben dem Blut seine Farbe. Ein Tropfen Blut enthält ungefähr

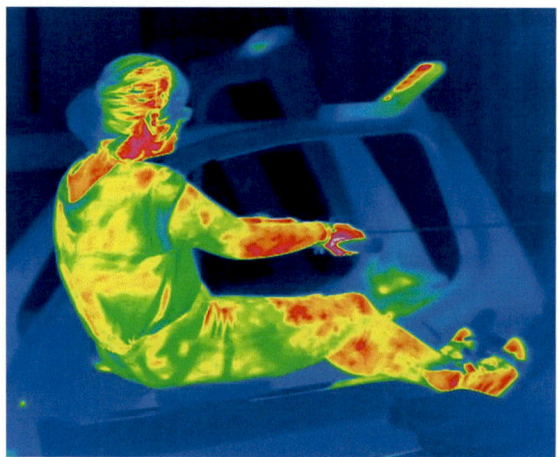

2 Wärmeverteilung durch das Blut

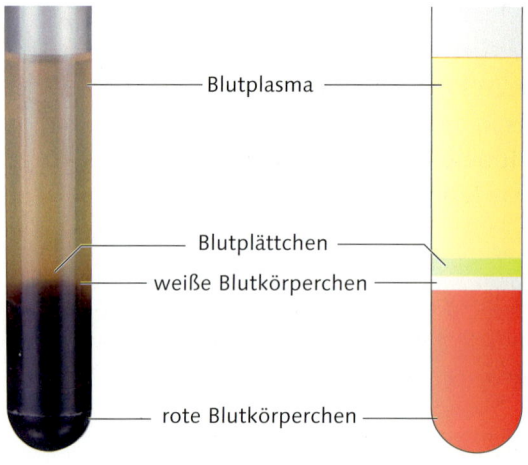

Blutplasma

Blutplättchen
weiße Blutkörperchen

rote Blutkörperchen

3 Abgesetztes Blut

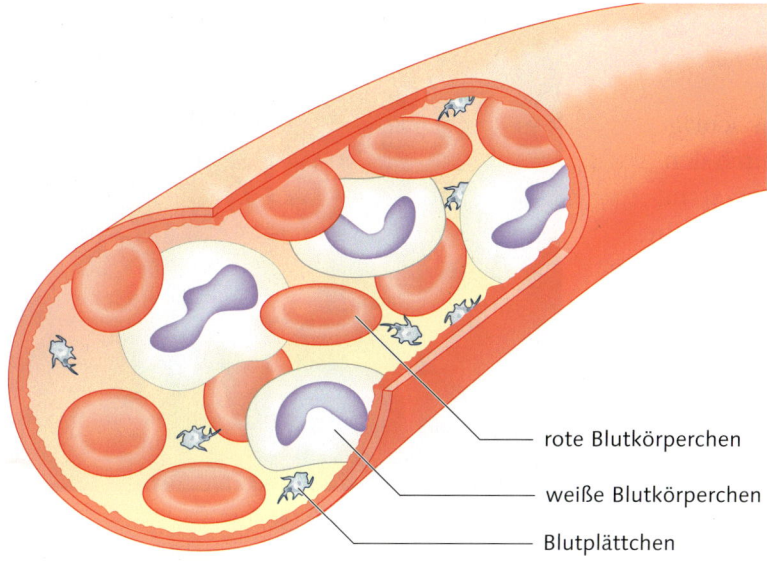

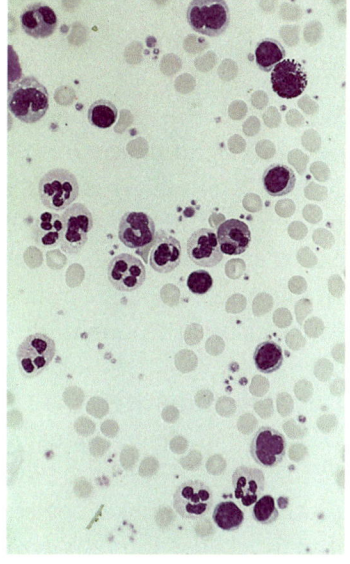

4 Blutgefäß mit Blutzellen

rote Blutkörperchen

weiße Blutkörperchen

Blutplättchen

5 Mikroskopischer Blutausstrich

250 Millionen rote Blutkörperchen. Sie besitzen keinen Zellkern und haben eine scheibenartige, eingedellte Form. Sie enthalten den roten Farbstoff Hämoglobin. Dieser bindet Sauerstoff und ist für seinen Transport zuständig. Die roten Blutkörperchen transportieren auch einen Teil des Kohlenstoffdioxids von den Zellen zur Lunge. Der größte Teil wird aber im Blutplasma transportiert.

Weiße Blutkörperchen

Die *weißen Blutkörperchen* bilden das Abwehrsystem des Menschen, denn sie bekämpfen Krankheitserreger. Sie sind unregelmäßig geformt. Einige von ihnen können die Blutbahn verlassen. Weiße Blutkörperchen vernichten die Krankheitserreger und Fremdkörper, die in den Körper eingedrungen sind.

Blutplättchen und Fibrinogen

Das Blut enthält außerdem viele kleine Bruchstücke von Zellen, die *Blutplättchen*. Sie zerfallen dort, wo eine Blutbahn verletzt wird. Dabei entstehen Stoffe, die die Blutgerinnung in Gang setzen. Sie bewirken, dass aus dem gelösten Fibrinogen im Blutplasma Fibrinfäden entstehen, die ein Netz an der Wunde bilden. In diesem Netz verfangen sich die Blutzellen und die Wunde wird verschlossen.

In Kürze

Das Blut besteht aus dem Blutplasma und den Blutzellen. Das Blutplasma transportiert viele gelöste Stoffe und reguliert die Körperwärme. Die roten Blutkörperchen befördern den Sauerstoff von der Lunge zu den Zellen im Körper. Weiße Blutzellen bilden das Abwehrsystem des Körpers. Blutblättchen tragen dazu bei, dass offene Wunden geschlossen werden.

Aufgaben

1 ☐ Nenne die Blutbestandteile und ihre Aufgaben.

2 ☑ Ausdauersportler besitzen eine größere Anzahl an roten Blutkörperchen. Erläutere.

3 ☑ Begründe, weshalb ein hoher Blutverlust bei einem Unfall lebensgefährlich sein kann.

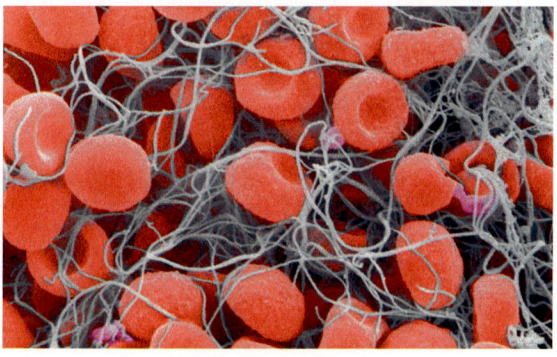

6 Eine Wunde wird verschlossen.

Herz und Blutkreislauf

Während deines gesamten Lebens schlägt dein Herz und pumpt das Blut durch den Körper. Wenn du Sport treibst, merkst du, dass sich dein Herzschlag beschleunigt. Im Schlaf schlägt das Herz ruhig und regelmäßig. Ärzte können deine Herztätigkeit in einer Kurve sichtbar machen.

Der Aufbau des Herzens

Das Herz ist ein etwa faustgroßer *Hohlmuskel*. Er funktioniert wie eine Pumpe. Dazu verdickt sich der Muskel bei jedem Herzschlag und drückt das Blut aus dem Herzen in die *Arterien*, also in alle Blutgefäße, die vom Herzen wegführen. Adern, die zum Herzen hinführen, nennt man *Venen*.

Das Herz liegt in der Mitte des Brustkorbs. Der hohle Innenraum wird durch die *Herzscheidewand* in zwei Hälften geteilt. Jede dieser Hälften besteht aus einem *Vorhof* und einer *Herzkammer*. Vorhof und Herzkammer sind durch die *Segelklappen* voneinander getrennt. Diese verhindern, dass das Blut aus der Herzkammer zurück in den Vorhof fließt. Ebenso funktionieren die *Taschenklappen* zwischen den Herzkammern und den Arterien.

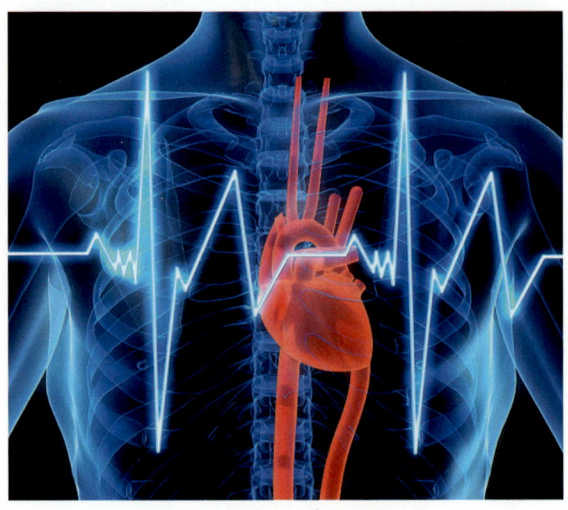

1 Das Herz als Motor des Lebens

Der Körperkreislauf

Wenn sich der Herzmuskel anspannt, wird das Blut aus der linken Herzkammer in die *Körperarterie* gepresst. Auf ihrem Weg durch den Körper verzweigt sie sich in immer dünnere Adern. Diese führen ins Gehirn, in die Muskeln und zu allen anderen Organen. Die dünnsten Adern nennt man *Kapillaren*. Durch ihre dünnen Wände gibt das Blut Nährstoffe und Sauerstoff an die Zellen der Organe ab. Gleichzeitig werden Kohlenstoffdioxid und andere Abfallstoffe aus den Zellen aufgenommen. Das sauerstoffarme Blut fließt durch Venen zurück zum Herzen. Über die *Körpervene* gelangt das Blut durch den rechten Vorhof in die rechte Herzkammer. Damit ist der Körperkreislauf geschlossen.

Der Lungenkreislauf

Aus der rechten Herzkammer wird das sauerstoffarme Blut in die Lungenarterie gepumpt. Auch dabei verhindert eine Segelklappe, dass es zurück in den rechten Vorhof fließt. Beim Schließen der Herzklappen entstehen die Herztöne, die der Arzt mit dem Stethoskop hören kann. Das Blut wird zur Lunge geleitet. Hier gibt es das Kohlenstoffdioxid an die Luft im Lungenbläschen ab. Gleichzeitig nimmt es Sauerstoff aus den Lungenbläschen auf. Von hier aus gelangt das Blut über die Lungenvene zurück in die linke Vorkammer des Herzens.

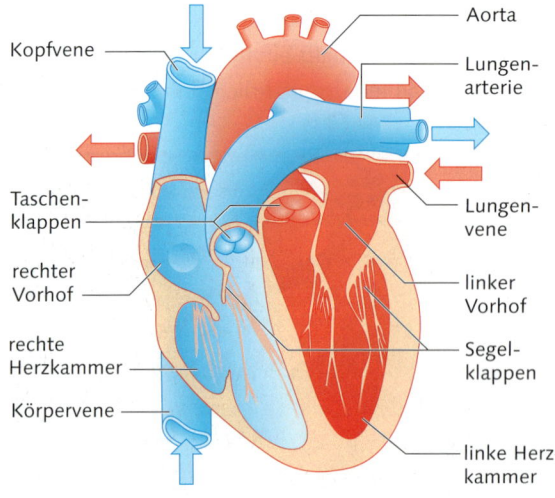

Kopfvene

Taschenklappen

rechter Vorhof

rechte Herzkammer

Körpervene

Aorta

Lungenarterie

Lungenvene

linker Vorhof

Segelklappen

linke Herzkammer

2 Der Aufbau des Herzens

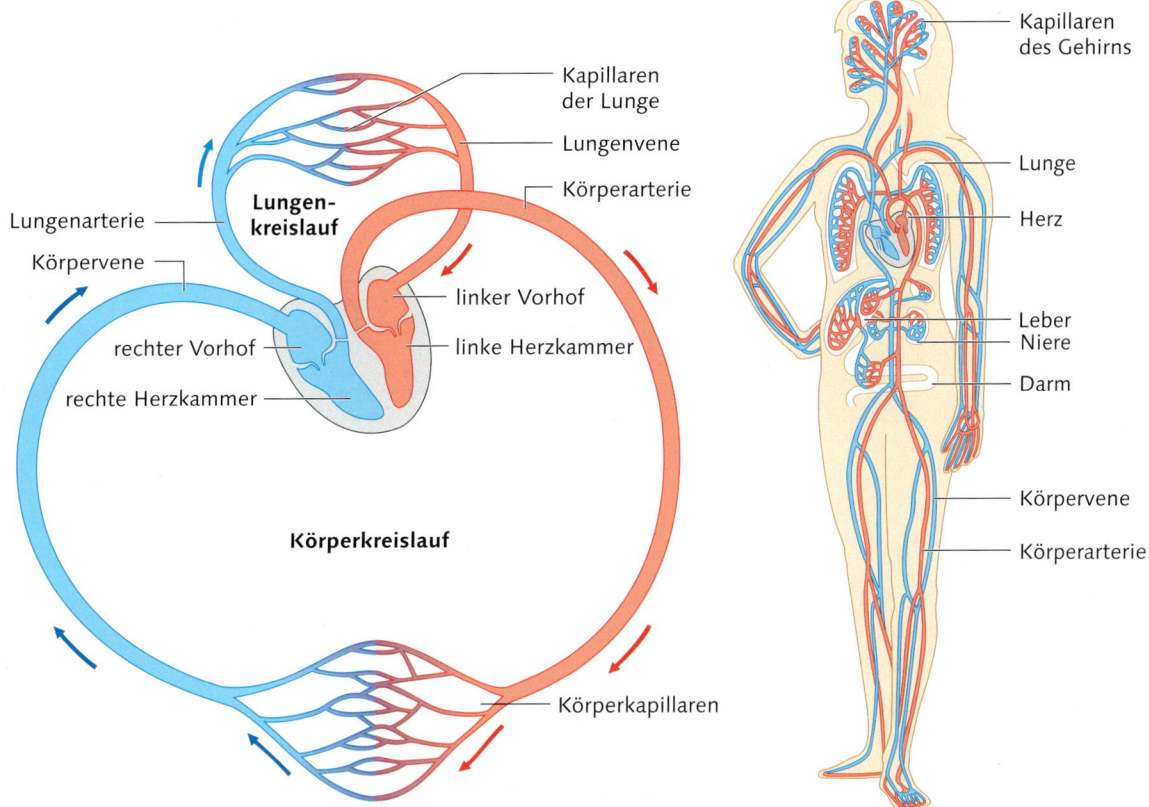

3 Schematische Darstellung des Blutkreislaufs

4 Der Blutkreislauf im Körper

Labels in figure 3:
- Kapillaren der Lunge
- Lungenvene
- Körperarterie
- Lungenkreislauf
- Lungenarterie
- Körpervene
- linker Vorhof
- rechter Vorhof
- linke Herzkammer
- rechte Herzkammer
- Körperkreislauf
- Körperkapillaren

Labels in figure 4:
- Kapillaren des Gehirns
- Lunge
- Herz
- Leber
- Niere
- Darm
- Körpervene
- Körperarterie

Erkrankungen des Herz-Kreislauf-Systems

Durch zu wenig Sport, Rauchen oder Übergewicht kann das Herz-Kreislauf-System erkranken. Sehr weit verbreitet sind in der heutigen Zeit Bluthochdruck, Schlaganfall und Herzinfarkt. Diese Krankheiten treten vermehrt auf, wenn sich in den Arterien Fette ablagern. Solche Ablagerungen werden häufig durch zu viel Stress begünstigt und können sogar zum Tod führen. Durch eine gesunde Ernährung, regelmäßigen Sport und ausreichende Erholung kann man Erkrankungen des Herz-Kreislauf-Systems vorbeugen.

In Kürze

Das Blut wird, angetrieben durch die Kraft des Herzens, in einem doppelten Kreislauf durch den Körper gepumpt. Das sauerstofffreie Blut fließt durch den Körperkreislauf zu den Organen. Hier nimmt es Kohlenstoffdioxid auf. Im Lungenkreislauf gibt es dieses in der Lunge wieder ab und nimmt Sauerstoff auf.

Aufgaben

1 ☐ Beschreibe den Weg des Blutes durch den Körper möglichst ausführlich.

2 ◪ Arterien führen immer sauerstoffreiches Blut. Beurteile die Aussage.

Weiter gedacht Das Herz-Kreislauf-System

Der Mensch atmet sauerstoffreiche Luft ein. In der Lunge wird der Sauerstoff ins Blut aufgenommen. Das Blut transportiert den Sauerstoff zu allen Organen. Ebenso befördert es die Bausteine der Nährstoffe, die bei der Verdauung ins Blut aufgenommen werden, zu den Zellen. Hier werden sie mit Hilfe des Sauerstoffs in Energie umgesetzt. Dabei entsteht Kohlenstoffdioxid, das zurück zur Lunge transportiert wird.

Der Blutkreislauf mit dem Herzen als Antrieb bildet ein System. Alle Teile dieses Systems stehen in enger Beziehung zueinander und sind voneinander abhängig. Es ist wiederum Teil eines übergeordneten Systems, des menschlichen Körpers.

Atmung und Blutkreislauf

A Pulsmessung

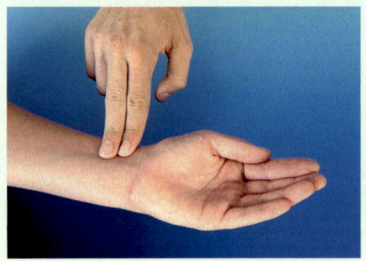

1 Ertasten des Pulsschlags

Material Stoppuhr

Durchführung Setze dich auf einen Stuhl. Zähle eine Minute lang deine Atemzüge. Miss die Zeit mit der Stoppuhr. Protokolliere in einer Tabelle.
Ertaste am Handgelenk deinen Pulsschlag mit Zeige- und Mittelfinger. Zähle die Pulsschläge eine Minute lang. Protokolliere die Anzahl. Mache 15 Kniebeugen und miss erneut deinen Pulsschlag und die Anzahl deiner Atemzüge in einer Minute. Halte auch diese Messergebnisse in der Tabelle fest.

	Atemzüge	Pulsschlag
Ruhe		
Belastung		

2 Protokoll der Messergebnisse

Auswertung
1 Stelle die Messwerte in einem Balkendiagramm dar.
2 Vergleiche die Messwerte.
3 Erkläre die unterschiedlichen Messergebnisse.

B Lungenvolumen messen

3 Versuchsaufbau

Material Becherglas (5 l), große Schüssel, Schlauch, Mundstücke, Deckel für Becherglas, Wasser

Durchführung Fülle die Schüssel zur Hälfte und das Becherglas bis zum Rand mit Wasser. Decke das Becherglas ab und stelle es vorsichtig umgekehrt in die Schüssel. Führe das Ende des Schlauchs unter das Becherglas. Hole so tief wie möglich Luft und blase alle Luft durch den Schlauch in das Becherglas. Lies an der Skala ab, wie viel Luft im Becherglas ist. Wiederhole den Versuch. Atme dazu normal ein.

Auswertung
1 Begründe, weshalb es wichtig ist, das Lungenvolumen zu bestimmen.
2 Suche einen Weg, deine täglich verbrauchte Luftmenge zu errechnen.
3 Erkläre, weshalb Ausdauersportler ein größeres Lungenvolumen haben.

C Ein- und Ausatemluft

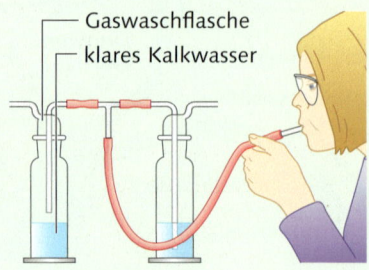

Gaswaschflasche
klares Kalkwasser

4 Versuchsaufbau

Material Gaswaschflasche, Luftpumpe, Schlauchstück, Strohhalm, Kalkwasser, Schutzbrille

Durchführung Baue den Versuch wie in Bild 4 auf. Schließe zunächst die Luftpumpe an den Schlauch an und sauge mit ihr Luft an. Protokolliere deine Beobachtungen. Entferne die Luftpumpe und atme mehrere Male in das Mundstück aus. Protokolliere deine Beobachtungen.

> **Sicherheitshinweise**
> Kalkwasser ist ätzend!
> Schutzbrille verwenden.
> Beachtet die Strömungsrichtungen der Gaswaschflasche!

Auswertung Kalkwasser ist eine klare Flüssigkeit, die sich trübt, wenn Kohlenstoffdioxid hindurchgeleitet wird. Ziehe Rückschlüsse aus der Veränderung des Kalkwassers bei den beiden Teilversuchen.

Blut und Blutkreislauf

Wahrscheinlich hat dein Arzt bei dir schon einmal die Herztöne abgehört, deinen Puls gemessen und vielleicht auch das Blut in einem Labor untersuchen lassen.

1 Bluttransport

Die Druckwelle, die das Herz beim Auspressen des Blutes erzeugt, kann man in den Arterien als Puls spüren. Dazu zieht sich die Ringmuskelschicht der Arterien hinter dem aus dem Herzen kommenden Blutschwall zusammen. So wird das Blut nach vorne gedrückt. Für den Rücktransport durch Venen sind keine weiteren Muskeln nötig. Da neben jeder Vene eine Arterie liegt, drückt die Welle der Arterienmuskeln auch die Venen zusammen. Das Blut wird auf diese Weise auch hier weitertransportiert. Taschenklappen in den Venen verhindern das Zurückfließen des Blutes.

☐ Ordne den Buchstaben in den Bildern 1 und 2 die entsprechenden Begriffe aus dem Text zu.

2 Blutgasanalyse

Im Labor werden nicht nur die Blutzellen gezählt, sondern auch die Konzentrationen an Sauerstoff und Kohlenstoffdioxid bestimmt. Aus diesen Werten kann der Arzt ablesen, ob der Gasaustausch in der Lunge einwandfrei funktioniert. Ein Modell aus einem Luftballon und einem Gummischlauch helfen dir, diesen Gasaustausch besser zu verstehen.

a ☐ Nenne die Bauteile der Lunge, die durch den Luftballon und den Gummischlauch jeweils dargestellt werden.

b ☑ Beschreibe mit Hilfe des Modells den Gasaustausch in der Lunge. Zeichne dazu wie in Bild 3 zwei Kammern. Trage die wandernden Teilchen ein. Beschrifte die Zeichnung.

c ■ Leite aus den Abbildungen Eigenschaften ab, die Lunge und Kapillare besitzen müssen, damit der Gasaustausch stattfinden kann.

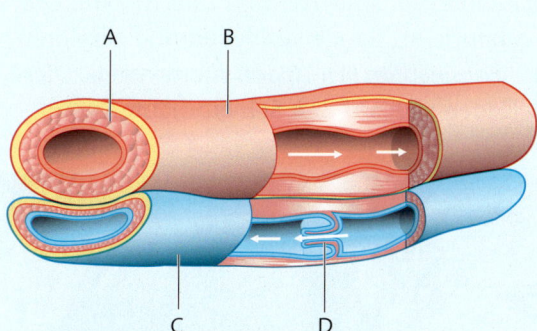

1 Bluttransport in den Arterien und Venen

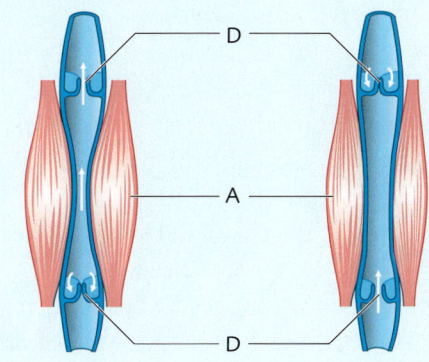

2 Bluttransport in Venen, unterstützt durch Arterien und Venenklappen

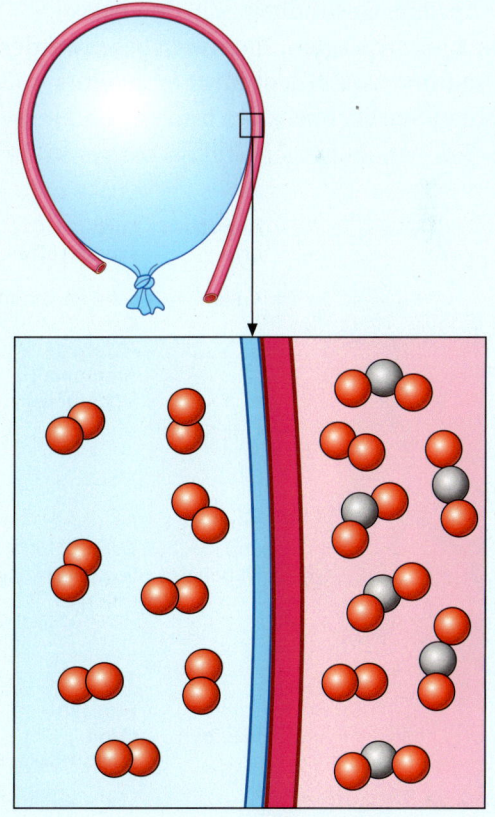

3 Luftballonmodell der Lunge

Gefahren für die Atmungsorgane

Neuerdings kleben auf den Windschutzscheiben vieler Fahrzeuge rote, gelbe oder grüne Aufkleber. Nur Fahrzeuge mit schadstoffarmen Motoren dürfen die grüne Umweltzone in Städten durchfahren. Damit möchte man erreichen, dass die Konzentration des Feinstaubs in der Luft verringert wird. Feinstaub kann mit der Atemluft in unsere Atemwege gelangen und dort Erkrankungen verursachen.

1 Umweltplaketten für Umweltzonen

Schadstoffe in der Luft
Feinstaub besteht aus winzig kleinen, festen Teilchen, die in der Luft schweben und für unsere Augen nicht sichtbar sind. In Städten entsteht er vor allem durch menschliche Einwirkungen, die Industrie und den Straßenverkehr. Untersuchungen zeigen, dass Feinstaub, den wir mit der Atemluft aufnehmen, verschiedene Gesundheitsschäden hervorrufen kann: Allergien, Atemwegsbeschwerden und Asthma. Außerdem führt er zu einer erhöhten Sterblichkeitsrate infolge von Herz-Kreislauf-Erkrankungen und zu Lungenkrebs.

Neben dem Feinstaub gibt es noch zahlreiche andere *Schadstoffe* in der Luft. Sie sind in den *Abgasen* von Kraftfahrzeugen und Industrieanlagen, in Farben und Klebstoffen, aber auch im Tabakrauch enthalten.

Schadstoffe im Tabakrauch
Mit dem Tabakrauch werden sehr viele Stoffe eingeatmet, die die Gesundheit gefährden. Die bekanntesten sind *Teerstoffe* und *Nikotin*. Die Teerstoffe im Rauch verkleben und zerstören die *Flimmerhärchen* in den Atemwegen. Diese befinden sich auf den Schleimhäuten von

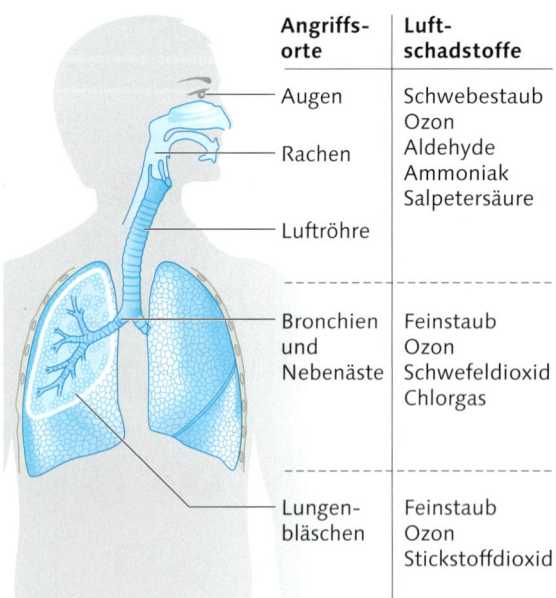

Angriffsorte	Luftschadstoffe
Augen	Schwebestaub
	Ozon
Rachen	Aldehyde
	Ammoniak
	Salpetersäure
Luftröhre	
Bronchien und Nebenäste	Feinstaub
	Ozon
	Schwefeldioxid
	Chlorgas
Lungenbläschen	Feinstaub
	Ozon
	Stickstoffdioxid

2 Gefahren durch Schadstoffe aus der Luft

3 Flimmerhärchen und Schleim produzierender Bereich der Lunge

4 Rauchen in der Clique: Dazugehören ist alles?

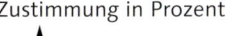
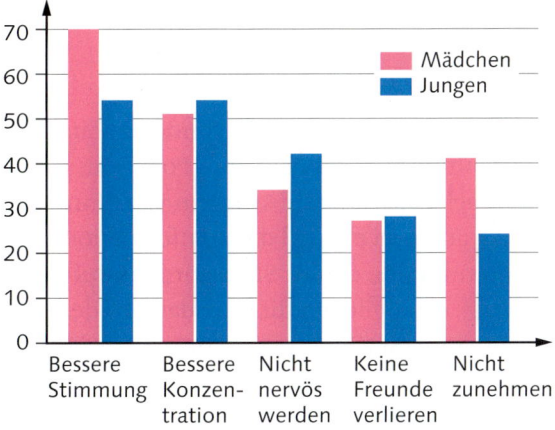

5 Gründe fürs Rauchen

Nase, Rachen, Luftröhre sowie Lunge und filtern normalerweise die meisten Schadstoffe aus der Atemluft. Verlieren sie ihre Funktion, gelangen mehr Schadstoffe und Krankheitserreger in den Körper. Der Körper versucht sie mit einer erhöhten Schleimbildung und durch starkes Husten auszuscheiden. Die Betroffenen leiden unter *Raucherhusten*.

Langzeitfolgen des Rauchens
Langzeitfolgen sind *chronische Bronchitis* und verschiedene Lungenerkrankungen. Teerstoffe wirken krebserregend. *Lungenkrebs* zählt zu den häufigsten Krebsarten; die Chance auf Heilung ist gering. Weltweit sterben jedes Jahr etwa 5 Millionen Menschen an den Folgen des Tabakkonsums. Süchtig machen Zigaretten durch das Nikotin. Es ist giftig und wird als Droge eingestuft.

Tabakrauch schädigt auch Nichtraucher
Der Tabakrauch schadet aber nicht nur dem Raucher, sondern auch seinen Mitmenschen. In einem Raum, in dem geraucht wird, atmen auch die Nichtraucher die schädlichen Stoffe ein. Sie *rauchen passiv* mit. So können auch bei ihnen Erkrankungen der Atmungsorgane bis hin zum Lungenkrebs entstehen. Deshalb bestehen heute immer mehr Menschen auf rauchfreien Räumen. Sie fühlen sich durch den Tabakrauch belästigt oder gefährdet.

Warum Jugendliche rauchen
Viele Jugendliche wollen zunächst einmal nur ihre Neugier befriedigen. Sie wollen wissen, wie sich das anfühlt: Eine Zigarette rauchen. Einige stellen fest, dass es ihnen gar nicht schmeckt, und lassen dann die Finger davon. Andere dagegen rauchen vor allem in ihrer Clique weiter, weil sie dazugehören möchten und dabei ein angenehmes Gefühl empfinden. Sie wollen vielleicht auch zeigen, dass sie auf dem Weg sind, die Welt der Erwachsenen zu erobern. Wie diese nutzen sie die »Zigarettenpause«, um miteinander ins Gespräch zu kommen und Abstand von Arbeit und Stress zu gewinnen. Sie merken oft nicht, wie schnell sie die Kontrolle über das Rauchen verlieren und es schließlich zur Gewohnheit wird.

In Kürze
Die Belastung der Atemluft mit Feinstaub, Abgasen und vor allem Tabakrauch führen zu Beeinträchtigungen und Erkrankungen der Atmungsorgane. Als Folge davon können auch andere Organe geschädigt werden und erkranken.

Aufgaben
1 □ Nenne Gefahren für die Atmungsorgane.
2 □ Beschreibe, wie Tabakrauch die Atmungsorgane schädigt.
3 ◪ Begründe, weshalb man in Städten Umweltzonen einrichtet.

Sinnesorgane als Fenster zur Welt

Ein Kinobesuch ist etwas Besonderes. Ein guter Film und dazu eine Tüte Popcorn: Das macht Spaß. Dabei strömen viele Eindrücke auf dich ein. All diese Informationen, die du mit Hilfe deiner Sinnesorgane aufnimmst, ermöglichen dir erst, dass du den Film sehen, die Geräusche hören und mit deinem Freund darüber reden kannst.

1 Im Kino strömen viele Reize auf dich ein.

Unterschiedliche Reize

Ständig strömen aus unserer Umwelt viele Informationen auf uns ein. Die Art der Information kann sehr unterschiedlich sein. Im Kino spielt das Licht, das über einen Projektor an die Leinwand geworfen wird, eine große Rolle. Licht ist ein *Reiz*.

Weitere Reize sind Schall, Schwerkraft, Temperatur, Druck und chemische Stoffe. Unter einem Reiz versteht man physikalische oder chemische Einwirkungen, die wir aufnehmen und verarbeiten können. Ultraschall oder Infrarotlicht liegen außerhalb des für uns wahrnehmbaren Bereichs. Es sind für uns ebenso keine Reize wie der Magnetismus oder die Radioaktivität.

Aufgaben der Sinnesorgane

Alle *Sinnesorgane* sind in der Lage, Reize aufzunehmen. Dabei ist jedes Sinnesorgan so gebaut, dass es nur bestimmte Reize empfangen kann. So spricht das Auge nur auf Licht an, nicht aber auf Schall.

Die eigentliche *Wahrnehmung* der Reize findet im Gehirn statt. Hier können aber weder Schall noch Licht oder andere Reize direkt verarbeitet werden. Daher müssen sie in den Sinnesorganen in *elektrische Impulse* umgewandelt werden. Dies geschieht in den jeweiligen *Sinneszellen*. Sinnesorgane besitzen außerdem auch besondere Einrichtungen, die helfen, die Reize aufzunehmen.

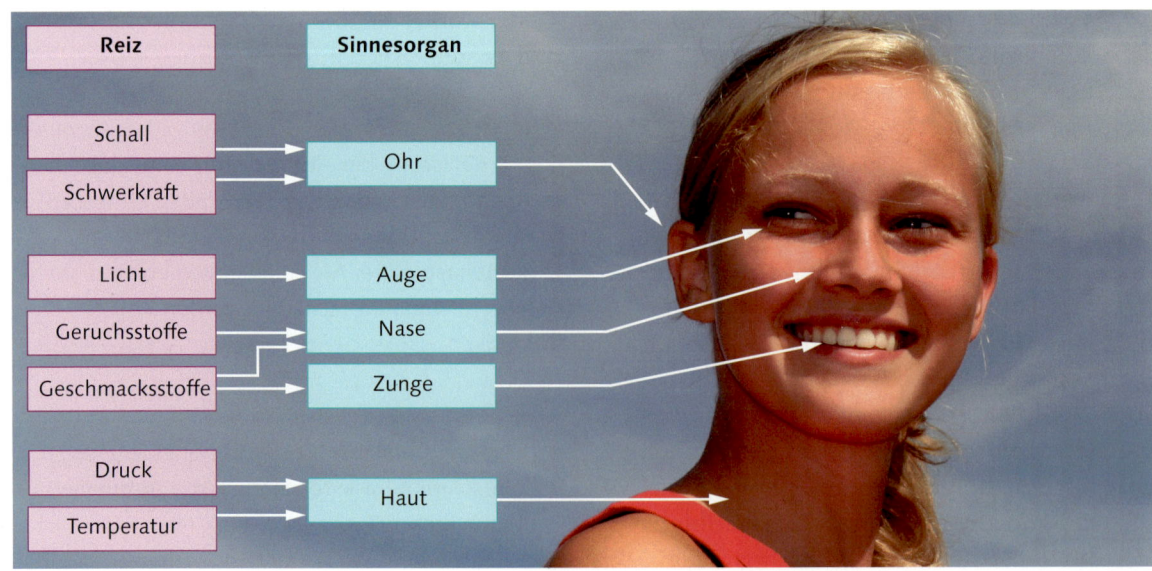

2 Reize und aufnehmende Sinnesorgane

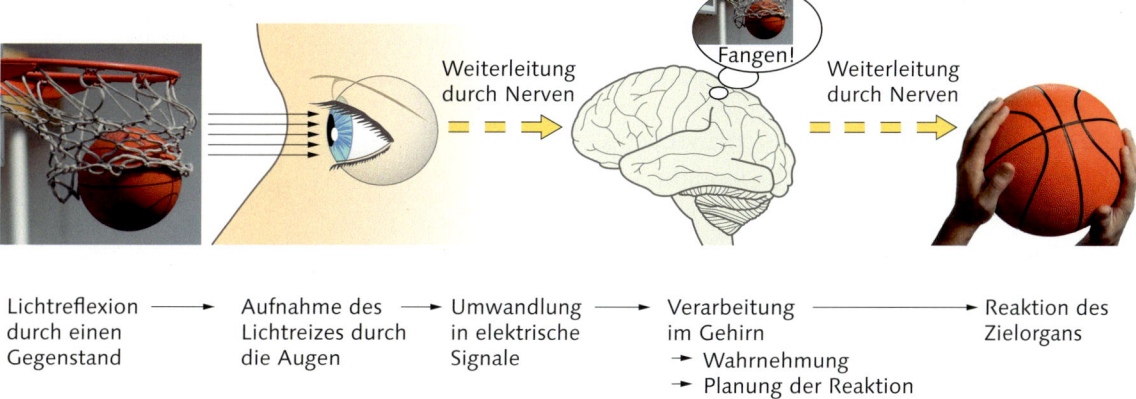

Weiterleitung durch Nerven

Fangen!

Weiterleitung durch Nerven

Lichtreflexion durch einen Gegenstand → Aufnahme des Lichtreizes durch die Augen → Umwandlung in elektrische Signale → Verarbeitung im Gehirn
  ➛ Wahrnehmung
  ➛ Planung der Reaktion
→ Reaktion des Zielorgans

3 Reiz-Reaktions-Schema: Informationsverarbeitung am Beispiel Licht

Wahrnehmung im Gehirn

Nerven leiten die elektrischen Impulse zum Gehirn weiter, wo sie verarbeitet werden. Durch diesen Prozess entsteht die eigentliche Information: Wir nehmen etwas wahr. Darüber hinaus werden die Informationen mit bereits Bekanntem verglichen und bewertet. Als wichtig erachtete Informationen werden gespeichert. Unwichtiges wird uns gar nicht bewusst oder wir vergessen es sofort wieder.

Antwort auf Reize: die Reaktion

Erfordert ein Reiz eine Reaktion, so wird diese im Gehirn geplant und in Form von elektrischen Impulsen verschlüsselt. Diese Impulse verlassen das Gehirn über andere Nervenbahnen und erreichen das *Erfolgsorgan*. Dieses führt die Reaktion aus. Viele Reaktionen führt der Körper aus, ohne dass wir es merken. So laufen viele Bewegungen völlig unbewusst ab.

Die Sinne des Menschen

Der Mensch hat viele Sinne. Den Reiz Schall können wir über das Sinnesorgan Ohr aufnehmen, sodass wir hören. Im Ohr liegt auch das Gleichgewichtsorgan. Das Sehen erfolgt über die Augen, der Reiz ist das Licht. Chemische Stoffe werden über die Nase und die Zunge aufgenommen. Hier liegen der Riech- und der Geschmackssinn.

Unser größtes Sinnesorgan ist die Haut. Mit ihrer Hilfe nehmen wir Druckreize und Temperaturreize auf.

Erfahrungen mit allen Sinnen

Wenn man durch einen bestimmten Geruch an eine vertraute Umgebung oder einen Urlaub erinnert wird, fühlt man sich für einen Moment an diesen Ort oder in eine andere Zeit versetzt. Reize beeinflussen unsere Stimmungen und rufen Gefühle hervor. Das Singen eines Vogels oder ein schönes Musikstück können unsere Stimmung ebenso heben wie ein leckeres Essen. Bei Erlebnissen spielen Sinne zusammen.

In Kürze

Reize werden von den Sinnesorganen aufgenommen und in elektrische Impulse umgewandelt. Diese werden über Nerven zum Gehirn geleitet und dort verarbeitet. Dadurch entsteht die Wahrnehmung. Das Erfolgsorgan führt die Reaktion aus.

Aufgaben

1 ☐ Nenne die Reize und ordne das jeweilige Sinnesorgan sowie den Sinn zu.

2 ☐ In vielen Berufen spielen Sinne eine große Rolle. Nenne für jedes Sinnesorgan einen Beruf, der auf dieses Organ besonders angewiesen ist.

3 ◪ Ordne die Funktion des Ohrs in ein Reiz-Reaktions-Schema ein. Nimm Bild 3 zu Hilfe.

Aufbau und Funktion des Auges

Auch wenn deine Augenfarbe der deiner Mutter oder der deines Vaters gleicht, sind die Muster in euren Augen so einzigartig wie ein Fingerabdruck. Dennoch haben die Augen aller Menschen die gleiche Aufgabe: Sie sind die Sinnesorgane für die Aufnahme von Lichtreizen.

Lage der Augen

Die Augen befinden sich an erhöhter Stelle am Körper. Dies stellt einen guten Überblick sicher. Beide Augen blicken nach vorne, sodass räumliches Sehen möglich ist. Die Lage in einer Knochenhöhle im Schädel schützt die Augen. Durch die Beweglichkeit des Kopfes können wir einen großen Bereich sehen, ohne uns von der Stelle zu bewegen. Der Weg der Nerven von den Augen zu unserem Verarbeitungszentrum Gehirn ist kurz.

Weiter gedacht Licht und Linsen

Unsere wichtigste natürliche Lichtquelle ist die Sonne. Man kann Licht auch künstlich herstellen. Solche Lichtquellen sind beispielsweise Glühlampen. Licht kann Luft oder Glas problemlos durchdringen. Andere Stoffe wie Alufolie sind lichtundurchlässig. Lichtstrahlen breiten sich sehr schnell und geradlinig in alle Richtungen aus. Treffen sie auf eine lichtundurchlässige Schicht, werden die Strahlen reflektiert.

Beim Übergang von einem lichtdurchlässigen Stoff in einen anderen, beispielsweise von der Luft ins Wasser, werden die Lichtstrahlen abgelenkt. Bei der Herstellung von Linsen nutzt man das aus. Sammellinsen bündeln das Licht, Streulinsen weiten die Strahlen auf.

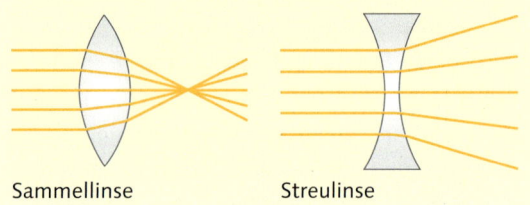

Sammellinse   Streulinse

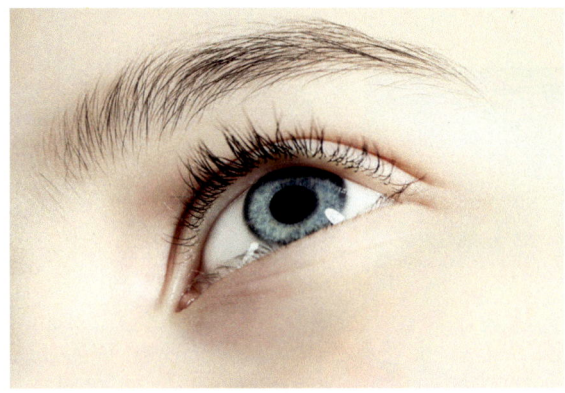

1 Das Auge ist das Sinnesorgan für das Licht.

Äußerer Bau des Auges

Viele der von außen sichtbaren Teile des Auges dienen seinem Schutz. Die Augenbrauen verhindern, dass Schweiß von der Stirn in die Augen gelangen kann. Die Wimpern schützen vor dem Eindringen von Fremdkörpern. Durch den Wimpernschlag, das kurze, unbewusste Schließen der Augen, wird Tränenflüssigkeit auf dem Auge verteilt. Dies dient der Reinigung und verhindert das Austrocknen.

Die Regenbogenhaut oder *Iris* gibt dem Auge die Farbe. Sie besteht zu einem großen Teil aus Muskeln, die die Menge des einfallenden Lichts regulieren. In der Mitte des Auges ist die *Pupille*. Durch dieses Sehloch gelangt das Licht in das Augeninnere. Bei hellem Sonnenschein ist die Pupille winzig klein. Wenn es dunkel wird, lassen große Pupillen viel Licht durch. Diese Veränderungen der Pupille werden durch Muskelbewegungen in der Iris möglich.

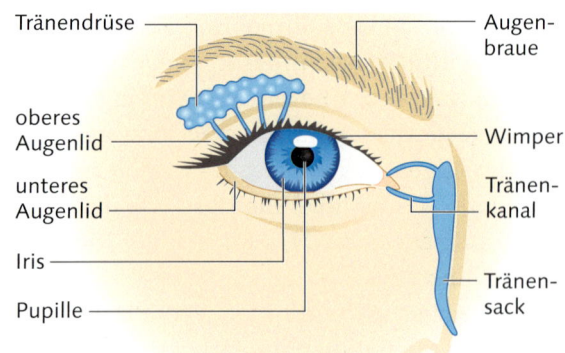

2 Äußerer Bau des Auges und seine Schutzeinrichtungen

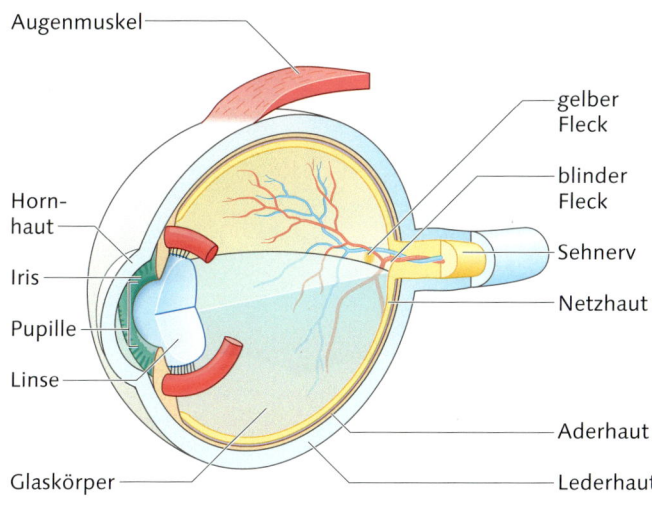

Augenmuskel

gelber Fleck

blinder Fleck

Hornhaut

Sehnerv

Iris

Netzhaut

Pupille

Linse

Glaskörper

Aderhaut

Lederhaut

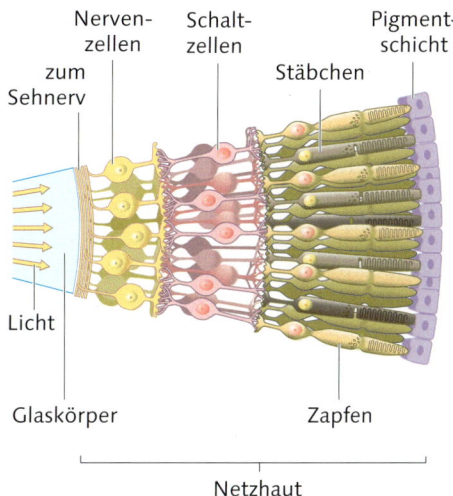

Nervenzellen

Schaltzellen

Pigmentschicht

zum Sehnerv

Stäbchen

Licht

Glaskörper

Zapfen

Netzhaut

3 Bau des Auges und der Netzhaut (vergrößerter Ausschnitt)

Innerer Bau des Auges

Mit Hilfe von *Augenmuskeln* können die Augen genau auf bestimmte Objekte ausgerichtet werden. Die zähe *Lederhaut* bildet die äußerste Schicht und dient dem Schutz. Als weißer Bereich ist sie auch von außen sichtbar. Nach innen folgt die *Aderhaut*, die das Augeninnere mit Sauerstoff und Nährstoffen versorgt. Treffen Lichtstrahlen auf das Auge, so durchqueren sie zunächst die *Hornhaut* und gelangen dann durch die Pupille zur *Linse*. Schließlich erreichen die Strahlen über den *Glaskörper* die *Netzhaut*. Hornhaut, Linse und Glaskörper sind durchsichtig und lassen das Licht zum hinteren Auge durch.

Aufnahme und Verarbeitung von Licht

Die Netzhaut ist aus mehreren Schichten aufgebaut. Auf der dem Licht abgewandten Seite schließt die schwarze *Pigmentschicht* an die Aderhaut an. In ihr stecken die Spitzen der *Sehsinneszellen*. Sie nehmen Licht auf und wandeln die Lichtreize in elektrische Impulse um.

Aufgrund ihrer äußeren Form unterscheidet man zwei Arten: Die ungefähr 6 Millionen kurzen, dicken *Zapfen* befinden sich überwiegend in der Mitte der Netzhaut. Die etwa 125 Millionen *Stäbchen* sind vor allem in den Randbereichen angeordnet. Die elektrischen Impulse werden über die Schaltzellen zu den Nervenzellen weitergeleitet. Alle Nervenzellen

bilden zusammen den *Sehnerv*. Über den Sehnerv gelangen die elektrischen Impulse ins Gehirn. An der Stelle, an der der Sehnerv das Auge verlässt, findet man keine Sehzellen. Dies ist der *blinde Fleck*. Zentral in der Augenmitte befindet sich der Ort des schärfsten Sehens, der *gelbe Fleck*. Im Gehirn angekommen werden die elektrischen Impulse aus den Sehsinneszellen verarbeitet. Erst dann sehen wir ein Objekt. Die Wahrnehmung findet also im Gehirn statt.

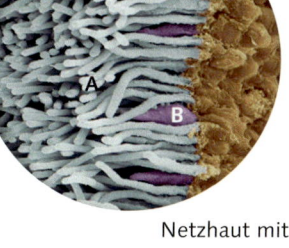

Netzhaut mit A Stäbchen, B Zapfen

In Kürze

Viele der von außen sichtbaren Bereiche des Auges dienen seinem Schutz. In der Netzhaut werden die Lichtreize aufgenommen und in elektrische Impulse umgewandelt. Diese werden im Gehirn verarbeitet.

Aufgaben

1 ☐ Nenne die Schutzeinrichtungen des Auges und ihre Funktion.

2 ☐ Beschreibe den Weg des Lichts von einer Lichtquelle bis zur Netzhaut mit Hilfe einer Zeichnung.

3 ☑ Bei einer Verletzung des Kopfes kann das Sehen eingeschränkt sein, auch wenn die Augen nicht betroffen sind. Erläutere.

Wie wir sehen

Lesen im Park entspannt. Der Blick wandert vom Buch in die Ferne und wieder zurück zum Buch. Es gelingt uns aber nicht, zu lesen und gleichzeitig die Parkbäume scharf zu sehen. Unsere Augen müssen sich anpassen, um in jeder Situation scharf zu sehen.

Licht ist die Voraussetzung für das Sehen

Wir können nur sehen, wenn ausreichend Licht vorhanden ist. Die Stäbchen der Netzhaut kommen mit einer geringen Lichtmenge aus. Daher sehen wir bei schwachem Licht alles nur in Schwarz-Weiß. Die Zapfen benötigen mehr Licht. Wenn es hell genug ist, sehen wir die Welt farbig.

Das Abbild auf der Netzhaut

Auf der Wiese sehen wir eine Blume. Die Lichtstrahlen der Sonne werden von der Blume auch in Richtung der Augen reflektiert. Hier müssen sie die enge Pupille durchqueren. Dadurch treffen von oben kommende Strahlen auf den unteren Bereich der Netzhaut. Strahlen von unten erregen Sehzellen im oberen Bereich. Könnte man die Netzhaut von hinten betrachten, so würde man ein Abbild der Blume erkennen. Das Abbild ist *verkleinert, seitenverkehrt* und *auf dem Kopf stehend*. Erst durch die Verarbeitung im Gehirn erscheint uns die Welt so, wie wir sie wahrnehmen.

1 Die Schrift sehen wir scharf, die Bäume nicht.

Scharf sehen

Um ein Objekt scharf zu sehen, muss jeder Punkt des Gegenstands auf eine Sehzelle treffen. Dazu müssen die Lichtstrahlen im Auge entsprechend abgelenkt oder gebrochen werden. Dies geschieht mit Hilfe der Linse.

Unterschiedliche Entfernungen

Ähnlich wie bei einem Fotoapparat ist es unseren Augen nicht möglich, Gegenstände, die nah, und solche, die weit entfernt sind, gleichzeitig scharf zu sehen. Die Einstellung auf die Entfernung des Gegenstands wird als *Akkommodation* bezeichnet. Dazu müssen Lichtstrahlen unterschiedlich stark gebrochen werden. Je näher sich ein Gegenstand vor dem Auge befindet, umso stärker muss der Lichtstrahl abgelenkt werden. Bei weit entfernten

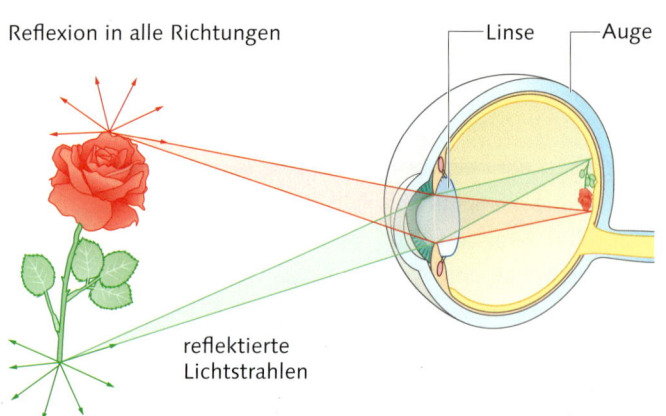

2 Entstehung eines Abbilds auf der Netzhaut

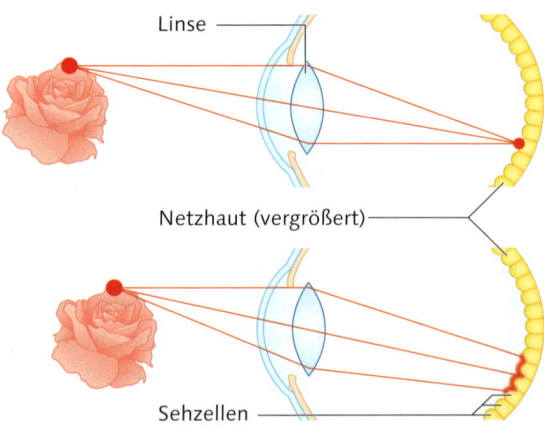

3 Scharfes und unscharfes Abbild

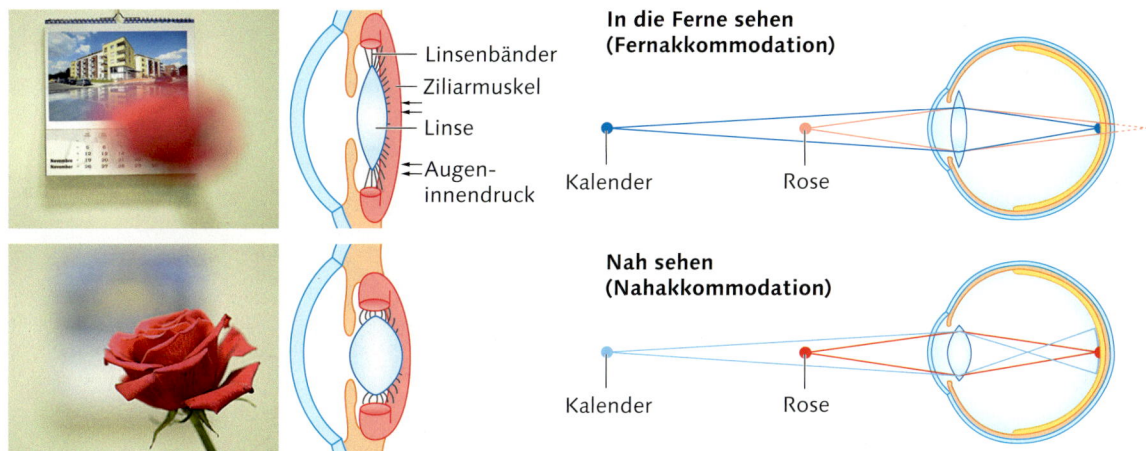

Linsenbänder
Ziliarmuskel
Linse
Augen-
innendruck

**In die Ferne sehen
(Fernakkommodation)**

Kalender   Rose

**Nah sehen
(Nahakkommodation)**

Kalender   Rose

4 Nah- und Fernsehen

Gegenständen genügt eine schwache Licht-
brechung. Die unterschiedliche Ablenkung
der Lichtstrahlen gelingt durch die Dicken-
veränderung der elastischen Linse. Die Steuerung erfolgt über den Ziliarmuskel, der über
Linsenbänder mit der Linse verbunden ist.

Der Blick in die Ferne

Beim Blick in die Ferne ist der Ziliarmuskel
entspannt und dünn, die Linsenbänder sind
angespannt. Der Druck im Augeninnern
flacht die Linse ab: sie besitzt eine geringe
Brechkraft. Man kann weit entfernte Objekte
deutlich, nahe aber nur unscharf sehen.

Der Blick in die Nähe

Blickt man auf einen nahe gelegenen Gegenstand, so empfindet man dies als anstrengend.
Das liegt daran, dass der Ziliarmuskel jetzt
angespannt ist und deswegen an Dicke zu-
nimmt. Dadurch entspannen sich die Linsenbänder. Die nun gewölbte Linse besitzt eine
höhere Brechkraft. Nahe Objekte sehen wir
scharf, entfernte unscharf.

Entfernungen sehen

Unsere beiden Augen sind nach vorne ge-
richtet. Das rechte Auge liefert ein etwas anderes Bild als das linke. Jedes Auge besitzt ein
eigenes Sehfeld, das sich im mittleren Bereich
überschneidet. Erst durch die Verarbeitung
im Gehirn entsteht ein einziges Bild. Es liefert

uns Informationen darüber, wie die Dinge
im Raum angeordnet sind. Mit Hilfe des
räumlichen Sehens können wir Entfernungen
abschätzen.

In Kürze

Auf der Netzhaut entsteht ein verkleinertes,
auf dem Kopf stehendes und seitenverkehrtes
Abbild. Durch die Akkommodation sehen
wir nahe und ferne Gegenstände scharf.

Aufgaben

1 ☐ Beschreibe das Abbild auf der Netzhaut.
2 ☐ Beschreibe die Vorgänge der Akkommo-
    dation im Auge.
3 ◪ »Nachts sind alle Katzen grau.« Stimmt diese
    Redensart? Begründe.

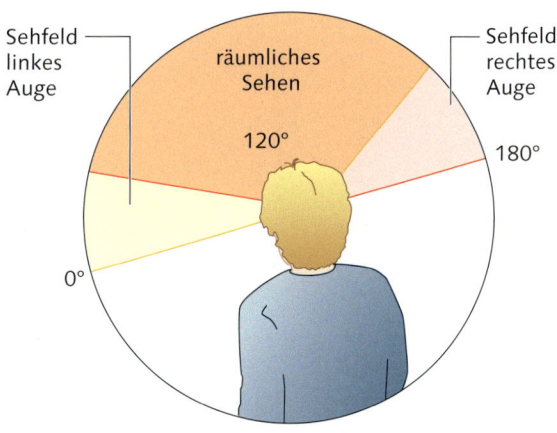

Sehfeld
linkes
Auge

räumliches
Sehen

Sehfeld
rechtes
Auge

120°

180°

0°

5 Räumliches Sehen

Aufbau und Funktion des Ohrs

Der Schlagzeuger einer Band zählt ein und beginnt den Rhythmus des Musikstücks zu spielen. Nun setzen weitere Instrumente ein: Gitarre und Keyboard spielen die Melodie. Während eines Konzerts sind deine Ohren voll gefordert. Durch sie nimmst du Töne und Geräusche, die Schallreize, auf.

Das Außenohr fängt den Schall ein

Die Ohrmuschel ist der von außen sichtbare Teil des Ohrs. Sie fängt den Schall wie ein Trichter ein. Über den Gehörgang wird er weiter zum Mittelohr geleitet.

Das Mittelohr nimmt den Schall auf

Das Mittelohr ist ein luftgefüllter Raum. Er wird nach außen durch eine dünne Haut, das *Trommelfell*, begrenzt. Über die Ohrtrompete ist das Mittelohr mit dem Rachenraum verbunden. Erreicht eine Schallwelle das Trommelfell, wird es in Schwingungen versetzt. So wird der Reiz aufgenommen. Die Bewegungen des

1 Ein Schlagzeuger bei einem Konzert

Trommelfells werden über die winzigen *Gehörknöchelchen* zum Innenohr weitergeleitet und dabei verstärkt. Sie sind die kleinsten Knochen des menschlichen Körpers. Der Hammer ist am Trommelfell festgewachsen. Ihm folgt der Amboss und schließlich der Steigbügel, der die Verbindung zum Innenohr herstellt.

Im Innenohr sitzt das Hörorgan

Das Innenohr liegt gut geschützt in einer Knochenhöhle des Schädels. Es besteht aus den Bogengängen und der Schnecke. Beide sind mit einer Flüssigkeit, der *Ohrlymphe*,

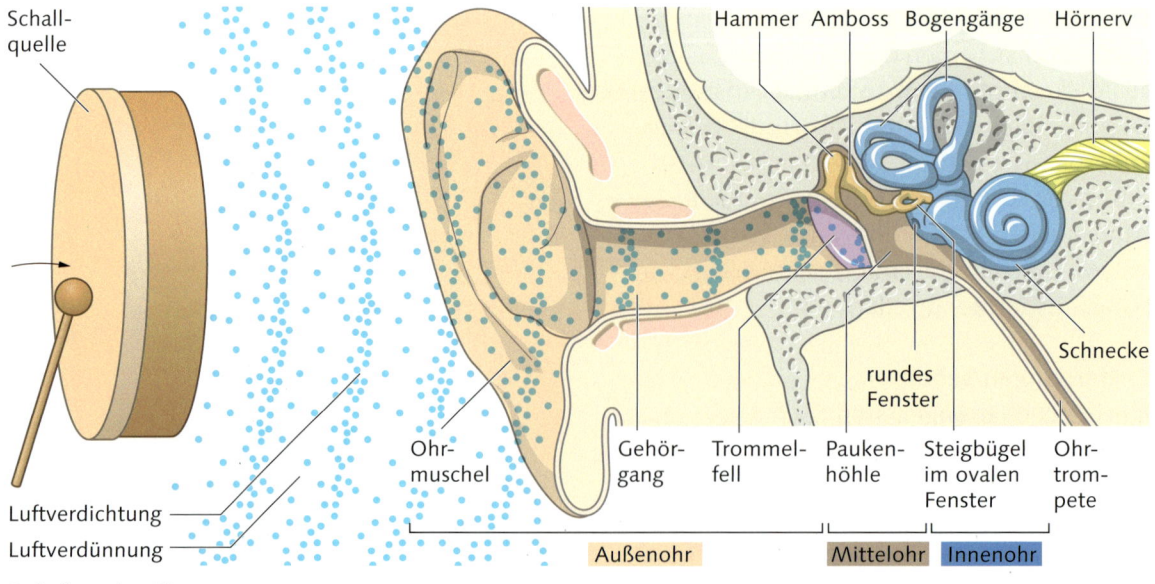

2 Aufbau des Ohrs

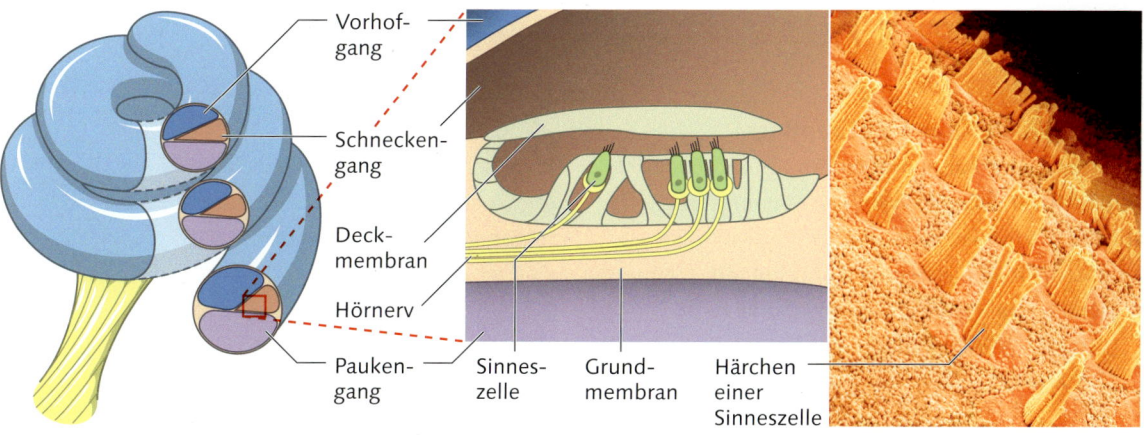

3 Bau des Innenohrs

gefüllt. Die *Schnecke* ist das eigentliche Hörorgan. Ihre Gänge sind wie ein Schneckenhaus gewunden und durch dünne Häutchen, die Membranen, in drei Bereiche aufgeteilt. Oben liegt der Vorhofgang, in der Mitte der Schneckengang und unten der Paukengang. Im Schneckengang sitzen auf der Grundmembran die Sinneszellen. Durch kleine Härchen stehen sie mit der Deckmembran in Kontakt.

Die Umwandlung erfolgt in der Schnecke

Die Schwingungen des Trommelfells werden über die Gehörknöchelchen auf die Flüssigkeit in der Schnecke übertragen. So entstehen wellenartige Bewegungen in der Ohrlymphe, die die dünnen Membranen aufeinanderdrücken. Die Bewegungen zwischen Grundmembran und Deckmembran verschieben die Härchen der Sinneszellen. Dadurch entstehen elektrische Impulse. Diese verlassen über den Hörnerv die Schnecke und werden ins Gehirn geleitet. Hohe Töne erzeugen Wellen im vorderen Bereich der Schnecke, tiefe Töne im hinteren. Die Reizung von Sinneszellen in den unterschiedlichen Bereichen der Schnecke hören wir als verschieden hohe Töne.

In Kürze

Das Ohr gliedert sich in Außenohr, Mittelohr und Innenohr. Der Schall wird vom Trommelfell aufgenommen. Die Gehörknöchelchen leiten seine Schwingungen weiter und verstärken sie. In den Sinneszellen der Schnecke entstehen elektrische Impulse, die über den Hörnerv zum Gehirn geleitet werden. Hier findet die Wahrnehmung statt.

Aufgaben

1 ☐ Beschreibe den Weg des Schalls, der durch einen Trommelschlag ausgelöst wurde, von seiner Entstehung bis zur Wahrnehmung.

2 ◪ Stelle Vermutungen an, warum Erkrankungen des Rachenraums oft mit Ohrenschmerzen verbunden sind.

Weiter gedacht **Der Schall**

Schall können wir als Töne oder Geräusche wahrnehmen. Er entsteht durch schnelle Bewegungen eines Körpers. Er versetzt dabei seine Umgebungen in Schwingungen. Durch Schwingungen werden in der Luft Schallwellen erzeugt, die sich ausbreiten.

Je stärker etwas schwingt, desto lauter ist der Schall. Bei schnellen Schwingungen entstehen hohe, bei langsamen tiefe Töne. Schall breitet sich in festen Körpern genauso wie in Flüssigkeiten oder Gasen geradlinig von der Schallquelle in alle Richtungen aus. Trifft er auf einen anderen Stoff, kann er reflektiert werden. Dann entsteht ein Echo.

Sinnesorgan Auge

1 Vergleich Auge – Fotoapparat

Das Auge wird häufig mit einem Fotoapparat verglichen. Tatsächlich gibt es Gemeinsamkeiten, aber auch Unterschiede.

a □ Vergleiche die beiden Abbildungen. Nenne jeweils zwei Gemeinsamkeiten und zwei Unterschiede im Aufbau von Fotoapparat und Auge.

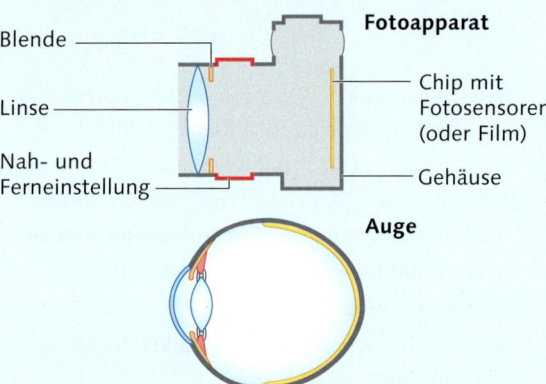

Fotoapparat

Blende

Linse

Nah- und Ferneinstellung

Chip mit Fotosensoren (oder Film)

Gehäuse

Auge

1 Fotoapparat und Auge im Vergleich

b ☑ Ein wesentlicher Unterschied zwischen Auge und Fotoapparat ist der Vorgang des Scharfstellens. Da bei einem Fotoapparat eine Glaslinse mit einer festen Wölbung verwendet wird, kann diese nicht verändert werden. Beschreibe mit Hilfe von Bild 1, wie bei einem Fotoapparat im Vergleich zum Auge scharf gestellt wird. Verfasse dazu einen Text aus 4–6 Sätzen, in dem du die Fachbegriffe verwendest. Beginne mit der Beschreibung, wann etwas scharf abgebildet wird.

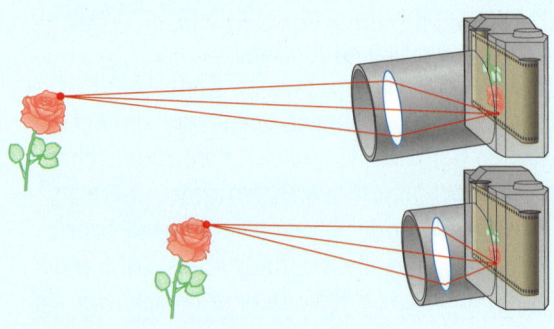

2 Scharfstellen mit einem Fotoapparat

2 Gesichtsfeld

Zwei Schüler überlegen sich, wie sie das Gesichtsfeld ausmessen könnten. Dazu entwerfen sie folgenden Versuchsaufbau:

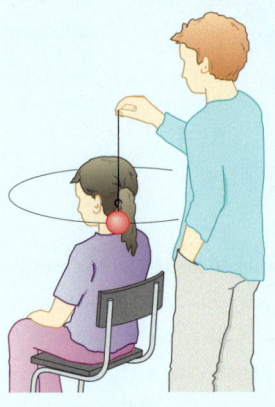

3 Wie groß ist das Gesichtsfeld?

a □ Formuliere eine Fragestellung und eine Hypothese für diesen Versuch.

b □ Beschreibe Versuchsaufbau und -durchführung.

Die Schüler sind mit ihren Ergebnissen nicht zufrieden und fragen bei einem Augenarzt nach, wie er das Gesichtsfeld bestimmt. Der Arzt zeigt ihnen sein Kugelperimeter. Dabei werden schwache Lichtpunkte auf einen Schirm projiziert.

c ☑ Nenne mindestens drei Gründe, warum der Arzt mit dem Gerät genauere Ergebnisse erhält.

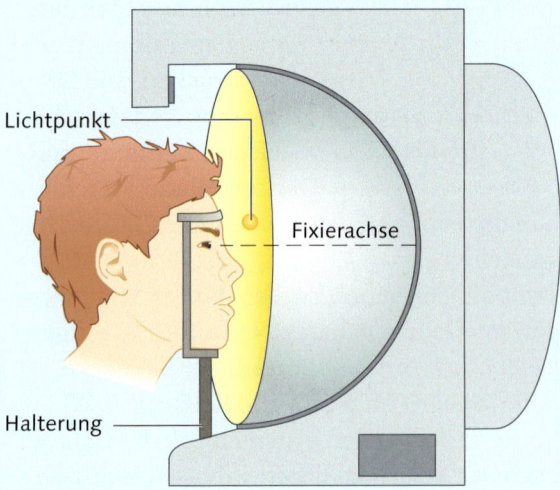

Lichtpunkt

Fixierachse

Halterung

4 Perimeter

Sinnesorgan Ohr

1 Hören und Alter

1 Warum hält sich Dominik die Ohren zu?

Dominik und sein Opa sitzen auf einer Bank. Plötzlich reißt Dominik die Hände hoch und hält sie schützend an die Ohren. Verwundert schaut der Großvater seinen Enkel an. Was hat er? Die Tabelle unten hilft dir bei der Beantwortung der folgenden Aufgaben.

a ☑ Suche nach einer Erklärung, weshalb der Großvater offensichtlich nichts gehört hat, obwohl er nicht schwerhörig ist.

b ☑ Das vielstimmige Konzert der Vögel im Frühjahr können Kinder besser und vollständiger hören als ältere Menschen. Begründe diese Tatsache.

c ■ Viele ältere Menschen benutzen Hörgeräte, um besser hören zu können. Diese Geräte verstärken zum Beispiel leise Töne und machen sie so wieder hörbar. Begründe, welche Töne bei älteren Menschen besonders verstärkt werden müssen.

Alter	Frequenz in Hertz (Hz)
10 Jahre	21000
35 Jahre	15000
50 Jahre	12000
80 Jahre	5000

2 Obere Hörgrenzen bei Menschen verschiedenen Alters

2 Erschwertes Richtungshören

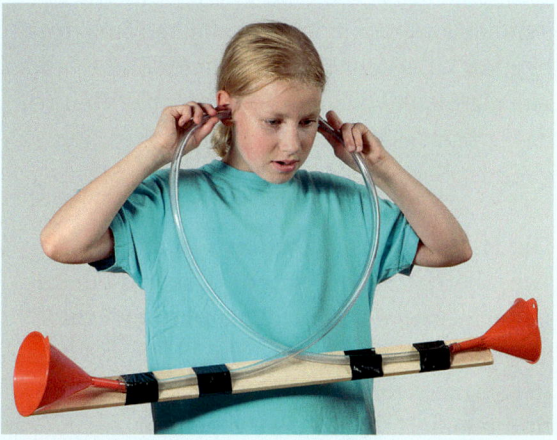

3 Ein Hörversuch

a ☑ Beschreibe den Versuchsaufbau in Bild 3.
– Überlege, was man mit diesem Versuch herausfinden möchte. Formuliere eine geeignete Fragestellung.
– Beantworte die Frage und begründe.

b ■ Im Biologieunterricht wird folgender Versuch durchgeführt: Die Versuchsperson soll mit verbundenen Augen die Richtung angeben, aus der unterschiedliche Geräusche kommen:
– ein sehr kurzes, schrilles Geräusch, zum Beispiel von einer Trillerpfeife oder vom In-die-Hände-Klatschen;
– ein lang anhaltendes Geräusch zum Beispiel von einem läutenden Wecker.

Stelle Vermutungen über das Versuchsergebnis an. Begründe deine Vermutung.

3 Richtungshören unter Wasser

☑ Beim Tauchen können wir nicht feststellen, aus welcher Richtung ein Geräusch kommt. Begründe dies mit Hilfe der Tabelle.

Medium	Schallgeschwindigkeit
Luft	343 Meter je Sekunde
Meerwasser	1480 Meter je Sekunde

4 Schallgeschwindigkeit in Luft und Wasser

Die Haut – ein vielseitiges Sinnesorgan

Endlich Sommer! Baden und barfuß laufen sind jetzt angesagt. Aber Vorsicht: Manchmal liegt im Gras versteckt ein spitzer Stein! Leider zu spät meldet dir dein Fuß über das Gehirn, dass du auf etwas Hartes getreten bist. Ein stechender Schmerz durchzuckt deinen Körper.

Die Haut ist unser größtes Organ

Die Oberfläche der Haut umfasst bei einem Erwachsenen etwa zwei Quadratmeter und wiegt bis zu zehn Kilogramm. Sie hält Krankheitserreger fern, schützt vor Austrocknung und reguliert die Körpertemperatur. Als Sinnesorgan nimmt die Haut Reize aus der Umwelt auf.

Die Haut ist aus drei Schichten aufgebaut

Die *Oberhaut* ist sehr dünn. In ihr sind Farbstoffe, die *Pigmente,* eingelagert. Sie schützen vor der UV-Strahlung. Die Oberhaut bildet auch Haare und Nägel. In der *Lederhaut* liegen Blutgefäße, Schweiß- und Talgdrüsen. Die vielen Sinneszellen machen die Haut zum größten Sinnesorgan. In der darunterliegenden *Unterhaut* wird vor allem Fett gespeichert.

1 Autsch! Das hat wehgetan.

Tastsinn der Haut

Ganz oben in der Lederhaut liegen die *Tastkörperchen* und *Tastscheiben*. Sie sind so empfindlich, dass sie sogar das Landen einer Mücke auf der Haut über Nerven an das Gehirn melden. An den Fingerspitzen und den Lippen liegen ganz besonders viele Tastkörperchen nebeneinander. Auch eine Berührung der Haare merken wir, da jedes Haar an seiner Wurzel von feinen Nerven umgeben ist. Weiter unten in der Haut liegen die *Lamellenkörperchen*. Melden sie sich, dann weiß das Gehirn, dass die Hautstelle von einem kräftigen Schlag getroffen wurde.

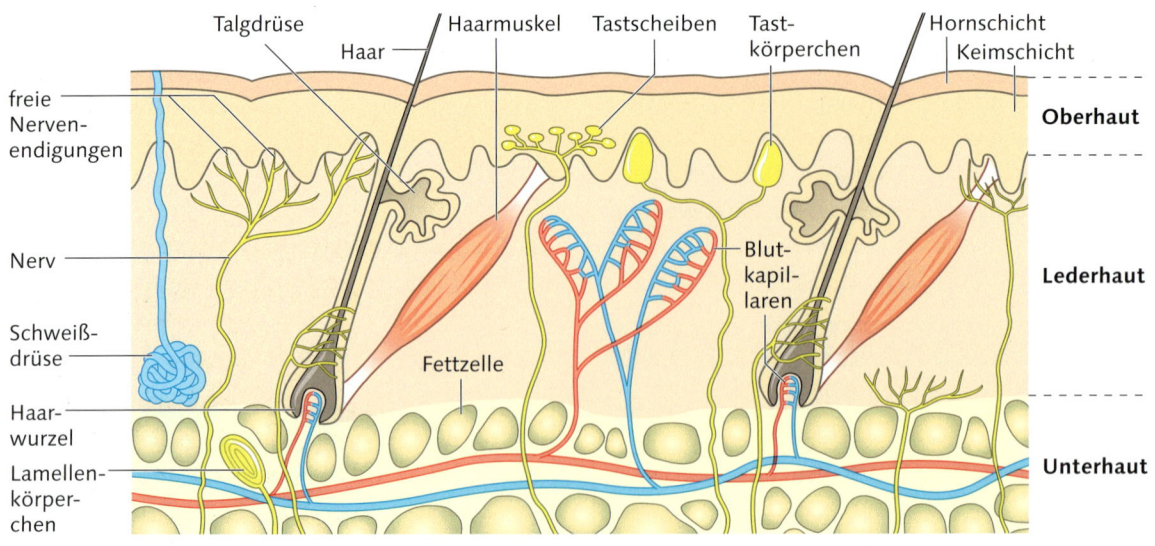

2 Aufbau der Haut

Temperatursinn der Haut

Temperaturveränderungen werden von den *Warm-* beziehungsweise von den *Kaltpunkten* aufgenommen. Vermutlich handelt es sich dabei um *freie Nervenendigungen*. Schmerz wird ebenfalls, aber von anderen freien Nervenendigungen signalisiert, die sich auch in der Oberhaut befinden. Temperaturen über 45 °C werden nicht als Wärme, sondern als Schmerz empfunden. Schmerz ist ein Warnsignal unseres Körpers. In Bruchteilen von Sekunden kann man so bei Gefahr reagieren.

Durchschnittlich befinden sich in einem Quadratzentimeter menschlicher Haut vier Meter Nervenfasern, bis zu 200 Haare, etwa 100 Lamellenkörperchen und rund 200 freie Nervenendigungen.

Spiegel der Seele

Man sieht es einem Menschen an, ob er »sich in seiner Haut wohlfühlt« oder ob er kurz davorsteht, »aus der Haut zu fahren«. Die Haut zeigt die inneren Gefühle eines Menschen. Angst, Furcht oder plötzliches Erschrecken lassen die Haut erblassen und jagen einem eine Gänsehaut über den Rücken. Diese bekommt man aber auch, wenn man sich über etwas ganz besonders freut oder wenn man friert. Vor Scham, Verlegenheit oder vor Wut wird man rot. Verantwortlich für das enge Zusammenspiel zwischen Körper und Gefühlen ist ein Teil des Gehirns, den man durch seinen Willen nicht steuern kann. Man wird also in bestimmten Situationen plötzlich rot, auch wenn man es nicht will.

4 Eincremen kann vor Sonnenbrand schützen.

Haut und Sonne

Als äußerste Körperhülle ist die Haut vielen Umwelteinflüssen direkt ausgesetzt. Insbesondere die UV-Strahlen der Sonne können sie stark beeinflussen. Die Sonne verbessert zwar unser Wohlbefinden, aber zu viel Sonne »verbrennt« die Haut. So ein Sonnenbrand kann zu Hautkrebs führen. Deshalb sollte jeder rechtzeitig seine Haut schützen und vor dem Sonnenbaden Sonnencreme verwenden.

> **In Kürze**
>
> Die Haut ist unser größtes Organ. Als Sinnesorgan vermittelt sie Reize aus der Umwelt. UV-Strahlen sind gefährlich für die Haut.

3 Angst oder Verzweiflung kann man im Gesicht erkennen.

Aufgaben

1 ☐ Fasse in einer Tabelle die Sinneszellen der Haut zusammen. Was melden sie jeweils? Nenne je eine entsprechende Alltagssituation.

2 ◪ Begründe die Lage der freien Nervenendigungen in der Haut, die Schmerz auslösen.

3 ◪ In den Lippen befinden sich viele wärmeempfindliche Sinneszellen. Begründe.

4 ◪ Menschen mit dunkler Haut bekommen weniger schnell einen Sonnenbrand. Begründe.

Der Körper des Menschen

1 Stoffwechsel

a ☐ Nenne die Definition für den Begriff Stoffwechsel.

b ☐ Der Körper muss mit der Nahrung Nährstoffe aufnehmen, um die Stoffwechselvorgänge aufrechtzuerhalten. Nenne die Nährstoffe und beschreibe ihre Funktion im Körper.

c ☐ Beschreibe, wie du vorgehen musst, um deine benötigte Energiemenge pro Tag zu berechnen.

d ☐ Liste die Tätigkeiten an einem Tag auf, die deinen Leistungsumsatz bestimmen.

e ☑ Sportlern wird geraten, vor großen Wettkämpfen kohlenhydratreiche Nahrung zu sich zu nehmen. Begründe.

f ■ Erläutere das Bild 1. Beschreibe dabei auch die Zusammenhänge zwischen Atmung, Verdauung und Energiegewinnung.

g ■ Stelle die Bedeutung von Wasser für den Stoffwechsel des menschlichen Körpers begründet dar.

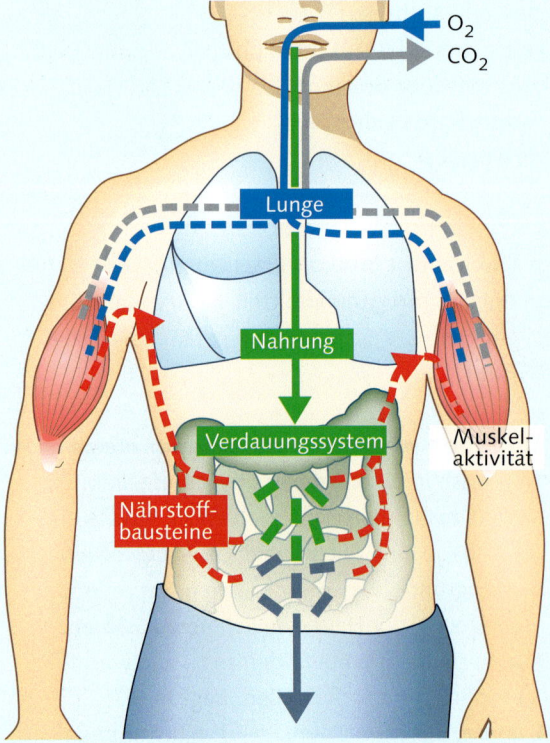

1 Stoffwechselvorgänge im menschlichen Körper

2 Der Ernährungskreis

2 Ein Lebensmittelkreis

a ☐ Nenne die in dem Ernährungskreis dargestellten Nahrungsmittelgruppen und jeweils drei typische Beispiele.

b ☐ Ordne jeder Gruppe Nährstoffe oder andere für die Ernährung wichtige Stoffe zu, die besonders reichlich enthalten sind.

c ☐ Beschreibe Kriterien für eine gesunde Ernährung.

d ☑ Begründe mit Hilfe von Bild 3, weshalb zuckerhaltige Limonade nicht zu einer ausgewogenen Ernährung gehört.

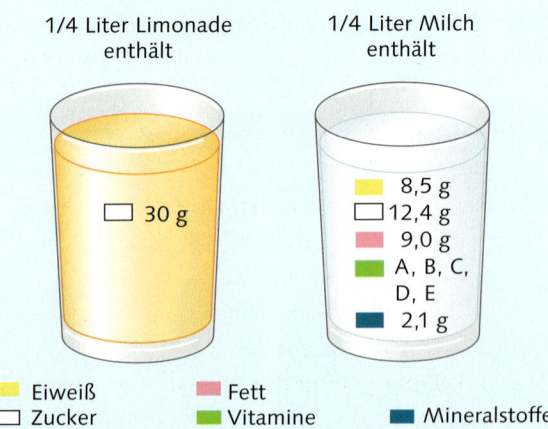

3 Inhaltsstoffe von Limonade und Milch

3 Vitamine, Mineralstoffe, Ballaststoffe

a ☐ Das Vitamin C in Nahrungsmitteln wird beim Kochen fast zur Hälfte, beim Dämpfen etwa zu einem Fünftel und beim Dünsten zu einem Siebtel zerstört. Ziehe Schlussfolgerungen für die Zubereitung von Gemüse.

b ☑ Der Tagesbedarf an Vitamin D liegt beim Menschen während der Wachstumsphase bei 0,1 Milligramm, beim Erwachsenen bei 0,02 Milligramm. Begründe.

c ☑ Muskelkrämpfe, Müdigkeit und weiche Knochen sind Symptome für Mineralstoffmangel. Erläutere.

d ■ Der Ballaststoffgehalt von Babynahrung ist sehr gering. Stelle Vermutungen über mögliche Gründe auf.

4 Der Blutkreislauf

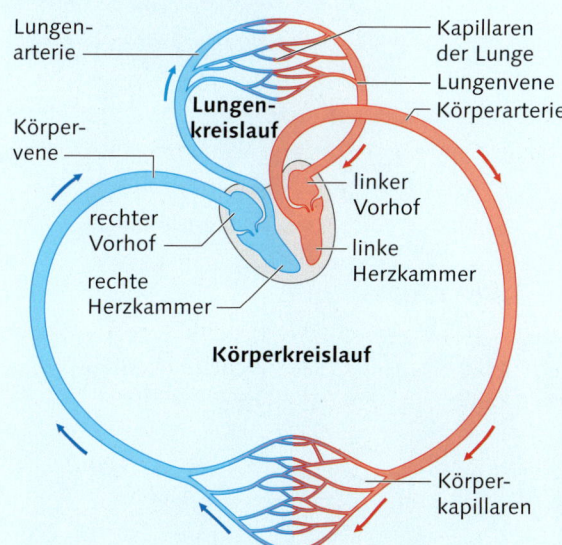

4 Der Weg des Blutes durch den Körper

Das Blut transportiert unter anderem Sauerstoff und Kohlenstoffdioxid durch den Körper.

a ☐ Nenne weitere Aufgaben des Blutes.

b ☐ Beschreibe mit Hilfe der Abbildung oben den Weg des Blutes durch den Körper.

c ☑ Erläutere, wozu der Sauerstoff im Blut benötigt wird und woher das im Blut enthaltene Kohlenstoffdioxid stammt.

Partnerschaft und Verantwortung

Liebe und Partnerschaft

Für Helena und Tobias war es Liebe auf den ersten Blick. Sie trafen sich so gut wie jeden Tag. Helena war fest davon überzeugt, den »Mann fürs Leben« gefunden zu haben. Für Tobias stand fest: »Helena und ich, wir bleiben zusammen.«

Verliebt sein

Oft ist es nur ein Blick, eine Geste, ein Lächeln oder die Art wie ein Mensch sich bewegt, die das Gefühl des Verliebtseins auslösen. Es kommt meist ganz plötzlich. Du fühlst dich wie verzaubert, im siebten Himmel, auf rosaroten Wolken. Du denkst nur noch an diese eine Person, deinen Schwarm. In jedem, der so »verknallt« ist, werden vom Gehirn Hormone freigesetzt, die sowohl Glücksgefühle hervorrufen als auch anfälliger für Enttäuschung und Verletztsein machen.

Verliebtsein ist der Anfang jeder Liebe

Das Verliebtsein ist noch keine Liebe; es ist eine Vorstufe zur Liebe, die zunächst vor allem durch Gefühle bestimmt ist. Die Erwartungen sind sehr hoch, sowohl bei Mädchen

1 Verliebt – und die Welt erscheint rosarot.

als auch bei Jungen. Es tut sehr weh, in jemanden verliebt zu sein, der die Liebe nicht oder später nicht mehr erwidert. Liebeskummer ist meist schwer zu verkraften.

Die besondere Chance des Verliebtseins

Wer verliebt ist, hat den Wunsch, den anderen Menschen näher kennenzulernen. Nicht nur seine Ansichten, sondern auch das, was zunächst verborgen ist: den Körper sowie das Verhalten und die Gefühlsäußerungen in bestimmten Situationen. Kennen sich zwei Menschen besser, erkennen sie auch, ob sie zueinander passen: Entweder das Gefühl des Verliebtseins erweitert sich zur Liebe und die beiden entschließen sich, eine echte Beziehung aufzubauen. Oder man trennt sich wieder, weil man erkennt, dass es zu wenig Gemeinsamkeiten gibt.

Liebe – was ist das?

Liebe ist mehr als nur ein starkes Gefühl. Wenn sie echt ist, ist immer der Verstand beteiligt. Sie setzt höchstes Vertrauen voraus und die Bereitschaft, den anderen so anzunehmen und zu lieben, wie er ist: mit allen seinen Stärken, aber auch mit seinen Schwächen.

Liebe ist Geben und Nehmen. Wenn sich zwei lieben, lernen sie miteinander Freude und Leid zu teilen. Sie nehmen in vielen

2 Ist das wahre Liebe?

Situationen aufeinander Rücksicht und respektieren sich gegenseitig. Sie erwarten voneinander Ehrlichkeit und Treue.

Sich körperlich nahe sein

Um ihre Liebe zu spüren, sehnen sich die Partner nach zärtlichen Gesten und Berührungen. Die Haut wird dabei zu einer empfindsamen »Liebesantenne«. Zärtlichkeit gelingt, wenn die Liebenden sie spielerisch gestalten und dabei auf die Wünsche des Partners Rücksicht nehmen. Der Geschlechtsverkehr kann zu einem beglückenden und lustvollen Erlebnis werden, wenn beide Partner dies wirklich wollen.

Echte Liebe strebt nach Partnerschaft

Die meisten Paare wollen ihre Liebesbeziehung partnerschaftlich gestalten. Damit ist gemeint, dass sie sich als gleichwertige und gleichberechtigte Partner anerkennen. Sie entscheiden und handeln gemeinsam. Beide sehen ihre Rechte und Pflichten und sie wissen um ihre gegenseitige Verantwortung. Damit eine partnerschaftliche Beziehung auf Dauer funktionieren kann, müssen beide Partner miteinander im Gespräch und auch für Veränderungen offenbleiben.

3 In ihrer Beziehung wollen sie Partner sein.

In Kürze

Verliebtsein ist eine Vorstufe der Liebe. Bei näherem Kennenlernen kann daraus Liebe wachsen. Die meisten Paare möchten ihr Zusammenleben heute partnerschaftlich gestalten.

Aufgaben

1 ☐ Beschreibe Situationen, in denen ein Partner Verantwortung für den anderen übernimmt.
2 ☑ Vergleiche Verliebtsein und Liebe.
3 ☑ Erläutere und begründe die unten aufgeführten Regeln für eine partnerschaftliche Beziehung. Suche nach weiteren Regeln.

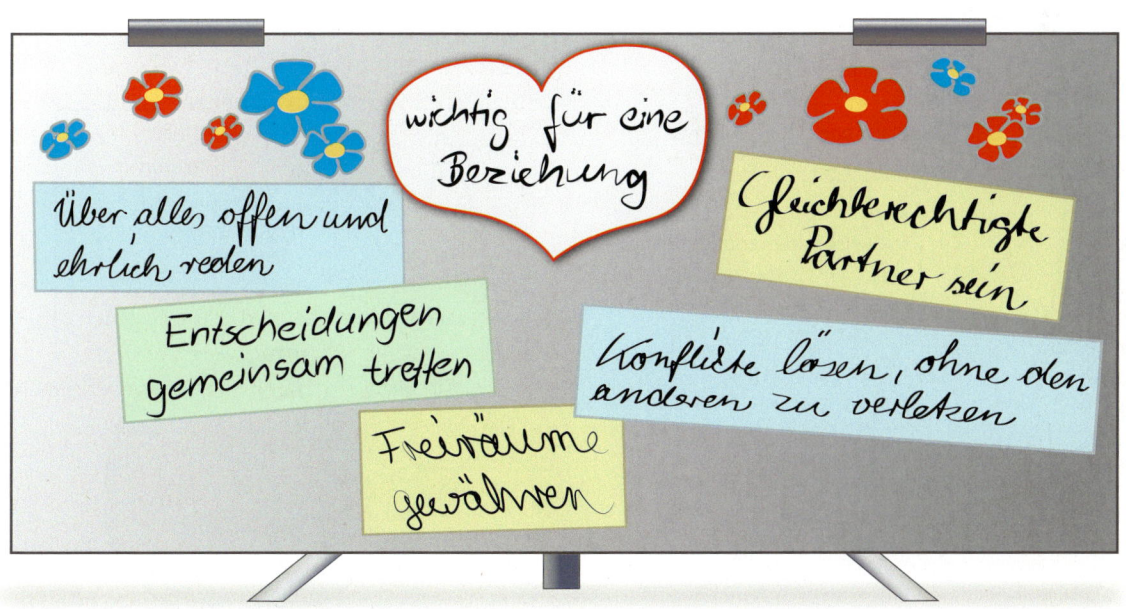

4 Regeln für eine partnerschaftliche Beziehung

Der weibliche Zyklus

»Endlich ist es so weit!« Isabel freut sich. Sie hat »ihre Tage« bekommen und muss es gleich ihren Freundinnen berichten. Ihre Mutter hat ihr erzählt, dass ihr Zyklus und auch ihr späteres Aussehen und sogar ihre Gefühle und Denkweisen von ihren Geschlechtshormonen gesteuert werden.

1 Viele Mädchen freuen sich auf »ihre ersten Tage«.

Das Gehirn gibt das Startsignal

Zu Beginn der Pubertät schüttet die Hypophyse, angeregt durch ein Hormon des Hypothalamus, zwei Hormone aus: das *follikelstimulierende Hormon (FSH)* und das *luteinisierende Hormon (LH)*. Sie werden mit dem Blut zu den Eierstöcken bzw. Hoden transportiert. Diese beginnen daraufhin *Östrogene* und *Testosteron,* die Sexualhormone, zu produzieren. Bei den Frauen überwiegen Östrogene, Männer dagegen produzieren in ihren Hoden mehr Testosteron. Die Konzentration der Hormone im Blut wird ständig an den Hypothalamus »gemeldet«. Dieser reguliert die Hormonproduktion bei Bedarf nach. Man spricht von einem Regelkreis zwischen Gehirn, Hormondrüsen und Sexualhormonen.

Die erste Zyklusphase

Mit der Blutung beginnt die erste Phase des weiblichen Zyklus: die *Eireifung.* Unter dem Einfluss von FSH wachsen in den Eierstöcken mehrere Eizellen. Um sie herum bilden sich mit Flüssigkeit gefüllte Hüllen, die *Follikel.* Sie produzieren Östrogene, die unter anderem das Wachstum der Gebärmutterschleimhaut fördern. Von den 20 bis 25 heranreifenden Eizellen kommt aber meist nur eine zum Eisprung. Die übrigen Follikel bilden sich zurück. Erreichen die Östrogene eine sehr hohe Konzentration im Blut, schüttet die Hypophyse verstärkt LH aus. Dieses bewirkt den *Eisprung.*

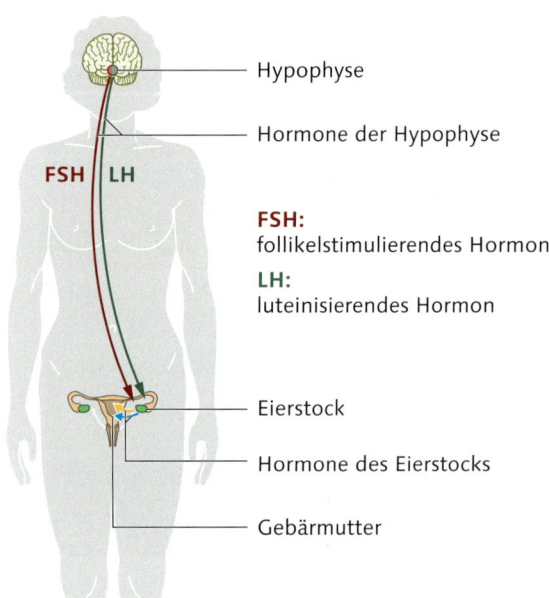

2 Steuerung des weiblichen Zyklus

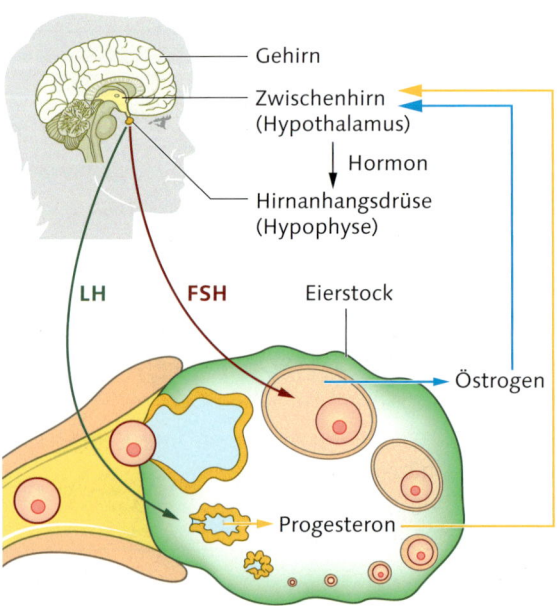

3 Regelkreis weiblicher Geschlechtshormone

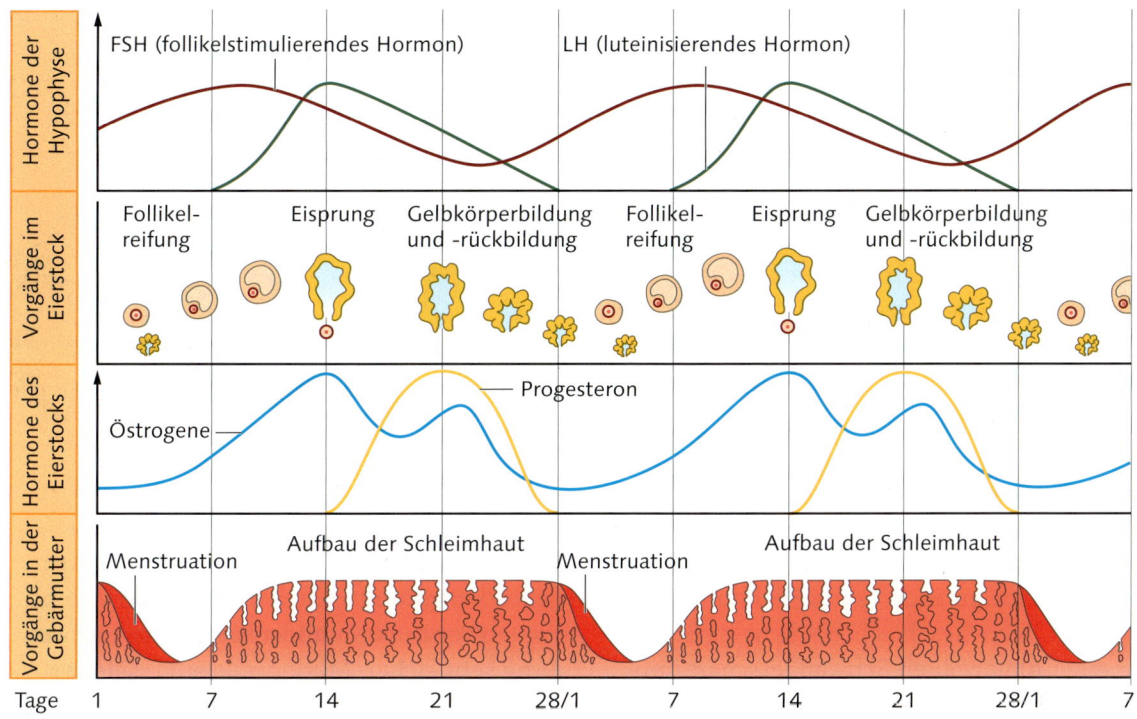

Hormone der Hypophyse

FSH (follikelstimulierendes Hormon)　　　LH (luteinisierendes Hormon)

Vogänge im Eierstock

Follikel-reifung　　Eisprung　　Gelbkörperbildung und -rückbildung　　Follikel-reifung　　Eisprung　　Gelbkörperbildung und -rückbildung

Hormone des Eierstocks

Östrogene　　　　　　　　　Progesteron

Vogänge in der Gebärmutter

Menstruation　　Aufbau der Schleimhaut　　Menstruation　　Aufbau der Schleimhaut

Tage　1　　7　　14　　21　　28/1　　7　　14　　21　　28/1　　7

4 Übersicht über die hormonelle Steuerung des weiblichen Zyklus

Der nach dem Eisprung im Eierstock verbliebene leere Follikel wandelt sich zum *Gelbkörper* um. In ihm wird nun das Hormon *Progesteron* gebildet.

Die zweite Zyklusphase
Unter dem Einfluss von Progesteron wird die Gebärmutterschleimhaut auf die Einnistung der befruchteten Eizelle vorbereitet. Erfolgt keine Befruchtung, bildet sich der Gelbkörper zurück. Dadurch sinkt die Menge des Progesterons im Blut. In der Folge wird die Gebärmutterschleimhaut unter Blutungen ausgeschieden. Ein neuer Eireifezyklus beginnt.

In Kürze
In der Pubertät entwickelt sich ein Mädchen unter dem Einfluss der Sexualhormone zu einer jungen Frau. Der weibliche Zyklus vollzieht sich in zwei Phasen und wird durch das Zusammenspiel von Gehirn, Hormondrüsen und Sexualhormonen gesteuert.

Aufgaben
1 □ Nenne die vier Hormone, die den weiblichen Zyklus regeln. Beschreibe ihre Wirkung.
2 ◪ Erläutere, wie die hormonelle Regelung der Eireifung abläuft.
3 ◪ Begründe, warum das Gehirn auch als »oberstes Sexualorgan« bezeichnet wird.

Weiter gedacht **Eisprungkalender**
Mithilfe der Kenntnisse über den weiblichen Zyklus kann man fruchtbare und unfruchtbare Tage abschätzen.

Während der Phase der Eireifung kann keine Schwangerschaft erfolgen. Ungefähr in der Mitte des Zyklus findet der Eisprung statt, somit ist eine Befruchtung möglich.

Aufgrund der Lebensdauer der Spermien und des Eies gelten vier Tage vor dem Eisprung und zwei Tage nach dem Eisprung als fruchtbare Tage. In dieser Zeit kann ungeschützter Geschlechtsverkehr zur Schwangerschaft führen. Die Abschätzung der fruchtbaren und unfruchtbaren Tage setzt allerdings einen regelmäßigen Zyklus voraus.

Möglichkeiten der Empfängnisverhütung

Valerie und Lukas sind schon länger ein Paar. Sie unternehmen oft etwas miteinander, gehen schwimmen, Eis essen und am Wochenende mit Freunden tanzen. Dabei kamen sie sich beim letzten Mal sehr nah und der Wunsch, miteinander zu schlafen, entstand. Sie informieren sich über mögliche Verhütungsmittel.

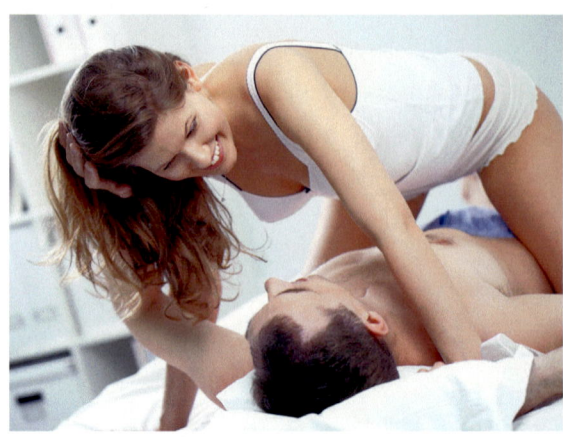

1 Sie möchten miteinander schlafen.

Kondome schützen

Kondome zählen zu den mechanischen Verhütungsmitteln. Sie verhindern, dass Sperma in die Scheide gelangen kann. Kondome schützen beim Geschlechtsverkehr nicht nur vor einer ungewollten Schwangerschaft, sondern auch vor der Übertragung von Krankheitserregern wie dem HI-Virus oder den Hepatitisviren. Richtig angewendet sind Kondome relativ sichere Verhütungsmittel.

Anwendung eines Kondoms

Achtet beim Kauf von Kondomen auf das Prüfsiegel. Öffnet die Verpackung vorsichtig, damit das Kondom nicht beschädigt wird. Das Kondom wird vor dem Geschlechtsverkehr über den steifen Penis abgerollt. Dabei hält man den oberen Teil, das Reservoir, zusammengedrückt. In diesem sammelt sich die Samenflüssigkeit. Beim Herausziehen des Penis aus der Scheide sollte der Junge das Kondom festhalten, damit es nicht abrutscht.

Die Pille – ein Hormonpräparat

Die ›Antibabypille‹, kurz ›Pille‹, ist ein hormonelles Verhütungsmittel. Sie wird von vielen Frauen verwendet und ist bei richtiger Anwendung sehr sicher. Mittlerweile sind viele verschiedene Präparate auf dem Markt. Sie unterscheiden sich in der Zusammensetzung der Hormone. Bei der Wahl der passenden Pille berät die Frauenärztin oder der Frauenarzt. Sie geben auch Tipps zur richtigen Einnahme.

Wirkungsweise der Pille

Die in der Pille enthaltenen Hormone schützen vor einer Schwangerschaft. Zum einen verhindern sie, dass ein Eisprung stattfindet. Zum anderen wirken sie der Verflüssigung des Gebärmutterschleims entgegen, sodass Spermien nicht in die Gebärmutter gelangen. Da die Gebärmutterschleimhaut auch nicht richtig aufgebaut wird, kann sich kein befruchtetes Ei einnisten. Die Hormone in der

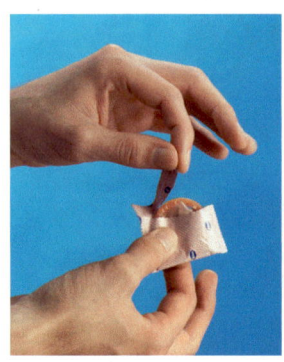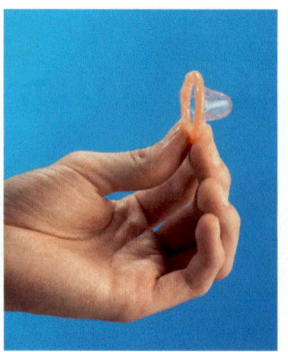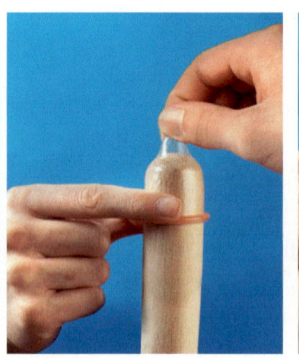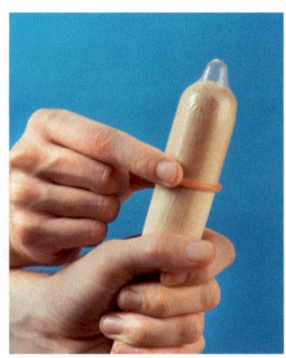

2 Die Anwendung eines Kondoms kannst du vorher üben.

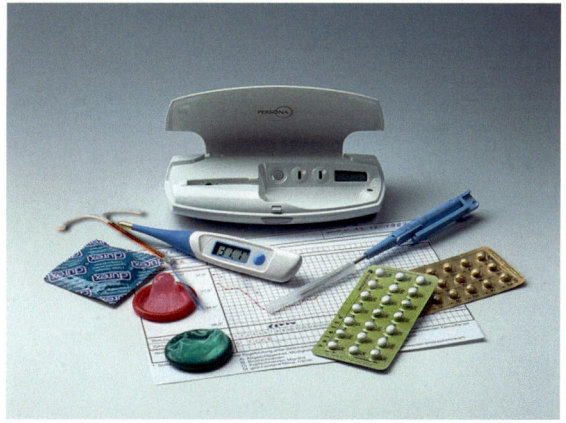

3 Verschiedene Mittel zur Empfängnisverhütung

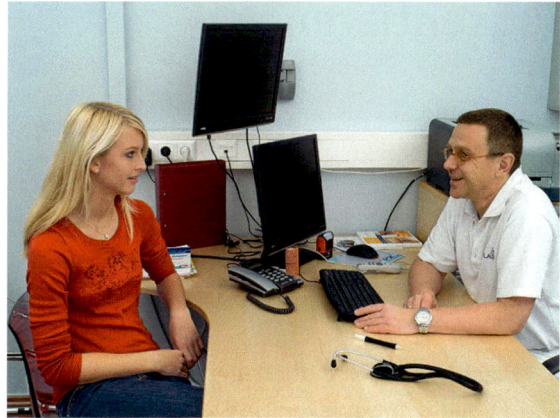

4 Beratungsgespräch beim Frauenarzt

Pille greifen in den natürlichen Hormonhaushalt der Frau ein und können so unterschiedliche Nebenwirkungen hervorrufen. Vor allem in Verbindung mit Rauchen kann es zu problematischen Nebenwirkungen kommen.

Andere Wege der Empfängnisverhütung

Es gibt eine Vielzahl von Verhütungsmitteln, die auf verschiedene Weisen wirken und unterschiedlich sicher vor einer Schwangerschaft schützen. Neben der Pille gibt es noch weitere Präparate, die in den Hormonhaushalt eingreifen. Dazu gehört zum Beispiel das Hormonpflaster. Daneben gibt es chemische Verhütungsmittel wie Schaumzäpfchen, Gels und Cremes. Sie werden in die Scheide eingeführt und machen die Spermien bewegungsunfähig. Diese Mittel verhüten nur dann sicher, wenn ihr sie zum Beispiel in Kombination mit einem Kondom benutzt. Natürliche Methoden werden eingesetzt, um den Zeitpunkt des Eisprungs zu ermitteln. So können Paare, die einen Kinderwunsch haben, die fruchtbaren Tage der Frau feststellen. Zur Verhütung einer Schwangerschaft ist dies nicht geeignet.

Frauenärztliche Beratung

Für ein Beratungsgespräch in einer gynäkologischen Praxis vereinbart man zunächst einen Termin.

Manche bieten »Teenagersprechstunden« an, zu denen du allein, mit deinem Freund oder mit einer Freundin gehen kannst. Bei deiner Untersuchung stellt die Ärztin oder der Arzt zunächst fest, ob du gesund bist. Dafür werden besonders feine Geräte verwendet. Vor »dem ersten Mal« kann diese Untersuchung von außen mit Hilfe eines Ultraschallgeräts vorgenommen werden. Im Beratungsgespräch kannst du natürlich auch alle Fragen rund um Liebe, Partnerschaft und Sexualität stellen.

Coitus interruptus – Vorsicht!

Eine gänzlich ungeeignete Methode, eine Schwangerschaft zu verhindern, ist der Coitus interruptus, der unterbrochene Geschlechtsverkehr. Dabei zieht der Mann den Penis kurz vor dem Samenerguss aus der Scheide. Da es meist aber schon vor dem Erguss zum Austritt von Samenflüssigkeit kommt, ist das sogenannte »Aufpassen« nicht sicher.

In Kürze

Eine Schwangerschaft kann durch unterschiedliche Methoden verhütet werden. Darüber berät die Frauenärztin oder der Frauenarzt. Kondome bieten als einzige Verhütungsmittel zusätzlich Schutz vor sexuell übertragbaren Krankheiten. Auch die Pille gilt als sehr sicher.

Aufgaben

1 ☐ Sammelt Fragen, die in einem Beratungsgespräch in einer gynäkologischen Praxis gestellt werden könnten.

2 ◪ Begründe, warum die Pille verschreibungspflichtig ist.

Präsentieren

Du interessierst dich für ein Thema und möchtest deine Mitschüler darüber informieren. Die dazu recherchierten Informationen kannst du in einer Präsentation vortragen. Um eine Präsentation zu erstellen und zu halten, kannst du folgendermaßen vorgehen:

1 Fragen zum Thema überlegen Überlege, was dich und deine Zuhörer am Thema interessieren könnte. Formuliere Fragen, die in deiner Präsentation beantwortet werden sollen.

2 Informationen sammeln und bearbeiten Suche nach Informationen, die dir helfen, Antworten auf deine Fragen zu finden. Begriffe und Fachwörter solltest du erklären können.

3 Informationen ordnen Sortiere deine Informationen. Gliedere deine Präsentation, indem du Zwischenüberschriften formulierst.

4 Präsentation erstellen Wähle ein geeignetes Medium aus, zum Beispiel ein Plakat, Folien für den Overheadprojektor oder digitale Folien. Formuliere eine Einleitung und einen Schluss. Erstelle alle Präsentationsmaterialien. Dazu

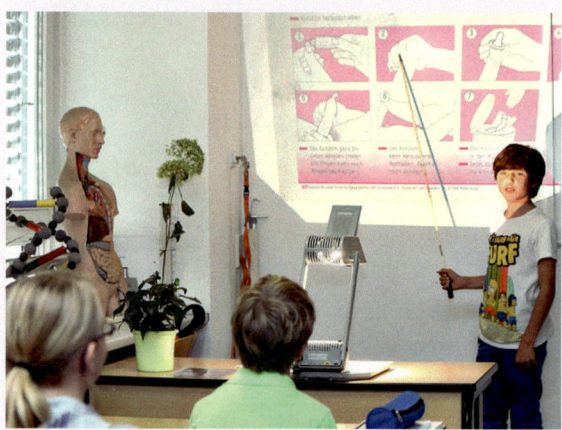

1 Gut vorbereitet präsentieren

gehören auch eine Gliederung zum Inhalt und Angaben zu den verwendeten Quellen. Die Folien sollten möglichst anschaulich sein. Sie können durch Anschauungsmaterial wie Fotos oder Zeichnungen ergänzt werden. Als Gedankenstützen für dich kannst du dir Stichpunkte auf Karteikarten schreiben.

5 Präsentation vorbereiten Übe deine Präsentation allein, vor Freunden oder vor deiner Familie. Bitte die Zuhörer um Rückmeldung. Überarbeite deine Präsentation gegebenenfalls

Tipps für eine Präsentation mit Overhead-Folien:
- Richte die Folien im Hochformat ein.
- Erstelle pro Inhaltspunkt eine Folie.
- Der Inhaltspunkt bildet die Überschrift.
- Schreibe wenig auf eine Folie.
- Wähle eine gut lesbare Schriftgröße.
- Verwende Abbildungen.
- Gib an, woher Informationen und Abbildungen stammen (Quellen).
- Lege dir die Folien in der richtigen Reihenfolge zurecht.
- Gib deinen Zuhörern Zeit, die Folie zu erfassen, ehe du zu dem Inhaltspunkt frei, aber nicht auswendig gelernt sprichst.
- Halte das für die Präsentation benötigte Material bereit, damit du auf Fragen eingehen kannst.

Tipps für eine Präsentation mit digitalen Folien:
- Wähle ein Layout für alle Folien.
- Entscheide dich für eine Animation.
- Die Schrift sollte gut lesbar sein (mindestens Schriftgröße 16).
- Die Farbe der Schrift muss sich vom gewählten Hintergrund deutlich abheben.
- Reduziere den Text auf das Wesentliche. Bilder und Zeichnungen unterstützen die Vorstellung der Zuhörer.
- Gib an, woher Informationen und Abbildungen stammen (Quellen). Veröffentlichst du deine Präsentation (beispielsweise auf der Schulwebsite), müssen weitere Regeln beachtet werden.
- Kontrolliere am Schluss noch einmal die Rechtschreibung.

anhand der Rückmeldung. Überlege dir, wie du die Aufmerksamkeit deiner Zuhörer aufrechterhalten kannst. Vielleicht möchtest du deinen Mitschülern ein Handout mit einer Übersicht über die Präsentation ausgeben, auf dem sie sich Notizen machen können. Bevor du die Präsentation hältst, musst du den Raum herrichten. Können die Zuhörer von ihrem Platz aus der Präsentation ungehindert folgen? Sind die technischen Voraussetzungen wie Stromversorgung und Funktionsbereitschaft der Geräte gegeben?

6 Präsentation vortragen Trage deine Präsentation vor. Lies möglichst wenig ab. Bitte deine Mitschüler, ihre Fragen an dich zu sammeln und am Schluss zu stellen.

7 Fragen beantworten und Rückmeldung entgegennehmen Nach deiner Präsentation sollten die Zuhörer die Gelegenheit haben, Fragen zu stellen. Notiere die Verbesserungsvorschläge und berücksichtige die Punkte bei der nächsten Präsentation.

Verhütungsmittel

Ein Überblick

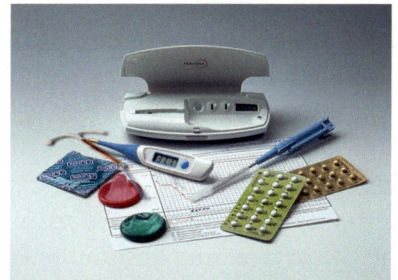

A

B

Gliederung

1. Verhütungsmittel im Überblick

2. Anwendung des Kondoms

3. Sicherheit

4. Vor- und Nachteile des Kondoms

Handhabung eines Kondoms

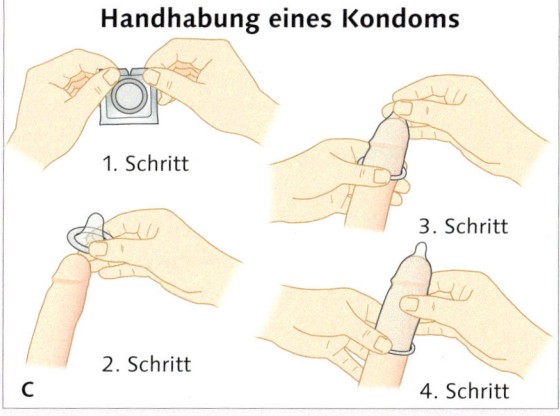

1. Schritt

2. Schritt

3. Schritt

4. Schritt

C

D

Sicherheit

Der **Pearl-Index** gibt an, wie sicher ein Verhütungsmittel ist. Er berechnet sich aus der Anzahl der ungewollten Schwangerschaften von 100 Frauen innerhalb eines Jahres unter Anwendung einer bestimmten Verhütungsmethode. Dabei gilt: Je kleiner der Pearl-Index, desto sicherer die Methode.
Pearl-Index von: Pille: 0,1–0,9; Kondom: 2–12, ungeschützter Verkehr: >80

E   Vor- und Nachteile des Kondoms

Vorteile	Nachteile
• einfache Handhabung, leicht erhältlich	• Benutzung des Kondoms oft als störende Unterbrechung empfunden
• bei richtiger Anwendung relativ sicherer Schutz vor Schwangerschaft	• selten: Reizungen an der Eichel oder in der Scheide
• zusätzlicher Schutz vor sexuell übertragbaren Krankheiten	• Sicherheit gilt nur bei richtiger Anwendung, Lagerung und passender Kondomgröße
• kein Eingriff in den Hormonhaushalt ⟶ keine Nebenwirkungen	

2 Beispielfolien:
A Einleitungsfolie
B Gliederung der Präsentation
C Folie mit Zeichnung
D Folie mit Text und Fotos
E Folie mit Tabelle

Sexuell übertragbare Krankheiten

Im Urlaub lernt Alex eine junge Frau kennen, mit der er auch Sex hat. Nach seiner Rückkehr sucht er wegen Übelkeit, Muskelschmerzen und Fieber einen Arzt auf. Dieser stellt fest, dass sich Alex mit Hepatitisviren der Gruppe B infiziert hat. Er ist an Hepatitis B erkrankt, einer sexuell übertragbaren Krankheit.

Sexuell übertragbare Krankheiten

Sexuell übertragbare Krankheiten werden vor allem durch sexuelle Kontakte übertragen. Erreger dieser Krankheiten können Viren, Bakterien, Pilze oder Einzeller sein. Neben den »klassischen« sexuell übertragbaren Krankheiten wie Syphilis und Tripper sind heute vor allem Aids, Hepatitis B, HPV, Herpes genitalis und Pilzinfektionen von Bedeutung. Das Risiko, sich anzustecken, lässt sich durch Benutzung von Kondomen verringern.

Infektion durch HPV

Humane Papillomviren (HPV) bilden eine Gruppe von Viren, die in mehr als hundert Typen eingeteilt werden. Einige dieser Typen können bei ungeschützten Sexualkontakten Schleimhäute im Genital- und Analbereich infizieren. Es kommt zur Bildung von soge-

1 Beim Sex kann sich jeder anstecken – überall.

nannten Feigwarzen. Daneben gibt es andere HPV-Typen, die bösartige Veränderungen, insbesondere den Gebärmutterhalskrebs bei Frauen, hervorrufen können. Um sich vor einer Ansteckung zu schützen, kann man sich gegen die gefährlichsten HPV-Typen impfen lassen.

Krank durch Pilze

Die häufigsten Erreger für Pilzerkrankungen der Geschlechtsorgane sind bestimmte Hefepilze. Sie können beim Geschlechtsverkehr übertragen oder auch in öffentlichen Toiletten eingefangen werden. Bei einer Pilzinfektion entzünden sich bei Frauen die Scheide, bei Männern Eichel und Vorhaut. Es kommt meist zu brennenden Schmerzen oder Juckreiz.

In Kürze

Sexuell übertragbare Krankheiten sind ansteckend und müssen ärztlich behandelt werden, auch um eine Ansteckung anderer zu vermeiden. Kondome schützen relativ sicher vor einer Infektion.

Aufgaben

1 ☐ Fasse zusammen, was man unter »sexuell übertragbaren Krankheiten« versteht.
2 ◪ Informiere dich im Internet über sexuell übertragbare Krankheiten wie Herpes genitalis oder Hepatitis B. Schreibe einen kurzen Text, in dem du die wichtigsten Informationen zusammenfasst.

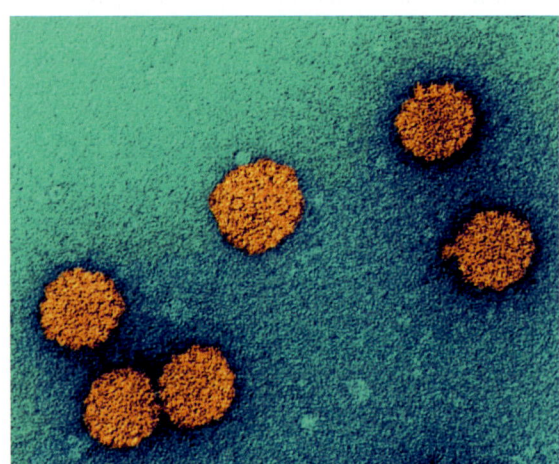

2 HPV im Elektronenmikroskop

Pille oder Kondom?

Pro Kondom

Pepe: »Es ist kosten-
günstig, schützt vor
Infektionen und
erfordert keinen
Eingriff in den
Körper des Mäd-
chens.«

Kondome sind relativ sicher, wenn man sie
richtig anwendet. Außerdem schützen sie
auch noch vor sexuell übertragbaren Krankheiten.

Kontra Kondom

Amelin: »Ich spüre nichts
mit Kondom. Es fühlt
sich eher eklig an und
riecht nach Gummi.
Und was ist, wenn
Kondome reißen?
Ich traue ihnen nicht. «

Das Kondom ist für viele Frauen und Männer
ein »Lustkiller«. Sie empfinden das Kondom
beim Liebesspiel als lästig.

Pro Pille

Pia: »Die Pille ist nicht
so nervig wie das
Kondom. Man kann
sie auch wechseln,
wenn man sie nicht
vertragen sollte. Es
gibt ja verschiedene
Präparate.«

Die Pille gilt bei richtiger Anwendung als sehr
sicher. Bei vielen Mädchen ist die Blutung
meist kürzer, leichter und weniger schmerz-
haft.

Kontra Pille

Zoe: »Ich habe noch nie
die Pille genommen
und werde es auch nie.
Ich beeinflusse doch
nicht meinen Körper
durch Chemiekeulen.
Es ist ein künstlicher
Eingriff in den Körper.«

Manche Frauen vertragen die Pille nicht. Sie
kann unangenehme oder sogar gefährliche
Nebenwirkungen haben.

Joules: »Wenn man sie
verträgt, ist die Pille
eine geniale Sache.
Bei heißer Liebe
riskiert man damit
keinen Blackout und
fühlt sich auch als
Mann sicherer.«

Julia: »Wenn die Pille
nicht regelmäßig ein-
genommen wird oder
Durchfall oder Erbre-
chen auftreten, dann
gilt sie schon nicht
mehr als sicher. Mir ist
das mit der Pille zu
kompliziert.«

Von der befruchteten Eizelle bis zur Geburt

Es ist ein kleines Wunder: Im Körper der Frau entwickelt sich in etwa 40 Wochen ein neuer Mensch. Von der Befruchtung bis zur Geburt lässt sich diese Entwicklung in verschiedene Abschnitte gliedern.

Am Anfang steht die Befruchtung

Mit jedem Eisprung gelangt normalerweise eine reife Eizelle in den Eileiter. Auf dem Weg zur Gebärmutter kann die Eizelle bis zu 24 Stunden lang befruchtet werden. Dazu muss ein Spermium in die Eizelle eindringen. Ist dies geschehen, verschmelzen die Kerne der Eizelle und des Spermiums. So entsteht die *Zygote,* die befruchtete Eizelle.

Die Keimphase

Kurz nach der Befruchtung beginnen die ersten Zellteilungen. Aus der Zygote werden zunächst zwei, dann vier, dann acht Zellen.

Nach weiteren Zellteilungen ist ein vielzelliger Keim, der *Maulbeerkeim,* entstanden. Er wird zur Gebärmutter transportiert. Aus dem Maulbeerkeim entwickelt sich eine hohle Zellkugel, der *Blasenkeim.* Er nistet sich schließlich in der Gebärmutterschleimhaut ein.

Die Embryonalphase

Mit der Einnistung beginnt die Embryonalphase. Der Keim wird jetzt *Embryo* genannt. Er ist am Ende des ersten Monats erst einige Millimeter groß. Er hat einen Herzschlauch, der das Blut bewegt. Arme und Beine kann man als Knospen erkennen. Alle lebenswichtigen Organe sind bereits angelegt.

Im zweiten Monat beginnt die Entwicklung des Vorderhirns. Augenlider, Nase, Lippen und Kinn sind zu erkennen.

Die Fetalphase

Ab dem dritten Schwangerschaftsmonat spricht man vom *Fetus.* Er wächst jetzt besonders schnell. Der Fetus beginnt sich zu bewegen und zeigt verschiedenste Reaktionen

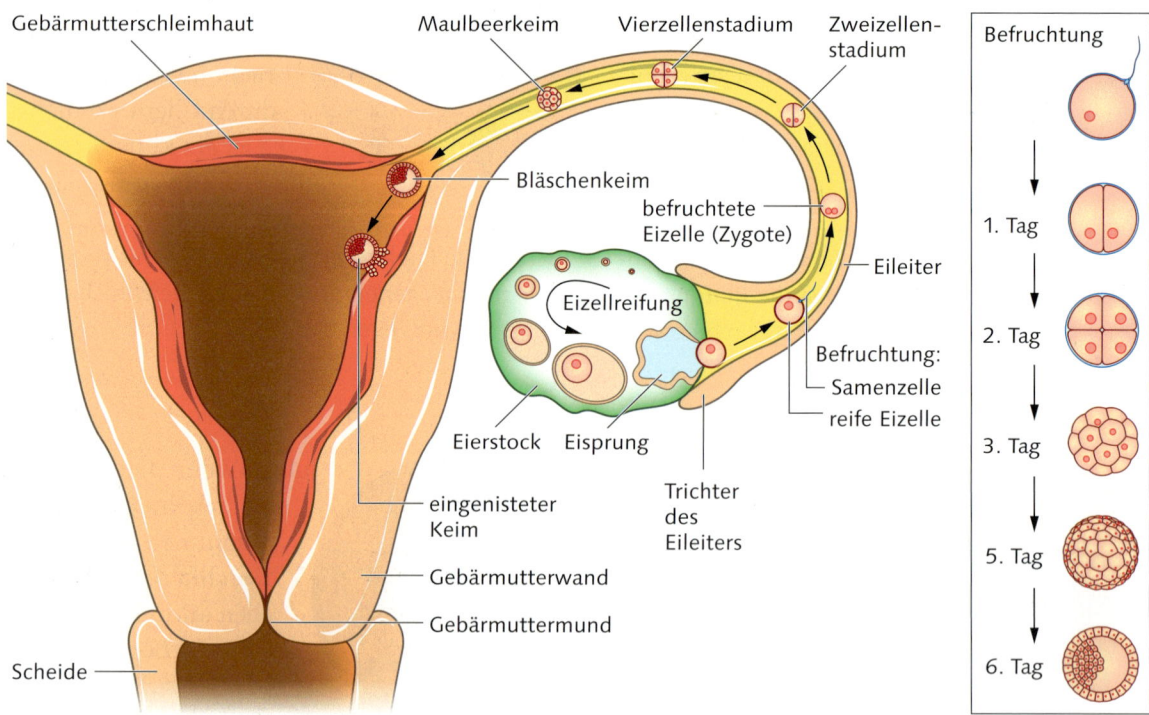

1 Von der Befruchtung der Eizelle bis zur Einnistung

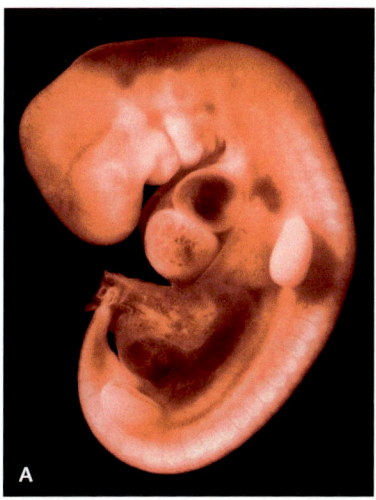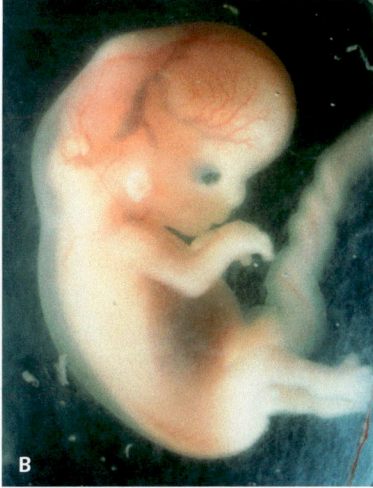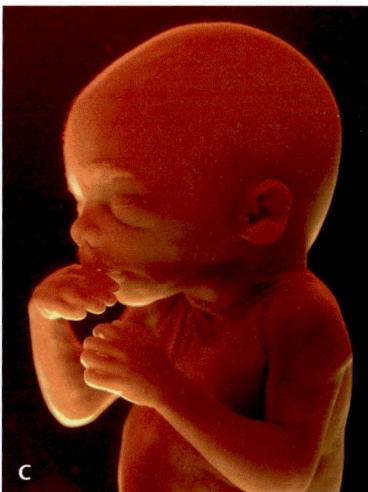

2 Entwicklung zum Fetus: A Embryo, 4 Wochen alt; B Embryo, 6 Wochen alt; C Fetus

und Reflexe. Zum Beispiel schluckt er Frucht-wasser und lutscht am Daumen. Im vierten Monat beginnt der Knochenaufbau. Arme und Beine sind nun voll ausgebildet. Jetzt kann die Mutter die Bewegungen des Kindes spüren. Das Gesicht hat bereits individuelle Züge. Im fünften Monat sind bis auf den Tastsinn alle Sinne funktionsfähig. Der Fetus kann hören. Ein Rhythmus von Schlaf- und Wachphasen stellt sich ein. Im Laufe des siebten Monats kann man die Kopfhaare erkennen. Der Fetus ist nun so weit entwickelt, dass er im Fall einer verfrühten Geburt lebensfähig ist.

In Kürze

Die Entwicklung von der befruchteten Eizelle bis zur Geburt gliedert sich in Keim-, Embryo-nal- und Fetalphase. Nach etwa 40 Wochen ist die Entwicklung im mütterlichen Körper abgeschlossen. Das Kind wird geboren.

Aufgaben

1 ☐ Beschreibe den Weg des Eies von der Reifung bis zur Einnistung.

2 ☑ Erstelle anhand des Textes und mit Hilfe der Tabelle in Bild 3 eine Übersicht über die Entwicklungsschritte von Embryo und Fetus.

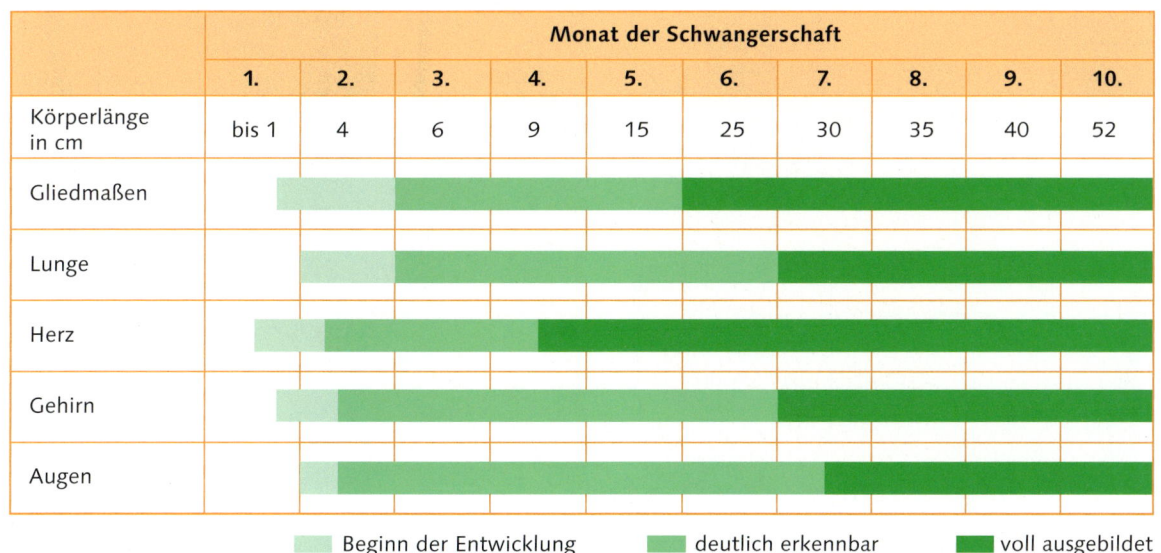

	Monat der Schwangerschaft									
	1.	**2.**	**3.**	**4.**	**5.**	**6.**	**7.**	**8.**	**9.**	**10.**
Körperlänge in cm	bis 1	4	6	9	15	25	30	35	40	52
Gliedmaßen										
Lunge										
Herz										
Gehirn										
Augen										

☐ Beginn der Entwicklung   ☐ deutlich erkennbar   ☐ voll ausgebildet

3 Entwicklung der Organe

Einflüsse auf das Kind im Mutterleib

Ein Kind ist im Mutterleib bestens geschützt. Dennoch macht sich eine werdende Mutter Gedanken über die gesunde Entwicklung ihres Kindes.

Die Brücke zwischen Mutter und Kind

Die *Plazenta* ist ein Organ zur Versorgung des Kindes. Sie besteht vorwiegend aus Blutgefäßen, die sowohl von der Mutter als auch vom Kind stammen. Hier liegen sie so nah beieinander, dass ein Stoffaustausch möglich wird. Dennoch bleiben die beiden Blutgefäßsysteme voneinander getrennt. Aus dem mütterlichen Blut gelangen Sauerstoff, Wasser, Nährstoffe, Vitamine, Hormone und Antikörper in das kindliche Blut. Umgekehrt werden Stoffwechselendprodukte wie zum Beispiel Harnstoff und Kohlenstoffdioxid in das mütterliche Blut abgegeben. Da nicht alle Stoffe die Plazenta passieren können, spricht man von der *Plazentaschranke*. Sie kann jedoch nicht verhindern, dass einige schädliche Stoffe und Viren die Schranke überwinden. Diese können beim Fetus schwere Schäden hervorrufen.

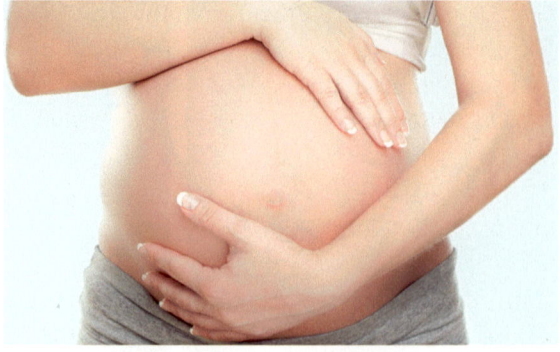

1 Schwangerschaft – eine besondere Zeit

Lebensführung der Mutter

Eine gesunde Lebensführung tut Mutter und Kind gleichermaßen gut. Dazu zählen sowohl Bewegung an der frischen Luft als auch ausreichend Schlaf, wenig Stress und eine ausgewogene Ernährung. Auch die Vorfreude auf das Kind kann hilfreich sein. Da es in der Schwangerschaft leicht zu Verstopfung kommen kann, sollten sich werdende Mütter ballaststoffreich ernähren. Für Frauen, die vegetarisch oder vegan leben, gelten besondere Regeln. Sie müssen Vitamin B_{12} über Nahrungsergänzungsmittel einnehmen. Es ist normalerweise in tierischen Lebensmitteln enthalten und für das Wachstum des Fetus unentbehrlich.

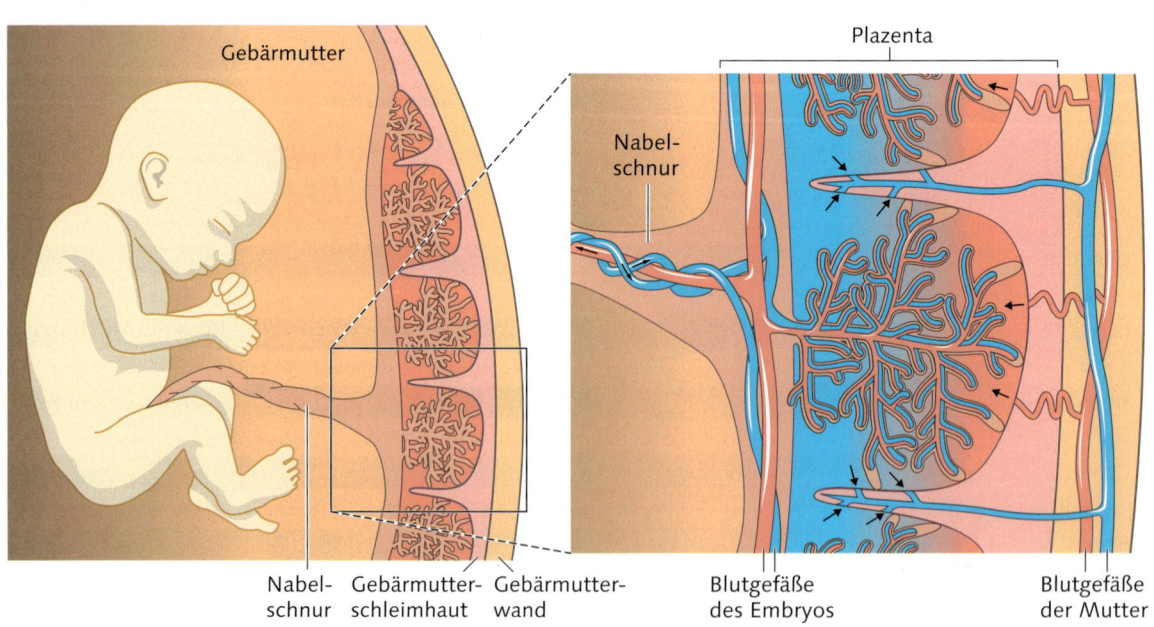

2 Die Versorgung des Embryos über die Plazenta

Gifte passieren die Plazentaschranke

Gifte wie Alkohol und Nikotin passieren die Plazentaschranke problemlos. Alkohol hat im ersten Schwangerschaftsdrittel eine besonders starke Auswirkung, da in dieser Zeit die Organe gebildet werden. Da Alkohol ein Zellgift ist, kann Alkoholkonsum zu schweren Schädigungen und Missbildungen führen. Rauchen erhöht die Wahrscheinlichkeit einer Frühgeburt. Nikotin kann zur Verengung der Blutgefäße und somit zu Durchblutungsstörungen führen. Dadurch wird der Fetus nicht mehr ausreichend mit Sauerstoff versorgt.

Vorsicht mit Medikamenten

Medikamente, wie Kopfschmerztabletten, Beruhigungsmittel oder auch Nasensprays, enthalten Wirkstoffe, die die Plazentaschranke durchdringen. Auf diesem Weg können sie die Entwicklung des Kindes beeinflussen. Die Folgen wiegen besonders schwer, wenn Medikamente in der Phase der Organbildung

4 Eine liebevolle Umgebung für das Ungeborene

eingenommen werden. Dann kann es zum Beispiel zur unvollständigen Ausbildung der Gliedmaßen kommen.

Röteln – eine besondere Gefahr

Eine Frau, die schwanger werden möchte, sollte rechtzeitig sicherstellen, dass sie gegen Röteln geimpft ist. Denn bei einer Infektion des Kindes während der Organbildungsphase kann es zu Herzfehlern, Augenfehlbildungen oder Taubheit kommen.

Auch die Umwelt hat Einfluss

Mit dem Einatmen von Schadstoffen wie beim Passivrauchen gelangen giftige Stoffe in den Körper der Mutter und können den Fetus gefährden. Durch die Bauchdecke und das Fruchtwasser kann der Nachwuchs Geräusche von außen gedämpft wahrnehmen. Der regelmäßige Herzschlag der Mutter und die Stimmen der Eltern wirken beruhigend. Andauernder Lärm erzeugt dagegen sowohl für die Mutter als auch für das Kind Stress.

3 Einflüsse auf das Kind im Mutterleib

In Kürze

Über die Plazenta wird das Kind im Mutterleib versorgt. Eine gesunde Lebensführung der Mutter ist wichtig für eine gesunde Entwicklung des Kindes.

Aufgaben

1 ☐ Nenne die Stoffe, die über die Plazenta zwischen Mutter und Kind ausgetauscht werden.

2 ◪ Erkläre, wie eine werdende Mutter die gesunde Entwicklung des Kindes fördern kann.

Die Geburt

Endlich ist es so weit: Die Geburt des Kindes kündigt sich an. Die Schwangere ist zuvor darauf vorbereitet worden. Sie weiß, dass der Geburtsvorgang in drei Phasen verläuft.

Die Geburt kündigt sich an

Auf den Beginn der Geburt können sowohl eine Blutung als auch das Einsetzen der *Wehen* hinweisen. Von Wehen spricht man, wenn sich die Muskeln der Gebärmutter zusammenziehen. Die Blutung, die nicht so stark ist wie eine normale Monatsblutung, weist auf einen sich öffnenden Muttermund hin. Auch das Platzen der Fruchtblase, der *Blasensprung*, kann den Geburtsbeginn ankündigen. Mit Hilfe des Herztonwehenschreibers zeichnet die Hebamme während der Geburt die Länge und Stärke der Wehen und die Herztätigkeit des Kindes auf.

Eröffnungsphase

In der *Eröffnungsphase* sind die Wehen zunächst noch schwächer und von längeren Ruhephasen unterbrochen. Wenn die Wehen intensiver werden, verkürzt sich der Gebärmutterhals. Nach und nach weitet sich der Muttermund. Es kann mehrere Stunden dauern, ehe sich der Muttermund vollständig geöffnet hat und sich der Kopf in den Geburtskanal schiebt. Atem- und Entspannungsübungen können nun sehr hilfreich sein.

1 Auf dem Weg in den Kreißsaal

Austreibungsphase

Mit der *Austreibungsphase* beginnt die eigentliche Geburt. Die Wehen werden nun stärker. Mit jeder Wehe wird das Kind weiter durch den geöffneten Geburtskanal geschoben. Die Mutter drückt aktiv, bis der Kopf des Kindes erscheint. Die Geburt des Kopfes ist der schwierigste Teil. Danach folgt der Rest des Körpers oft durch eine einzige Wehe: Das Kind ist auf die Welt gekommen. Sofort macht es seinen ersten Atemzug. Kurz nach der Geburt wird die Nabelschnur abgeklemmt und durchtrennt. Nach dem »Abnabeln« gilt das Kind als geboren. Mit den letzten Wehen wird auch das übrige Fruchtwasser nach außen gepresst.

Die Austreibungsphase kann von Frau zu Frau und von Geburt zu Geburt ganz unterschiedlich lang sein.

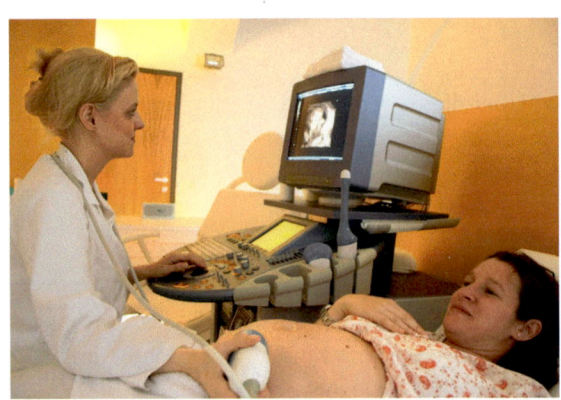

2 Ultraschalluntersuchung

3 Geburt in der Badewanne

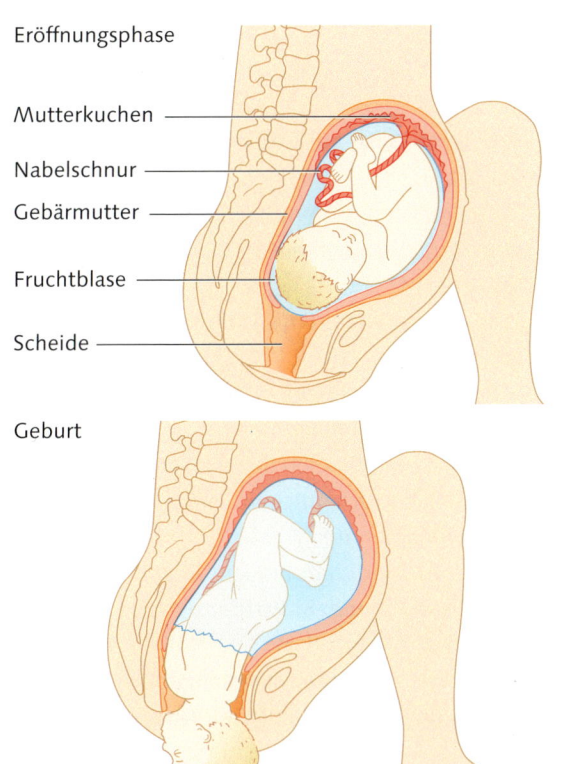

Eröffnungsphase

Mutterkuchen ———

Nabelschnur ———

Gebärmutter ———

Fruchtblase ———

Scheide ———

Austreibungsphase

Geburt

Nachgeburt

4 Phasen einer Geburt

Nachgeburtsphase

Nach der Geburt des Kindes zieht sich die Gebärmutter weiter zusammen. Dabei löst sich die Plazenta und wird zusammen mit dem Rest der Nabelschnur ausgestoßen. Dies wird als *Nachgeburt* bezeichnet. Die Plazenta wird auf Vollständigkeit untersucht. In der Gebärmutter darf kein Rest zurückbleiben. Sie könnte sich sonst nicht richtig zurückbilden. Entzündungen wären die Folge.

5 Die Freude über das Neugeborene ist groß.

In Kürze
Die Geburt vollzieht sich in drei Phasen: Eröffnungs-, Austreibungsphase und Nachgeburt.

Aufgaben
1 ☐ Beschreibe die drei Phasen der Geburt.
2 ◪ Stelle Vermutungen an, was sich für das Neugeborene in Bezug auf Atmung, Ernährung und Wahrnehmung ändert, wenn es den Körper der Mutter verlassen hat.

Weiter gedacht Kaiserschnitt
Kann das Kind nicht auf natürliche Weise auf die Welt kommen, wird ein Kaiserschnitt durchgeführt. Dabei werden unter Narkose der Bauch und die Gebärmutter geöffnet. Das Kind wird zusammen mit Fruchthülle und Plazenta herausgenommen. Anstelle der Vollnarkose wird heute meist eine Narkoseform gewählt, bei der die Frau vom Bauch abwärts schmerzunempfindlich ist. So können sie und der Partner die Geburt bewusst miterleben.

Partnerschaft und Verantwortung

1 Menschliche Sexualität

a ☐ Die Sexualität hat beim Menschen verschiedene Funktionen. Nenne sie.

b ☐ Benenne die Organe und Hormone, die in Bild 1 mit Buchstaben angezeigt sind.

c ☐ Frau und Mann haben weibliche und männliche Sexualhormone, aber in unterschiedlichen Mengenverhältnissen. Nenne die Sexualhormone, die bei der Frau und die beim Mann überwiegen.

d ☑ Nenne körperliche Veränderungen, die während der Pubertät bei Mädchen und Jungen durch Sexualhormone ausgelöst werden, und ordne sie zu.

e ☑ Beschreibe, was in Bild 1 dargestellt ist.

f ■ Beschreibe den hormonellen Regelkreis, der die Follikelreifung im Eierstock steuert.

2 Auf dem Weg zu Liebe und Partnerschaft

a ☐ Die meisten Beziehungen beginnen mit dem Verliebtsein. Stelle dar, was man darunter versteht.

b ☐ Überlege, wie du mit Liebeskummer umgehen könntest.

c ☑ Stelle die Unterschiede zwischen Verliebtsein und Liebe heraus.

d ☑ Ob jemand wirklich liebt, zeigt sich meist in einem partnerschaftlichen Verhalten. Gib Beispiele dafür an.

e ☑ Jede Partnerschaft braucht Regeln. Nenne drei, die du und dein Partner unbedingt beachten solltest.

f ☑ Manche Menschen bevorzugen Sex ohne Beteiligung von Liebe. Erläutere mögliche Folgen.

3 Sexuell übertragbare Krankheiten

a ☐ Bei sexuellen Kontakten können Krankheitserreger übertragen werden. Nenne einige sexuell übertragbare Krankheiten und die Erreger.

b ☑ Gib Maßnahmen an, die vor der Infektion mit sexuell übertragbaren Krankheiten schützen.

c ■ Wer sich mit einer sexuell übertragbaren Krankheit infiziert hat, hat eine besondere Verantwortung. Nimm dazu Stellung.

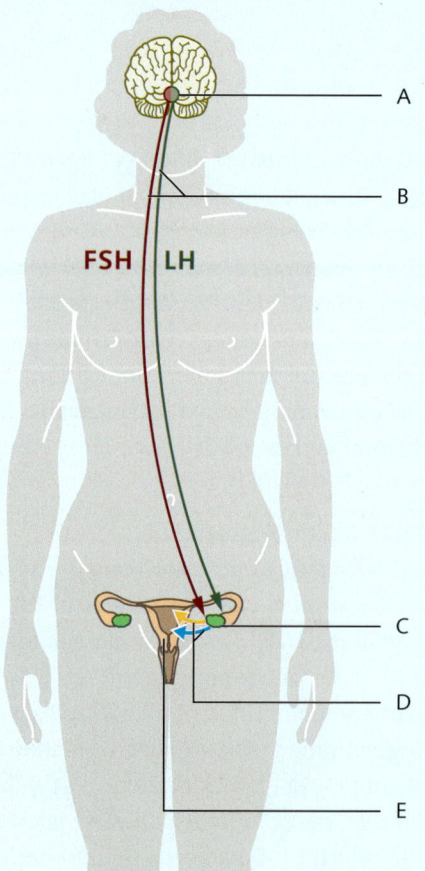

1 Hormone steuern den weiblichen Zyklus.

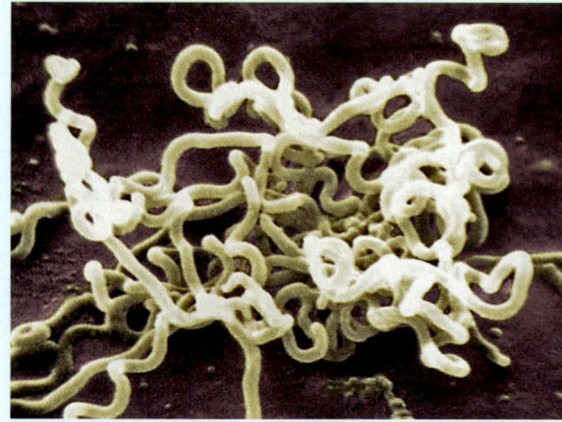

2 Erreger der Syphilis

3 Ein Kind im Mutterleib ist schutzbedürftig.

4 Schwangerschaft und Geburt

a ☐ Gib an, welche Voraussetzungen gegeben sein müssen, damit es zu einer Schwangerschaft kommen kann.

b ☐ Beschreibe, wie sich die Lebensweise einer werdenden Mutter im Alltag verändert.

c ☐ Beschreibe in groben Zügen das Heranwachsen des Fetus im Mutterleib. Gib an, wodurch es beeinflusst werden kann.

d ☑ Begründe, weshalb Alkohol und Nikotin den Fetus nachhaltig schädigen können.

e ☑ An bestimmten Signalen erkennt eine werdende Mutter, dass die Geburt unmittelbar bevorsteht. Zähle solche Signale auf.

5 Schwangerschaftsverhütung

a ☐ Nenne Einflüsse auf die Wirksamkeit der Pille.

b ☑ Das Kondom zählt zu den sicheren Verhütungsmitteln. Nimm dazu Stellung.

c ☑ Erläutere, was verantwortungsbewusste Partner tun können, wenn es zu einer ungewollten Schwangerschaft gekommen ist.

d ☑ Begründe, weshalb die »Pille danach« nicht zur regelmäßigen Empfängnisverhütung geeignet ist.

Partnerschaft und Verantwortung

- Verantwortung ist die Grundlage für jede partnerschaftliche Beziehung.

- Die Sexualität dient beim Menschen neben der Arterhaltung durch Fortpflanzung auch dem Lustgewinn. Sie kann dazu beitragen, die Bindung in einer Partnerschaft zu festigen.

- Nervensystem und Sexualhormone steuern den weiblichen Zyklus und viele andere Vorgänge bei Frau und Mann.

- Zu Beginn des Zyklus reift eine Eizelle im Eierstock heran. Nach ungefähr zwei Wochen erfolgt der Eisprung. Wird das Ei nicht befruchtet, setzt die Regelblutung ein.

- Bei sexuellen Kontakten können Infektionskrankheiten übertragen werden. Kondome schützen vor einer Ansteckung.

- Schwangerschaftsverhütung gehört zum verantwortlichen Handeln beider Partner, wenn noch kein Kinderwunsch besteht.

- Das heranwachsende Kind im Mutterleib ist von Anfang an schutzbedürftig. Stoffe wie Alkohol, Nikotin, Drogen und manche Medikamente, aber auch Lärm und Stress können das Kind nachhaltig schädigen.

Grundlegende Prinzipien in der Biologie erkennen – Arbeiten mit Basiskonzepten

Die Vielzahl biologischer Phänomene lässt sich mit Hilfe der Basiskonzepte ordnen. Diese grundlegenden Prinzipien sind auf alle Formen des Lebens anwendbar. Sie helfen dir nicht nur einen Überblick über die Vielzahl der Phänomene zu gewinnen, sondern auch ihre Gesetzmäßigkeiten zu erkennen, sie also zu verstehen und ihre Bedeutung zu erfassen.

System

Biologische Systeme bilden eine Einheit, die sich aus mehreren Teilen zusammensetzt. Diese beeinflussen sich gegenseitig und stehen auch mit der Umwelt in Beziehung. Biologische Systeme funktionieren nur dann richtig, wenn die einzelnen Teile genau aufeinander abgestimmt zusammenarbeiten. Würden ein Teil oder mehrere Teile fehlen, funktioniert das System nicht mehr oder nur eingeschränkt. Man unterscheidet verschiedene Systemebenen: Zelle, Gewebe, Organ, Organismus und Ökosystem.

Seite 15

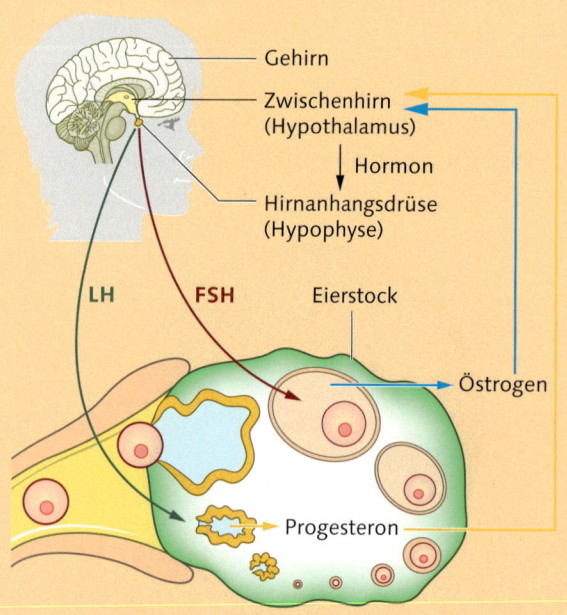

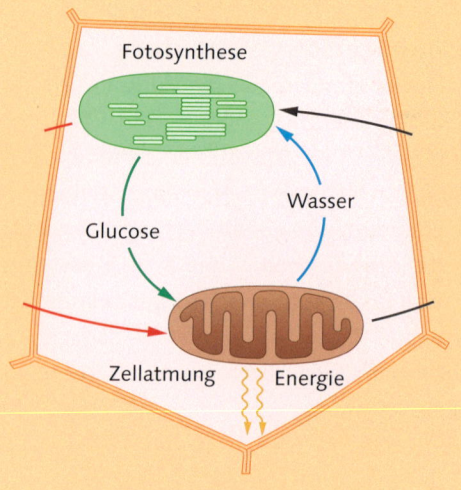

Struktur und Funktion

Alle Formen des Lebens sind an einen
bestimmten Aufbau und eine bestimmte
Form, also eine bestimmte Struktur, gebunden.
Voraussetzung für das Verständnis biologischer
Funktionen ist die Kenntnis der Strukturen. Beide
hängen sehr eng zusammen. Dieses Basiskonzept hilft dir
zum Beispiel, die Zusammenhänge in einem Ökosystem,
die Steuerungs- und Regulationsvorgän-
ge in deinem Körper oder die
Leistungen von Organen und
Organismen zu verstehen.

Seite 125

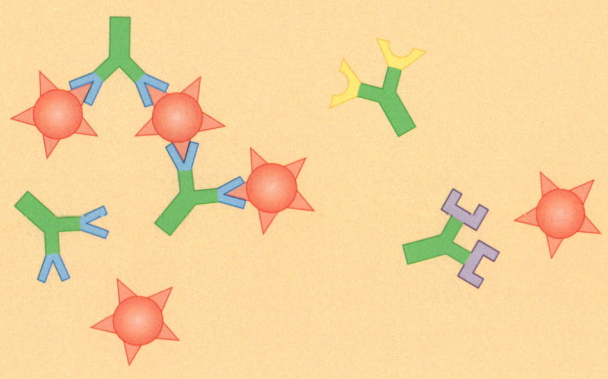

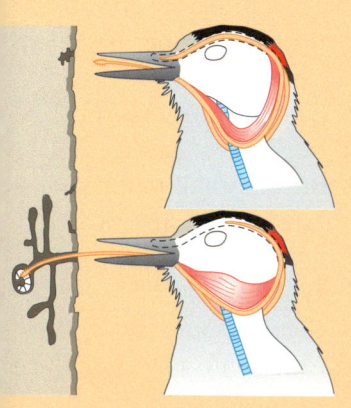

Entwicklung

Alle lebenden Systeme sind durch eine individuelle Entwicklung und die damit verbundenen
Veränderungen gekennzeichnet. Ihre Lebens-
zeit ist begrenzt. Auch Ökosysteme verändern
sich im Jahresverlauf, mit dem Alter und durch
bewusste oder unbewusste Eingriffe des
Menschen.

Seite 97

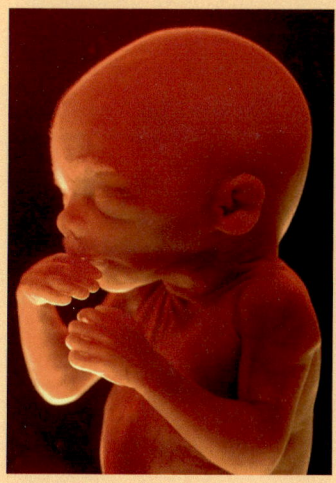

Register

Bildquellen

Titelbild: Robiller, C. / naturlichter.de; 3B Scientific GmbH: 126; 5 am Tag e.V.: 170.2; A1PIX / Your Photo Today: 146.1; Agentur Focus / Boller / Science Photo Library: 206.2 / DR. G. MOSCOSO / SPL: 209.2B / sciencephotolibrary /DR KEITH WHEELER: 47.6 / GERD GUENTHER / SPL: 124.1 / MICROFIELD SCIENTIFIC LTD / SPL: 124.3; SPL / sciencephotolibrary / POWER AND SYRED: 49.01 / SUSUMU NISHINAGA: 175.6, 189.3C / STEVE GSCHMEISSNER / SPL: 185.4 / TONY MCCONNELL / SPL: 174.2; Arco Images / NPL: 27.4; Bildagentur Waldhäusl / Arco Images: 132.1; Bildarchiv Boden-Landwirtschaft-Umwelt / Dr. O. Ehrmann: 61.5; blickwinkel: 134.2 / A. Hartl: 149.3G / Frank Hecker Naturfotografie: 149.3E; CDC / Dr. David Cox: 214.2 / James Gathany: 34.2; Clipdealer: 141.2; Comstock Images / Fotosearch: 207.3A-F; Corbis / Carolina Biological / Visuals Unlimited: 13.2C, 16.1, 17.4, 42.1 / Dr. Peter Siver / Visuals Unlimited, Inc.: 124.2 / Dr. Richard Kessel & Dr. Randy K. / Visuals Unlimited: 180.3 / Ocean: 3.1, 6.1, 23.6 / Shannon Fagan / cultura: 193.3B / Wim van Egmond / Visuals Unlimited: 17.5, 21.2, 125.5, 217.7; Cornelsen Experimenta: 115.4A; Cornelsen Schulverlage GmbH: 188, 193.5; ddp images: 157.2; Döring, V., Hohen Neuendorf: 174.3A, 204.1; dpa Picture-Alliance/blickwinkel / G. Guenther: 49.02; Fotolia / Alexey Ukhov: 57.3 / Andrea Wilhelm: 33.6 / bilderstoeckchen: 3.3, 44.1, 55.6 / by-studio: 76.2 / contrastwerkstatt: 5.1, 156.1, 195.5 / Daniel Fuhr: 38.2 / Detlef: 169.1b / Ernst Boese: 76.1A / fotoknips: 13.2B / George Dolgikh: 13.2E / Henry Schmitt: 180.1 / Igor Yaruta: 211.4 / Inga Nielsen: 4.1, 56.1, 97.3, 103.5 / / Iriana Shiyan: 75.5 / Jacek Chabraszewski: 170.1 / K.-U. Häßler: 94.4B / Kaarsten: 157.1 / Kakru: 33.4 / kangarooarts: 110.2 / M.R. Swadzba: 149.3C / Macias: 32.1 / Marc Heiligenstein: 119.3 / mars: 13.2 / Moultipix: 45.1 / nobeastsofierce: 14.2 / Roland Gerth / Corbis: 61.4 / Rosskothen: 23.4 / Schlierner: 13.2A / Schmidt: 38.1 / Sebastian Kaulitzski: 14.1 / webartworks.de: 110.3 / WINIKI: 122.3; Friedrich Engels, Forschungsanstalt für Waldökologie und Forstwirtschaft Rheinland-Pfalz, Trippstadt-Schloss: 100.2A-D; Geobasisdaten der Kommunen und des Landes NRW © Geobasis NRW, 2012: 112.1; Getty images / Dana Neely: 212.1 / images / Lillian Wilson: 213.5 / Photo Researchers / Omikron: 209.2A; Glow Images / ib: 169.1d; HOBOS-team Universität Würzburg: 50.1; imago / ARCO IMAGES: 49.3e, 85.3, 120.1 / blickwinkel: 35.5-6, 57.4, 105.3, 110.1, 130.2, 134.3, 142.3 / CoverSpot: 77.4 / imagebroker: 45.C, 57.2, 66.1, 75.4, 88.1, 106.2, 138.1, 141.1 / imagebroker / bobrovsky: 212.2 / imagebroker siepmann: 121.7 / imagebroker / wothe: 212.3 / Martin Werner: 58.2 / Werner Otto: 4.2, 104.1, 155.6; IStockphoto: 13.2D, 58.1 / H. Ergan: 183.4 / Aimin Tang: 154.1B / AVTG: 60.1 / C. Özgür: 215.3 / Chris Elwell: 65.3D / Denis Raev: 182.1 / Dori OConnell: 184.1 / endopack: 172.1 / Goran Stimac: 68.2B / Heiko Potthoff: 48.1 / kali9: 200.1 / kyoshino: 99.4C / Levente Varga: 58.2A / Ljupco Smokovski 2008: 142.1 / mediaphotos: 202.1 / Michael Fernahl: 100.1 / Michał Krakowiak: 49.3f / Nikolai Klöga: 210.1 / Oscar Gutierrez: 25.1 / PIKSEL: 182.2 / Sebastian Kaulitzki: 176.1 / SF photo: 137.3B / Shawn Gearhart: 188.1 / Steve McCabe: 183.3A / Suphatthra China: 119.4 / Viktor Sagaydashin: 84.1 / Viorika Prikhodko: 183.3D; laif / Berthold Steinhilber: 99.5; Länderinstitut für Bienenkunde Hohen Neuendorf e.V.: 42.2; Lange,

B., Hannover: 7.1, 9.1; Mahler, B., Fotograf, Berlin: 203.3, 205.2A; Mahler, H., Fotograf, Berlin: 46.1, 114.1-2; mauritius images: 23.5, 29.4, 34.1, 34.3, 134.1, 158.1, 161.1, 162.1, 206.1 / Micha Pawlitzki: 70.1 / a.collectionRF / amanaimages: 96.1 / Action Plus: 139.4B / AGE: 138.2 / Alamy: 40.1, 49.3A, 59.3, 61.3, 68.2D, 69.4, 78.1, 86.1, 99.3, 99.4A, 113.4, 149.3A, 192.1, 197.2, 197.4, 198.1, 199.3, 203.4, 205.2D, 216.1 / Christian Bäck: 101.3, 139.4A / Chris Seba: 108.1 / cultúra: 5.2, 196.1, 215.4 / Dani Rodriguez: 193.3A / Dirk von Mallinckrodt: 68.2A, 74.1 / DK Images: 31.1 / Fritz Rauschenbach: 58.1A / ib: 37.4, 38.3, 89.1A-B, 91.1A, 100.2e, 139.3 / / ib / Konrad Wothe: 92.1 / ib / Martin Siepmann: 106.3 / ib / Movementway: 139.4D / ib / Thomas Born: 117.6 / Ilse Lindner: 76.1 / K.W.Gruber: 99.4B / Marie Krausova: 107.5 / Norbert Kramer: 193.4 / Oxford Scientific: 87.4 / Peter Lehner: 118.2 / / Photo Researchers: 105.4, 125.4 / Red Cover: 99.4A / Roland Birke / Phototake: 7.3 / United Archives: 163.1 / UpperCut: 139.4C; Minkus, Volker: 10.1, 12.3, 69.3, 71.5a, 71.5b, 72.1, 122.1-2, 150.1, 150.2A-C, 178.2, 186.1, 187.4, 191.1-2, 202.2A-D; NASA: 106.1, 116.1C; Niedersächsischer Landesbetrieb für Wasserwirtschaft, Küsten- und Naturschutz: 143.1; OKAPIA KG, Germany: 8.1; OKAPIA / Christen: 142.2 / Hans Reinhard: 3.2, 24.1, 43.6 / Harald Lange: 29.3 / Harald Richter / McPhoto: 159.4 / imagebroker / Bernd Zoller: 87.5, 217.10 / Chris Mattison / FLPA: 35.4, imagebroker / Michael Weber: 105.2 / Ingrid Birkhold / SAVE: 68.2C / Josef Ege: 64.1 / Manfred Ruckszio: 135.6 / Marianne Hilgert: 25.2 / Martyn f. Chillmaid: 160.1 / Matthias Lenke: 39.1 / Moser / McPhoto: 45.3 / NAS / Alan & Sandy Carey: 59.3a / NAS / M.I. Walker: 18.2 / NAS / Mark Bowler : 43.4 / NAS / Martin Shields: 144.1 / NAS / Neil Bromhall: 197.3 / Nigel Cattlin / Holt Studios: 45.2, 49.3b, 54.1, 77.5 / Overseas / Galasso: 27.5 / Papilio / Robert Pickett: 43.5 / Per-Olov Eriksson: 62.1 / Roland Birke: 18.1 / Schwind: 26.1; panthermedia / Andre Helbig: 154.1A / Arina Habich: 65.3C / Elke Hötzel: 107.4 / Frank Schröer: 140.1 / Jürgen Haack: 155.5 / Karin Rollett-Vlcek: 148.1 / Martin Konopka: 135.4 / Susann Bausbach: 121.6; photaki / Dario Roldán Rodriguez: 71.3; Phywe Systeme GmbH & Co. KG, Göttingen: 22.3, 115.4B, 115.5; picture-alliance: 130.1 / akg-images: 52.1 / Arco Images GmbH: 149.3H / D.Harms / WILDLIFE: 49.3d / picture-alliance / dpa: 149.3B / Foto: Karl-Josef Hildenbrand dpa / lby: 174.1 / gerard lacz images: 130.5 / Klett: 137.4B / Klett GmbH / A. Jung: 137.4A / Presse-Bild-Poss: 152.1 / Retna: 181.4 / WILDLIFE: 90.1, 90.1B; Pixelio / Ilse: 32.2; shutterstock / akesak: 62.2A / alslutsky: 149.3F / Andrey Starostin: 65.3A / BlueOrange Studio: 157.3 / cejen: 94.4A / Darren Baker: 166.1 / dimitris_k: 97.4 / DUSAN ZIDAR: 65.3B / formiktopus: 149.3D / Hasloo Group Production Studio: 7.2 / Henrik Larrson: 85.5 / HSNphotography: 169.1A / Mikhail Abramov: 169.1C / Molodec: 62.2B / Nikita Starichenko: 36.1 / Pakhnyushcha: 25.3 / Paul Rommer: 42.Ameise / PRILL: 28.1 / SASIMOTO: 164.1 / Sergey Peterman: 163.2; SPL / James Stevenson: 209.2C, 217.6; Theuerkauf, H., Gotha: 47.6, 49.Spaltöffnung, 49.Stärkekörner, 71.5A-5B; Universität Ulm, Institut für Molekulare und Zelluläre Anatomie: 175.5; Wasserverband Obere Lippe / NZO-GmbH / Luftbild: Geobasis NRW: 152.2; Wikipedia / A. Michael: 141.3 / C. Fischer: 137.3A / Krzysztof Ziarnek Kenraiz: 121.5; WILDLIFE / D.Harms: 86.2; Wirtz, Peter: 178.1